笔记中的
唐宋
微
历史

翟德芳

著

贵州出版集团
贵州人民出版社

图书在版编目（ＣＩＰ）数据

笔记中的唐宋微历史 / 翟德芳著 . -- 贵阳 : 贵州
人民出版社 , 2024. 12. -- ISBN 978-7-221-18916-5

Ⅰ . K240.7

中国国家版本馆 CIP 数据核字第 2024XN8818 号

BIJI ZHONG DE TANGSONG WEILISHI

笔记中的唐宋微历史

翟德芳　／著

出 版 人：朱文迅

策划编辑：谢丹华　周湖越

责任编辑：谢丹华　王潇潇

装帧设计：陈　电

责任印制：尹晓蓓

出版发行：贵州出版集团　贵州人民出版社

地　　址：贵阳市观山湖区中天会展城会展东路 SOHO 办公区 A 座

印　　刷：天津创先河普业印刷有限公司

版　　次：2024 年 12 月第 1 版

印　　次：2024 年 12 月第 1 次印刷

开　　本：787mm×1092mm　1 / 16

印　　张：28.75

字　　数：300 千字

书　　号：ISBN 978-7-221-18916-5

定　　价：78.00 元

优秀古籍图书的普及更重要

德芳同志请我为他的新作《笔记中的微历史》写点什么，起初我很为难。对中华书局出版的历代史料笔记，我虽然也读过若干种，但那是作为一种尝新，或者猎奇去读的。比如《容斋随笔》，闻听是毛泽东一生中多次赞誉过的书。据说，毛泽东在 1976 年 9 月 8 日，临终前还要求护理人员找来此书，请人代读了 7 分钟。鲁迅认为这部书是"南宋以来，读书人案头必备的百科全书。"陆游的《老学庵笔记》，是因为陆游的沈园故事，"一怀愁绪，几年离索""山盟虽在，锦书难托"，很感人，想多知道一点陆游的事。纪晓岚的《阅微草堂笔记》，更是因为前些年，纪晓岚风靡全国，想查查"铁齿铜牙纪晓岚"有多少故事是真的，多少是为了迎合、讨好观众，胡编乱造的。所以，我并没有系统地读过《历代史料笔记丛刊》。但当我翻看了德芳寄来的电子版书稿，读了他从中精选的精彩故事，顿时勾起我的兴趣。

先睹为快。德芳的编选方法是经过反复试验、认真思考过的。他说："我先是将古代笔记意译出来，发在微博上，但效果不好；后来就将笔记原文照录，后面略加评点，也仍不理想，因为有读者反映看不懂；之后改为先录原文，再加翻译，最后评点，掌握在每条六七百字的模样。因为是在原滋原味的笔记的基础上有感而发，故此效果很好。"我很震惊，也很感动。这样反复斟酌、反复试验，不断听取读者意见，体现了一个出版人，一个有经验、为读者着想的资深出版家的敬业精神。

过去我对德芳的了解自以为很多、很熟悉，他是学考古专业的，吉林大学历史系毕业。毕业后即进入中国大百科全书出版社做编辑。后来任知识出版社总编辑。2001 年，去香港任职，在香港中华书局做总编辑。2010 年从香港回来后，又在北京三联书店开始他的总编辑生涯……今天，写这篇序言时，我才感到对德芳的了解仍然很肤浅。

我是学古典文献的，也做过一些古籍整理出版工作，深知这样一个选本做起来多么不容易。先是要了解丛书的每一位作者，然后要细读全书，把握这部书的写作背景，作者是为什么写的，然后确定自己的选编原则。

他把中华书局出版的几百万字的《历代史料笔记丛刊》取精撷华，编成三大本书，从几百万字中选出好东西，这是多大的功夫，多负责的精神，多扎实的作学问态度，令人佩服。

由德芳的大作，我想到了 1981 年《中共中央关于整理我国古籍的指示》。我深深感到他的大作正是贯彻了中共中央的指示精神。指示中说："……整理古籍为了让更多的人看得懂，仅做标点、注释、校勘、训诂还不够，要有今译，争取做到能读报纸的人多数都能看懂。有了今译，年轻人看得懂，觉得有意思，才会有兴趣去阅读。今译要经过选择，要列出一个精选的古籍今译目录，不要贪多。"

德芳的《笔记中的微历史》采用了注译、讲评的做法。他在手机上以每天一条的速度，前后坚持了一年有余，每条微博的阅读量少则一万上下，多则近十万。他说："这个事儿做下来，个人也很有成就感。"我觉得这就是中央文件上所说的，因为读者看得懂，又明白了其中的含义，觉得有意思，产生了兴趣，便天天跟着微博去阅读。这确实是为了普及历史知识，为弘扬中华民族传统文化做的实实在在的工作。德芳的这项工作，给古籍整理的普及工作提供了宝贵的经验。

创造新的文明，首先要继承传统文明。中国几千年的文明史，留下了至少20万种的古籍文献，这些文献构筑了中华民族文化的根基，总结了中华民族文明的智慧，必须认真整理、出版、研究，这是关系到创造中华民族新文化的重要一环。古籍整理的读者有两个方面，一方面是研究者，我们为研究者科研工作提供资料；另一方面是给普通读者、特别是青少年读者阅读的。相比较而言，今天更应该在优秀古籍图书的普及方面下功夫，应该大力引导一般读者和青少年去读不可不读、不可不知的名作要籍。让他们知道祖国悠久的文化遗产精华在哪里、是什么，因此而热爱祖国历史，热爱祖国文化，以祖国悠久的文化而自豪，进而创造新的历史、新的文化。而越是普及的东西，越应该是精华的东西，越要下大工夫去整理，要确实做到准确注译、深刻讲评、质量上乘。就如家喻户晓的老子《道德经》只有五千言，《孙子兵法》只有六千言，《论语》全文约一万二千字（一说一万一千七百零五个字，一说一万五千九百二十字，算法不同），这些著作，都是中华文明的精品，影响着全世界的文化，成为世界文化的瑰宝。但是，这些著作言简意赅、一字千金，如果没有高质量的注译、讲评，阅读起来很困难，一般读者很难读懂、识透。我想，这就是我赞扬德芳大作、欣赏德芳的功力的深一层原因吧。他为我们古籍整理出版的普及工作做了一个榜样。

德芳有很多大作，如《书业寻道》《习艺与求道》《中华家风》等，译作有《汉字的文化史》《现代世界的政治体制》等，他却能在百忙中俯下身子，为中华文化的普及兢兢业业。感动之余，我心中只祈盼《笔记中的微历史》早日出版，祈盼读者早日读到大作，祈盼德芳再有美好的著作问世。

杨作三

2024 年 3 月 18 日

写在前面

当这样一个名为"笔记中的微历史"的系列文字可能成为一本书的时候，必须先交代一下相关的缘起。

这个系列其实包含了两个要素，一是笔记；二是微历史。

先说笔记。"笔记"，就是用笔所做的记录。笔记这种文体，产生于唐代，大兴于宋代，明清时期已经是高官文人的一件雅事。笔记的内容大都为记见闻、辨名物、释古语、述史事、写情景、讲逸闻，其异名则有随笔、笔谈、杂识、札记等，其中的代表，就是由于领袖的推荐而为人所熟知的《容斋随笔》。因为是文人随时所记录，所以笔记中保留有不少鲜活的历史人物与事件的原貌，是今天的人们认识、考察历史不可缺少的资料。中华书局曾经在上个世纪90年代出版了一套《历代史料笔记丛刊》，包括唐宋史料笔记39种、元明史料笔记24种、清代史料笔记42种，其中保留了很多珍贵的史料，有许多很有名的作品。比如唐代笔记中的《隋唐嘉话》《大唐新语》，宋代笔记中的《东坡志林》《涑水纪闻》《桯史》《铁围山丛谈》《老学庵笔记》，明代笔记中的《万历野获编》《水东日记》《玉堂丛语》《四友斋丛说》，清代笔记中的《池北偶谈》《郎潜纪闻》《清秘述闻》《扬州画舫录》等。

　　由于笔记内容芜杂，加上品种繁多，当代之人，不说专治文化史的学者，除了《容斋随笔》《阅微草堂笔记》等少数作品以外，一般读者对更多的历代笔记接触并不多，对其内容也不熟悉。这套书首次出版是在1981年，第二次印刷时已经是1997年了，后来是否重印过则不得而知。重印的时候，我已经有了一点经济能力，所以入手了一套，但当时忙于编辑出版工作，根本没有时间细读，搬回家中就将其束之高阁，再也没有翻过。二十多年后，赶上新冠疫情爆发，三年拘在家中，我才有时间展读，这一开看，就一发而不可收，并时有发现与感慨。

　　再说微历史。我的讲说微历史始于新浪微博。新浪微博是在2009年8月上线，我是在2011年，担任生活·读书·新知三联书店副总编辑兼副总经理的时候，受邀请实名认证加入微博。当时工作很忙，没有时间在上面花太多时间，只偶尔发点与出版、书店相关的消息，不过当时所发的关于书店经营困难的微博，引发了社会各界对书店经营的关注，还是有很大反响的。退休之后，待在微博上的时间多了起来，但我不想空发议论，又不想写鸡汤文字，尤其是在新冠疫情期间，情绪比较起伏，就想通过读书写作来略做发抒。恰好这时开始读《历代史料笔记丛刊》，就陆续地写一些微博发表出去。先是将古代笔记意译出来，发在微博上，但效果不好；后来就将笔记原文照录，后面略加评点，也仍不理想，因为有读者反映看不懂；之后改为先录原文，再加译述，最后评点，掌握在每一条六七百字的模样。因为是在原滋原味的笔记的基础上有感而发，故此效果很好。就这样，我在手机上以每天一条的速度，前后坚持了一年有余，每条微博的阅读量少则一万上下，多则近十万。

这个事做下来，个人也很有成就感，毕竟是为普及历史知识、弘扬中华文化做了一些实际工作。

这里的"微"还有一层意思，就是所选的笔记不厌其小，希望小中见大，从微观资料体会大历史的脉动。由于整个事情是从微博做起的，所以这个系列每一篇的文字都不多，多是一个人物特写、一个场景描述、一个作者观感，既没有宏大的叙事，也没有完整的朝代历史，可以说都是一些历史的碎片。但这里提到的每一个人、每一件事、每一段话无不展现了历史的某一个侧面，并且这些记事都是作者们亲身所见所历的，或是听家中父老、身边同人讲述的，所以真切而生动，阅读这每一个历史的"片段"，会有助于我们从微观的角度深刻地认识历史人物、明辨善恶是非、知所鉴止。

然而，从篇帙浩繁的历代笔记中打捞这些碎片，又谈何容易！一本古人的笔记，内容巨细不一、长短各异、精华与糟粕并存，所以需要认真甄别挑选，从中找出有助于说明、理解历史的记录人、事、言的内容，而过长的或过短的内容又不合适，其结果，往往是从百则笔记里只能选出一两条，所以这个过程用披沙拣金来形容是颇为恰当的。另外，这些笔记都是古代的官员士大夫用文言所记，其文字追求古雅简洁，不少记录涉及当时的典章制度、官署品阶，文中又往往使用许多当时的用语、称谓、故实等，今天理解起来都颇有难度。比如对于人名，有的加了敬称，有的以郡望称，有的以谥号称，有的以表字、别号称；对于官职，有的是简称，有的是古称，有的是别名，等等。要剥离开这些，用上历史人物的本名与本官之名，着实需要花些气力。

　　当然，即使被我打捞出来，这些笔记也还只是"史料"而已，作为每天发一条的微博，可以不讲求什么体系，但如果作为一本书，显然不好就那样胪列出来。中华书局收入出版的这个系列的古人笔记，大体上包括人、事、言三类，但具体体例，有的是直接分卷，有的仿《世说新语》体例分卷，有的以人物身份分卷。为不使分类过细、影响阅读，我将这些内容归类为嘉言、懿行、博趣、资戒、鄙恶五个部分。嘉言者，有正气、有思想、有哲理之言也；懿行者，行大义事、行为国为民事、行修洁清廉事之谓也；博趣者，识见、博知、谐趣之谓也；资戒者，以史为镜，引为今鉴也：鄙恶者，集合群丑、认识暗黑历史也。各部分内容基本按作品的时代先后排列，最后附加历代笔记的内容和作者的简介，如此庶几可方便读者的阅读：你随手翻开一篇，就会是一个独立的历史片段，就会从中感受到历史带来的感悟。

　　我觉得自己有责任帮助读者准确理解这些史料，认识这些史料在今天的意义，所以很重视每一篇笔记的译述和评点。译述，就不是如同学习古代汉语一样，逐字逐句地加以翻译，而是从帮助读者阅读理解的角度，将古人的笔记用现代汉语讲出来，一些过于枝蔓的或过于诘曲的内容便不一定全部加以翻译。与此同时，为增加时代感，我将其中涉及的主要人物都标注了生卒年，算是为读者提供了一点实在的知识。而点评呢？我希望在一段不太长的文字里，或者讲清笔记所记事件的历史背景，或者介绍其中的人物关系和人物结局，或者提示笔记在今天的现实意义，读者可以从中体会笔者选取某则笔记的良苦用心。

在做这些事情的时候，我有一个很强烈的感觉，就是历史，哪怕是千年前唐宋时代的历史，其实并没有离开我们很远，它就在我们面前。人们常说以史为鉴，这个"史"不一定必须是《史记》那样的史书，也不一定必须是长篇大论的国别史、专题史，通过本书所选出的古人笔记，那些或美好的言行、或丑恶的举止，惊鸿一瞥，就会给你带来启迪和警醒。读这些笔记中的人和事，你会发现你很熟悉的人物会有另一个面孔；你所熟知的史实，往往有另一种解释；许多的历史上的人或事，在今天仍可看到他们的影子。我相信，当你看到本书中的那些或正义或丑恶的人和事，你会从中感悟到历史的回响，同笔者一起发出悠长的喟叹。

在微博上发表这些文字的时候，我是在手机上一个字一个字地手写上去的。得知本书有出版的可能后，我重新润色了已有的文字，对于过去考虑得不成熟、理解得不准确的地方再加以考订修改，又补充了若干新的内容，但毕竟我不是历史科班出身，更不是历史学家，不仅史识的高度不够，就是对史料的认识、理解也很不到位，对于这些笔记的翻译理解也很可能不准确，更何况我所征引解释的资料都来自中华书局版的《历代史料笔记丛刊》，而非博览全部唐宋笔记，所以，本书的内容肯定是不完备的，更可能有许多不尽如人意之处，恳请方家和读者批评指正。

在本书付梓之时，我要感谢贵州人民出版社谢丹华总编辑。谢总不仅慧眼独具，最早同我谈及微博内容集成图书出版的可能，更同我多次讨论文字体例、书名及各种出版细节，是谢总的催生，才有了本书的面世。我要感谢我的老领导杨牧之先生。杨总长期担任新闻出版署副署长，主管古籍出版工作，后又担任中国出版集团总裁，从一线领导岗位上退下来之后，现在作为中国大百科全书第三版的总主编，仍在出版第一线上忙碌。他得知我将要出版这样一本书，在百忙之中，欣然为之作序，令本书增辉多多。

前路正长，我将继续努力学习！

目　录

懿　行　　　　　　71

鄙 恶

嘉　言

嘉言者

有正气

有思想

有哲理之言也

薛道衡的遭遇

原文

【唐】 刘餗《隋唐嘉话·卷上》

薛道衡聘陈，为人日诗云："入春才七日，离家已二年。"南人嗤之曰："是底言谁谓此虏解作诗！"及云："人归落雁后，思发在花前。"乃喜曰："名下固无虚士。"

译述

隋大臣薛道衡（535—604）出使南朝陈国，正月初七人日作诗，开首两句是"入春才七日，离家已两年"，陈国之人嗤笑他说："这是什么话？谁说这个北方佬会作诗！"他又写出后两句"人归落雁后，思春在花前"，陈国那些人大喜，说："盛名之下，固无虚士。"

评点

隋与陈乃敌对之国，但陈国之人识才，且从善如流，哪怕他是敌国之人。薛道衡固是有才，却过不了皇上这一关。同书又记，隋炀帝的文才很好，但不想有人文名比他高。薛道衡因此而得罪，后来炀帝找了个理由把他杀掉了。炀帝并不解气，还说："看你还能不能作'空梁落燕泥'这样的诗句？"这个段子不无抹黑隋炀帝的因素，然而有一点是确定的：对于至高的存在，才气外露，或是不肯从众面谀，结局总是不大美妙，尤其是那存在又心胸狭窄。

唾面自干

原文

【唐】 刘𫗧《隋唐嘉话·卷下》

李昭道为内史，娄师德为纳言，相随入朝。娄体肥行缓，李屡顾待不即至，乃发怒曰："叵耐杀人田舍汉！"娄闻之，反徐笑曰："师德不是田舍汉，更阿谁是？"娄师德弟拜代州刺史，将行，谓之曰："吾以不才，位居宰相。汝今又得州牧，叨据过分，人所嫉也，将何以全先人发肤？"弟长跪曰："自今虽有唾某面者，某亦不敢言，但拭之而已。以此自勉，庶免兄忧。"师德曰："此适所谓为我忧也。夫前人唾者，发于怒也。汝今拭之，是恶其唾而拭之，是逆前人怒也。唾不拭将自干，何若笑而受之？"武后之年，竟保其宠禄，率是道也。

译述

武后之时，李昭道（675—758）任内史，娄师德（630—699）任纳言。二人相随入朝，娄师德身体肥胖，行走缓慢，李昭道几次回头等待，他仍赶不上。李昭道生气地说："真受不了这个田舍汉！"娄师德听见后，慢腾腾地笑着说："我不是田舍汉，还能是谁？"娄师德之弟被任命为代州刺史，赴任之时，他对弟弟说："我没有什么才能，却坐上宰相之位，你现在又做州牧，福禄太过就会被人所嫉恨，怎么才能保全先人的福荫呢？"他弟弟跪在地上说："从今以后，就算有人往我脸上吐唾沫，我也只是擦去而已。我将以此自勉，希望可以免去兄长的担忧。"娄师德说："这恰是我所担忧的啊！别人唾你，是因为发怒，你擦掉，是因为厌恶其唾沫，这不是更让别人发怒吗？唾沫即使是不擦，它自己也会干掉，何不笑着接受它？"娄师道在武后当政的时期，一直保有荣宠和禄位，基本上都循此道行事。

评点

娄师德其实是个很精明能干、允文允武的官员，却以胸怀宽广、能够忍让而青史留名。从这两则故事中可以知道，他不计较小事，更明白在严酷的环境下如何保护自身和家人的安全。我们见惯了为一点口舌之争，最后拔刀相向、非死即伤的案例，所以，非关大是大非，发扬点忍让精神是绝对必要的。"匹夫见辱，拔剑而起，此不足为勇也！"意思也差不多。多少血案，都是由不肯忍小忿而酿成大祸。娄师德的场合又不同，那时上有女王的虎视眈眈，下有酷吏的搜刮与算计，不能忍辱？下一刻便是永恒！

初唐四杰

原文

【唐】　张鷟《朝野佥载·卷六》

卢照邻，字升之，范阳人。弱冠拜邓王府典签，王府书记一以委之。王有书十二车，照邻总披览，略能记忆。

后为益州新都县尉，秩满，婆娑于蜀中，放旷诗酒，故世称"王杨卢骆"。照邻闻之曰："喜居王后，耻在骆前。"时杨之为文，好以古人姓名连用，如"张平子之略谈，陆士衡之所记，潘安仁宜其陋矣，仲长统何足知之"，号为"点鬼簿"。骆宾王文好以数对，如"秦地重关一百二，汉家离宫三十六"，时人号为"算博士"。如卢生之文，时人莫能评其得失矣。惜哉，不幸有冉耕之疾，著《幽忧子》以释愤焉。文集二十卷。

译述

唐初之时的卢照邻（约636—约695），字升之，范阳人。他年方弱冠，即任邓王府典签，又总体负责王府书记之事。邓王有书十二车，卢照邻全都读过，并能记忆下来。后来做益州新都县县尉，任期满后，在蜀中各地游玩，放旷诗酒。当时的才子有"王杨卢骆"之称，卢照邻听说后，说道："很高兴位居王勃之后，但对居于骆宾王之前感到耻辱。"当时杨炯写文章喜好以古人姓名连用，如"张平子之略谈，陆士衡之所记；潘安仁宜其陋矣，仲长统何足知之"，号为"点鬼簿"。骆宾王的诗文好以数对，如"秦塞重关一百二，汉家离宫三十六"，时人号为"算博士"。卢照邻的诗文，时人无法评定其得失。可惜的是，这样的才子却患有冉耕之疾（贤德之人患有恶疾），故此他著有《幽忧子集》以发舒心中的忧愤，文集共二十卷。

评点

王勃、杨炯、卢照邻、骆宾王被称为初唐四杰，诗文开一时之风。他们又都是官小而名大、年少而才高的诗人，在初唐诗坛的地位很重要，其中卢、骆长于歌行，王、杨长于五律。后人所说的声律风骨兼备的唐诗，从他们才开始定型。但四人又各有特色，如上面逸事所记，总的说来，以王勃成就最高，故此就连当时之人无法给以适当评价的卢照邻都以排名在王勃之后为荣。王杨卢骆的排名或有不同，但基本上王首骆后。杜甫有诗："王杨卢骆当时体，轻薄为文哂未休。尔曹身与名俱灭，不废江河万古流。"亦是高度评价了初唐四杰的文学成就。

温庭筠轶事

原文

【唐】 裴庭裕《东观奏记》附录三引《北梦琐言》

温庭云，字飞卿，或云作"筠"字，旧名岐，与李商隐齐名，时号曰"温李"。才思艳丽，工于小赋，每入试押官韵作赋，凡八叉手而八韵成，多为邻铺假手，号曰救数人也。而士行有缺，缙绅薄之。李义山谓曰："近得一联句云'远比召公三十六年宰辅'，未得偶句。"温曰："何不云'近同郭令二十四考中书'。"宣宗尝赋诗，上句有"金步摇"，未能对，遣未第进士对之。庭云乃以"玉条脱"续也，宣宗赏焉。又药名有白头翁，温以苍耳子为对，他皆此类也。宣宗爱唱《菩萨蛮》词，令狐相国假其新撰密进之，戒令勿他泄。而遽言于人，由是疏之。

温亦有言云："中书堂内坐将军。"讥相国无学也。宣皇好微行，遇于逆旅，温不识龙颜，傲然而诘之曰："公非司马长史之流？"帝曰："非也。"又谓曰："得非大参簿尉之类？"帝曰："非也。"谪为方城县尉，其制词曰："孔门以德行为先，文章为末。尔既德行无取，文章何以补焉。徒负不羁之才，罕有适时之用。"云云。竟流落而死也。

译述

温庭云（约812—约870），字飞卿，也有写作温庭筠的。本名温岐，与李商隐齐名，时号"温李"。他才思艳丽，尤工于小赋，每次科举考试，押官韵作赋，他八次叉手，便写成八韵。因才思敏捷，多次相助邻铺考生，故被人称"救数人"。但其士行有缺点，官员都不喜欢他。一天，李商隐对他说："最近想到一联句，是'远比召公，三十六年宰辅'，却想不出下联。"温庭筠说："何不用'近同郭令，二十四考中书'？"宣宗赋诗，上句有"金步摇"词，想不出对句，让一群落第的进士来对，温庭筠对以"玉条脱"，宣宗很赏识他。又有一个药名"白头翁"，温庭筠以"苍耳子"为对。这样的事情还有不少。唐宣宗爱吟唱《菩萨蛮》词，宰相令狐绹便将温庭筠新作的《菩萨蛮》词秘密献给皇上，告诫温不可外泄，温庭筠却很快告诉他人，因此令狐绹对他日见冷淡疏远。温庭筠还有"中书堂内坐将军"的话，便是讥讽令狐绹没有学问。宣宗喜欢微服私访，在旅途中与温庭筠相逢，温没见过宣宗，傲然问道："你是司马、长史一类人？"宣宗否认，他又问："难道是主簿、县尉之类？"宣宗说："也不是。"后来温庭筠被降职为方城县尉，其评语中有"孔门以德行为先，文章为末。空有不羁之才，罕有适时之用"之类的话。既然德行无可取之处，文章怎么能弥补呢？后来温庭筠竟流落而死。

评点

温庭筠富有天赋，文思敏捷，然恃才不羁，好讥刺权贵，多犯忌讳，又不受羁束，纵酒放浪，因此得罪权贵，屡试不第，一生坎坷，终身潦倒，令人叹息！文人往往会有这个毛病。比如，你既然将作品交令狐绹了，干吗还要往外散布，这不明显要得罪人吗？温庭筠才华横溢，八叉手成八韵，才情高于曹子建，然而因不善处世，长期不得志，即使是"温李"并称，他的声誉似也不如李商隐响亮。时也？命也！

魏徵说君臣职分

原文

【唐】 刘肃《大唐新语·卷三极谏》

房玄龄与高士廉偕行，遇少府少监窦德素，问之曰："北门近来有何营造？"德素以闻太宗。太宗谓玄龄、士廉曰："卿但知南衙事，我北门小小营造，何妨卿事？"玄龄等拜谢。魏徵进曰："臣不解陛下责，亦不解玄龄等谢。既任大臣，即陛下股肱耳目，有所营造，何容不知。责其访问官司，臣所不解。陛下所为若是，当助陛下成之；所为若非，当奏罢之。此乃事君之道。玄龄等问既无罪，而陛下责之，玄龄等不识所守，臣实不喻。"太宗深纳之。

译述

房玄龄（579—648）与高士廉（576—647）同行，碰到少府少监窦德素，问他说："北门近来有什么营造？"窦德素就把这个事汇报给唐太宗。唐太宗对房玄龄、高士廉说："你们只须管南衙的事，我皇宫北门一点小工程，妨害你们什么事了？"房玄龄等下拜谢罪。魏徵（580—643）上前说："我不明白陛下为何责备，也不明白房玄龄等为何要谢罪。既然任命了大臣，就是陛下的辅助和耳目，有什么营造工程不能令其知晓？责备他们询问有关官署营造的事是我所不明白的。陛下做的如果是对的，臣子就应该帮助陛下完成；如果是错的，就应当上奏停止。这个才是侍奉君主之道。房玄龄等人的询问无罪，而陛下却责备他们；玄龄等人不知道臣子的职责，也是我很不明白的。"太宗认为魏徵说得很对。

评点

少府是为皇室管理财物和生活事务的机构。少监是少府的佐贰官，总百工技巧之政，掌冶五署及诸冶监、铸钱、互市等事务。唐太宗认为宰相只应管外朝事务，内廷的事情他们不应干涉，所以责备房玄龄等人。但魏徵不这么看。他认为凡是国家的事情大臣都应该过问，对的就支持，错的就停止。房玄龄等慑于君威，太宗一责备，他们就谢罪，而魏徵的话却令太宗明白君臣相处的道理。所以，为人处世，坚持原则，很不容易，尤其是在官位比你高、权力比你大的人面前坚持原则，就更不容易，但也更可贵。

张玄素谏修洛阳宫

原文

【唐】 刘肃《大唐新语·卷二》

张玄素为给事中，贞观初修洛阳宫，以备巡幸，上书极谏，其略曰："臣闻阿房成，秦人散；章华就，楚众离；及乾阳毕功，隋人解体。且陛下今时功力，何异昔日，役疮痍之人，袭亡隋之弊。以此言之，恐甚于炀帝，深愿陛下思之。无为由余所笑，则天下幸甚。"太宗曰："卿谓我不如炀帝，何如桀纣？"玄素对曰："若此殿卒兴，所谓同归于乱。且陛下初平东都，太上皇敕，高门大殿，并宜焚毁。陛下以瓦木可用，不宜焚灼，请赐与贫人。事虽不行，天下称为至德。今若不遵旧制，即是隋役复兴。五六年间，取舍顿异，何以昭示万姓，光敷四海？"太宗曰："善。"赐彩三百匹。魏徵叹曰："张公论事，遂有回天之力，可谓仁人之言，其利溥哉！"

译述

张玄素担任给事中之职，贞观初年修治洛阳宫殿，以备皇上巡幸，他上书极力劝谏，上书中说："我听说阿房宫成，秦人心散；章华台毕，楚众离心；到得乾阳宫成，隋人解体。陛下今时的工程与以前有何不同？让受尽战争疮痍的人做劳役，沿袭了隋朝亡国的弊病。这样说来，恐怕比隋炀帝还要严重，希望陛下深思。不被由余所耻笑，则天下之人幸甚！"唐太宗说："你说我不如隋炀帝，比起桀和纣怎么样？"张玄素回答说："如果这个宫殿修成，那就是一样的荒乱。陛下当年打下东都洛阳时，太上皇（高祖李渊）下令焚毁所有高大建筑，陛下认为砖瓦和木材可用，不宜焚毁，请求赐给穷人。事情虽没有做，但天下人都认为是至大之德。今时如果不遵旧制，就等于隋朝的劳役复兴。五六年间，取舍截然不同，拿什么昭示百姓，广布四海？"太宗说："你说得对！"赐给他彩色织品三百四。魏徵叹息说："张公论说事理有回天之力，可称是仁人之言，其利深厚！"

评点

皇帝为天下至尊，没有不好大喜功、贪图安乐的，关键在于有没有人加以引导劝阻。这个时候，所谓的"直臣"就很重要了。唐太宗要修洛阳的宫殿，朝中大臣怎么劝谏也没有用，这个时候，张玄素站出来了，他以隋朝亡国的前车之鉴来规劝唐太宗，把他同隋炀帝、夏桀、商纣王并列。唐太宗最忌讳这个，就听进去了。张玄素也很讲究语言艺术，以五六年前李世民自己保全洛阳之举，来反衬今时大修洛阳宫殿之弊，所以收到效果。

麻察斥郑远

原文

【唐】 刘肃《大唐新语·卷三第五》

魏元忠男升娶荣阳郑远女，升与节愍太子谋诛武三思，废韦庶人，不克，为乱兵所害，元忠坐系狱。远以此乃就元忠求离书。今日得离书，明日改醮。殿中侍御史麻察不平之，草状弹曰："郑远纳钱五百万，将女易官。先朝以元忠旧臣，操履坚正，岂独尚兹贤行，实欲荣其姻戚，遂起复授远河内县令，远子良解褐洛州参军。既连婚国相，父子崇赫，迨元忠下狱，遂诱和离。今日得书，明日改醮。且元忠官历三朝，荣跻十等，虽金精屡铄，而玉色常温。远胄虽参华，身实凡品。若言齐郑非偶，不合结缡；既冰玉交欢，理资同穴。而下山之夫未远，御轮之婿已周。无闻寄死托孤，见危授命，斯所谓滓秽流品，点辱衣冠，而乃延首腼颜，重尘清鉴。九流选叙，须有淄渑；四裔退豗，宜从摈斥。虽渥恩周洽，刑罚免加；而名教所先，理资惩革。请裁以宪纲，禁锢终身。"远从此废弃。朝野咸赏察之公直。

译述

魏元忠的儿子魏升娶了荣阳人郑远的女儿。魏升与李重俊密谋诛杀武三思、废韦后，没有成功，为乱兵所杀，魏元忠受连累下狱。郑远因此去找魏元忠，要其写离婚书，解除亲家关系。郑远拿到离婚书，第二天就让女儿改嫁。殿中侍御史麻察为此感到不平，写状弹劾郑远。状中说，郑远纳钱五百万，用女儿来换取官职。前朝因为魏元忠是老臣，德操坚正，不光嘉奖他的贤行，还要让他的姻戚光荣，于是授郑远为河内县令，郑远的儿子郑良也脱离平民身分，当上洛州参军。他家与国相通婚，父子都显赫起来，到了魏元忠被下狱，却诱使魏家脱离关系，今日得书，明日把女儿改嫁。魏元忠三朝元老，虽被下狱，人品高尚，而郑远不仅没有见义相助，反急于脱离关系，真是有辱斯文，人中渣滓！他腆脸立于人世，真的是使明镜蒙尘。这样的人就应革去官职，永远不得使用。这个状子递上去，郑远便被斥退革职。朝野都称赞麻察公直。

评点

我们身边，郑远这样的人并不少见啊！有人升官得意，他立刻凑上去套近乎，所谓趋炎附势；而当那人犯了错或降职退休，他立刻躲得远远的，生怕沾上麻烦。这样的人可以自己对照一下这里的郑远，怕也会有面目可憎之叹吧？

徐有功论执法

原文

【唐】 刘肃《大唐新语·卷四》

则天朝，奴婢多通外人，辄罗告其主，以求官赏。润州刺史窦孝谌妻庞氏，为其奴所告夜醮，敕御史薛季旭推之。季旭言其"咒诅",草状以闻,先于玉阶涕泣不自胜,曰:"庞氏事状,臣子所不忍言。"则天纳之,迁季旭给事中。庞弃市,将就刑,庞男希瑊诉冤于侍御史徐有功。有功览状曰:"正当枉状。"停决以闻。三司对按,季旭益周密其状。秋官及司刑两曹既宣覆而自惧,众迫有功。有功不获申,遂处绞死。则天召见,迎谓之曰:"卿比按,失出何多也!"有功曰:"失出,臣下之小过;好生,圣人之大德。愿陛下弘大德。天下幸甚!"则天默然久之,曰:"去矣!"敕减死,放于岭南。月余,复授侍御史。有功俯伏流涕,固不奉制。则天固授之,有功曰:"臣闻鹿走于山林,而命悬于厨者何?势使然也。陛下以法官用臣,臣以从宽行法,必坐而死矣。"则天既深器重,竟授之,迁司刑少卿。时周兴、来俊臣等罗告天下衣冠,遇族者数千百家。有功居司刑,平反者不可胜纪,时人方之于定国。

译述

武则天一朝,多有奴婢结交外人、动辄罗织罪名告发其主人,以求官赏。润州刺史窦孝谌的妻子庞氏被其奴仆所告,说她晚上做法事。武则天命御史薛季旭审讯。薛季旭称庞氏是在"咒诅"武则天,写成奏章,报告武则天。报告之时,薛在玉阶前涕泣不止,口中说:"庞氏的事情,具体情节臣子不忍说出来。"武则天听信他的话,升薛季旭官为给事中,庞氏被判弃市(在闹市处死)。将要被杀前,庞氏的儿子窦希瑊诉冤于侍御史徐有功(640—702)。徐有功看了状子后说:"真的是冤枉。"下令停止行刑,把案情上报。刑部、御史台、大理寺三司覆核案情，薛季旭把案情编得更周密了，刑部和大理寺两方此前已定庞氏有罪，于是一起逼迫徐有功。徐有功的意见得不到支持，庞氏遂被判处绞刑。武则天为此召见徐有功，对他说："你覆核案件，失出（重罪轻判或应判而未判）为什么这么多？"徐有功回答说："失出，是我的小过；好生，乃圣人之大德。愿陛下弘扬大德，如此则天下幸甚！"武则天没有话说，过了许久，才对徐有功说："你走吧。"之后武则天将徐有功免死流放岭南。过了一个多月，复授他侍御史之职。徐有功俯伏流涕，坚决不接受职务。武则天一定要让他担任此职，徐有功说："我听说，鹿奔跑于山林，它的命却取决于厨子。为什么呢？这是势决定的。陛下让我当法官，我从宽执法，必定受牵连而死啊！"武则天很器重徐有功，还是让徐有功做了侍御史，后又升其官为司刑少卿。当时，周兴、来俊臣等迫害天下官员文士，被灭族的有数千家。徐有功任职司刑，主持平反的不可胜数，时人把他比之为于定国（西汉丞相）。

评点

这则笔记有两点值得注意，一是武则天当政时告密成风，而且是奴才告主子的密；二是徐有功回答武则天时提到了势，也就是天下的风气、社会的趋势。一个正常的社会，如果告密成风，下来就是罗织盛行、锻炼成狱、人心惟危。在这样的大势之下，徐有功的作为就十分难得了。什么是良知？普通人不告密就是良知，执法者重证据、不锻炼成狱就是良知，见到有人痛苦、你心中有戚然之感就是良知。

君主不可自专庶务

原文

【北宋】　王谠《唐语林·卷一言语》

张玄素，贞观初，太宗闻其名，召见，访以理道。玄素曰："臣观自古以来，未有如隋室丧乱之甚，岂非其君自专，其法日乱？向使君虚受于上，臣弼违于下，岂至于此！且万乘之主，欲使自专庶务，日断十事而有五条不中者，何况万务乎？以日继月，以至累年，乖谬既多，不亡何待？陛下若近鉴危亡，日慎一日，尧舜之道，何以加之！"太宗深纳之。

译述

贞观初年，唐太宗李世民闻知张玄素（？—664）有贤名，就召见他，向他请教为政之道。张玄素说："依我看来，自古以来治国最为混乱的就是隋朝了。隋朝灭亡的原因，是君主自己专权，法律日益紊乱。如果当初隋国君主在上能虚心接受意见，大臣在下能正视自己的错误，就不会落到今天这个地步！大国的君主亲理政务，往往每日决定十件事就会有五件不正确，何况是日理万机呢？日积月累，以至许多年，差错和谬误就积存得更多了，国家不灭亡还等什么呢？陛下如果借鉴隋朝的灭亡，每一天都更加谨慎，就是尧舜时代也无法相比啊！"唐太宗认为张玄素的话很对。

评点

张玄素本名张朴,字玄素,蒲州虞乡(今山西永济)人。
唐太宗久闻张玄素之名,即位之初即召见他,向他请教,他就
说了上面这番话,还建议唐太宗要"广任贤良,高居深视",
使各官吏奉职守法。唐太宗非常欣赏他的话,提升他为侍御
史,不久又迁给事中。张玄素这里提出了一个很重要的观点,
就是君主不要专权,不要把什么事情都揽在自己身上。人的精
力是有限的,好的领导者,要能发挥部下的积极性,群策群
力,如此才可以办好事情。

宫中不植白杨

原文

【北宋】   王谠《唐语林·言语》

司稼卿梁孝仁,高宗时造蓬莱宫,诸庭院列树白杨。
将军契苾何力,铁勒之渠率也,于宫中纵观。孝仁指白杨
曰:"此木易长,三数年间,宫中可荫影。"何力一无所
应,但诵古人诗云:"白杨多悲风,萧萧愁杀人。"意此是
冢墓间木,非宫室中所宜种。孝仁遂令拔去,更种梧桐。

译述

司稼卿梁孝仁在唐高宗时督造蓬莱宫,在各个庭院栽种了好
多白杨。将军契苾何力(?—677)是铁勒族的大帅,在宫

中游玩，梁孝仁陪同，指着白杨说："这种树长得快，三几年后，宫中就可遮荫了。"契苾何力听了没有答话，只读了两句古人的诗句："白杨多悲风，萧萧愁杀人。"意思是这种树是墓地里的树木，不应该栽种在宫室之内。梁孝仁于是下令拔掉白杨，改种梧桐。

评点

契苾何力是铁勒族人，但见识蛮高的！见此记载，我想起了北京的杨树。二三十年前北京满街杨树，当初之所以栽它，大概也是因为它长得快吧？几十年下来，没人说"萧萧愁杀人"，但那杨花可真令人讨厌！而今城里的杨树大多被淘汰，城市的风景应该更好了。中国人喜欢白杨，大抵缘于茅盾先生的那篇《白杨礼赞》吧？然而在经济和社会意义上，仅有向上的姿势是不够的。杨树除了造纸，几乎没有经济价值，杨花还易对人造成过敏。再加上契苾何力的"悲"的意念，我们的城市真的不宜保留。

疏忽可恕，异说难容

原文

【北宋】　范镇《东斋记事·卷一》

景德中，李迪、贾边皆举进士，有名当时。及就省试，主文咸欲取之，既而二人皆不与。取其卷视之，迪以赋落韵，边以"当仁不让于师"，论以"师"为"众"，与注疏异说。乃为奏具道所以，乞特收试。时王文正公为相，议曰："迪虽犯不考，然出于不意，其过可恕。如边特立异说，此渐不可启，将令后生务为穿凿，破坏科场旧格。"遂收迪而黜边。

译述

景德年间（1004—1007），名士李迪、贾边都考上了进士，在礼部考试时，主考本想都取中，但最终二人双双落榜。经过查看试卷，李迪是由于作赋有不押韵处，贾边却是把"当仁不让于师"的"师"解释成"众"，与传统注疏不同。主考官为二人说情，希望特别开恩准其合格，当时任宰相的王旦（957—1017，谥文正）认为："李迪的错误是由于疏忽，可以宽恕；而贾边却是特立异说，这个头不能开，开了，以后的学子就会努力地标新立异，破坏科场考试的规矩。"最后是录取了李迪，而黜落了贾边。

评点

王旦担任宰相十数年，为政清廉、处事谨慎、为人宽厚、以德服人。他是宋真宗时期的名臣，从上面的表态可以看出王旦的执政风格和处世标准。从另一方面看，标新立异要看是否有根据、是否言之成理，如贾边这个，显然是穿凿了。从李迪与贾边的不同境遇看来，还是做人应厚道，治学要老实。想靠"新意"获得大名，就是侥幸搏出位了。贾边侥幸未成，反丢了礼部试，如果他老实做学问，也就做上官了。

杯酒释兵权

原文

【北宋】 王辟之《渑水燕谈录·卷一》

太祖登极数年，石守信等犹典禁卫，赵忠献屡请于上授以他任，上乃曲燕守信等，道旧甚欢，从容曰："朕与卿等义均手足，岂有他耶，而言者累及之。卿等各自择善地，出就藩镇，租赋之入，奉养甚厚，优游卒岁，不亦乐乎！朕有数女，与卿结亲，庶无间耳。"皆感称谢。于是诸帅归镇，或有至二十余年者，常富贵荣宠，极于一时。前代之保全功臣，无以过也。

译述

宋太祖赵匡胤登基已有数年，石守信等人仍然掌管禁军。赵普（谥忠献）屡次向太祖进言，希望太祖授给石守信等人其他官职。太祖于是将石守信等人请到一起饮酒，高兴地畅叙旧情，之后舒缓淡定地对他们说："我同你们的情义像手足一样，不可能有什么变故，但进言的人屡屡提起。你们诸位可以各自选择好地方，出京去藩镇任职，以当地的赋税收入，可以有丰厚的供养轻松地活到老，不也是乐事吗！我有数个女儿，与各位结成亲家，就更亲密无间了。"众人都感动地道谢。此后各将领分守各镇，有的达二十多年，富贵荣宠，为当时顶点。太祖皇帝在保全功臣方面是做得最好的。

评点

这则笔记讲的是杯酒释兵权的故事。北宋建隆年间
（960—963），宋太祖赵匡胤为了加强皇权，避免其将领也搞
"黄袍加身"，篡夺赵宋政权，通过酒宴方式，要求高级将领
交出兵权。杯酒释兵权被认为是宋太祖为加强中央集权、巩固
统治所采取的宽和措施的典范。但也有人认为宋太祖的杯酒
释兵权含有对内严防的性质，直接造成军力衰退。当时外患仍
存，削夺大将兵权，皇帝直接掌兵，不懂军事的文官控制军
队，致使以后宋朝与辽、西夏、金的战争连连败北，无力解决
边患。同历史上的新建王朝大杀功臣相比，杯酒释兵权富有成
效，因此也得到一致肯定，不过也有学者认为此事乃后人臆
造，经不起考证。

宋仁宗抑制势要

原文

【北宋】　王辟之《渑水燕谈录·卷一》

仁宗朝，流内铨引改京官人李师锡，上览其荐者三十
余人，问其族系，乃知使相王德用甥婿。上曰："保任之
法，欲以尽天下之才，今但荐势要，使孤寒何以进？"止
与师锡循资。后翰林学士胡宿子宗尧磨勘，以保官亦令循
资。帝之照见物情，抑权势，进孤寒，圣矣。

译述

仁宗朝，一天，吏部流内铨（官署名，管掌幕职、州县官以下注拟、磨勘等事）交来拟由地方官改任京官的李师锡的资料，仁宗见到他推荐的人有三十多个，就询问他的家族和世系，得知此人是使相王德用的外甥女婿。仁宗因此说道："吏部向朝廷推荐官员，是要网罗天下的所有人才，而今只推荐有权有势、身份显要的人，那些出身低微的贫寒士人如何能够进身？"最后决定只允许李师锡按年资逐级晋升。后来翰林学士胡宿的儿子胡宗尧任官期满考核，也因为其属于势要之后而只准许按年资逐级晋升。仁宗皇帝在体察人情、抑制权要、提拔寒士方面真是圣明啊！

评点

宋代把亲王、留守、节度使加侍中、中书令、同平章事等重要官员都称为使相。这是个荣誉称呼，实际上不主政事，尽管如此，使相也属于权势显赫者。宋仁宗看到王德用的外甥女婿都可以越级由地方官转任京官，且一次推荐三十多人升官，当然会产生忧虑：权要之人相互汲引，还有贫寒士人的晋升台阶吗？一个政权，建立官员的考核推荐制度，关键是要选拔、任用真正的人才，而不是成为权要阶层的晋升工具。

范仲淹教狄青读书

原文

【北宋】　王辟之《渑水燕谈录·卷二》

狄武襄公青，初以散直为延州指使，是时西边用兵，公以才勇知略，频立战功。常被发、面铜具，驰突贼围，敌人畏慑，无敢当者。公识度宏远，士大夫翕然称之，而尤为韩公、范文正公所深知，称为国器。文正以《春秋》《汉书》授之，曰："将不知古今，匹夫之勇，不足尚也。"公于是博览书史，通究古今。已而立大功，登辅弼，书史策，配享宗庙，为宋名将，天下称其贤。公初为延州指使，后显贵，天下独呼公为狄天使。

译述

狄青（1008—1057，谥武襄）从散直（侍从官）之职被任命为延州指挥使，当时北宋与西夏交战，狄青以他的谋略勇武屡立战功。他常常披散头发、戴着铜面具，飞马突破敌方营垒，敌人畏惧胆丧，没有敢于抵挡的。狄青还很有见识，眼界开阔，士大夫无不称赞他，尤其是韩琦、范仲淹（谥文正）十分了解他，称他为"国器"。范仲淹把《春秋》《汉书》送给他，对他说："将帅不知古今历史，只有匹夫之勇，是不足被人称道的。"狄青因此博览群书，探究古往今来的历史。后来立下大功，成为宰相，名列青史，配享宗庙，是有宋一代名将，天下人都称赞其贤德。他最早担任延州指挥使，后来显贵了，天下人只称他为狄天使。

评点

狄青十几岁时因与人冲突而入狱，被在脸上刺字、发配京师充军。他精通骑马射箭，先是当一名骑兵，后被选做散直，即负责侍卫的小官，此后在延州指挥使任上立下战功，逐级升迁，成为名将。但从根本上改变他的，是范仲淹要他读书。他"博览书史，通究古今"之后，气质改变，最终成为负责全国军事的枢密使，地位相当于宰相。由囚犯而最后有此成就，是史上鲜见的。所以，我们要重视读书的意义。读书，可能不会立刻给你带来财富、地位，但可以改变你的言谈举止、气质见识，最终会有益于你的人生。

宰相难做州官

原文

【北宋】 王辟之《渑水燕谈录·卷二名臣》

张仆射齐贤，以吏部尚书知青州六年，其治安静，民颇安之。好事者或谤其居官弛慢，朝廷召还。公或语人曰："向作宰相，幸无大过，今典一郡，乃招物议，正如监御厨三十年，临老反煮粥不了。"士大夫闻之，深罪谤者。

译述

北宋初期宰相张齐贤（942—1014）曾以吏部尚书身份任青州知府六年。他为政安静不折腾，老百姓安居乐业，却有好事的人毁谤他，说他居官不作为，由此被朝廷召还。张齐贤对人说："我以前做宰相，幸而没有什么过错，而今掌管一郡事务，却招来别人的非议，正好像掌管御厨三十年，到老了反而不会煮粥了。"士大夫们听说后，痛恨那个毁谤的人。

评点

这个事情，作者已经说了，张齐贤其实在知府任上是很成功的，因为"民颇安之"，用今天的话说就是"人民群众高不高兴"很关键。不过从另外的意义上说，当得了宰相，还真未必能当好州官，因为其职能和要求不同。至于张齐贤打的那个比方，我也心有戚戚然。你做了一辈子的事，到最后还真未必管用，六十岁老娘倒绷了孩儿，这事谁都可能遇到。宰相要的是平衡的能力，州官要的是独断一方的能力。宰相面对的是帝王，对皇帝负责；而州官面对的是百姓，需要的是治理的政绩。张齐贤不折腾，有的人便看不下去，认为他不作为，反映上去，皇帝也认为是那么回事儿。这一点给今人很大启迪。

欧阳修说寇准

原文

【北宋】　王辟之《渑水燕谈录·卷四才识》

天圣末，欧阳文忠公文章三冠多士，国学补试国学解，礼部奏登甲科。为西京留守推官，府尹钱思公、通判谢希深皆当世伟人，待公优异。公与尹师鲁、梅圣俞、杨子聪、张太素、张尧夫、王几道为七友，以文章道义相切劘。率尝赋诗饮酒，间以谈戏，相得尤乐。凡洛中山水园庭塔庙佳处，莫不游览。思公恐其废职事，欲因微戒之。一日府会，语及寇莱公，思公曰："诸君知莱公所以取祸否？由晚节奢纵、宴饮过度耳。"文忠遽曰："宴饮小过，不足以招祸；莱公之责，由老不知退尔。"坐客为之耸然，时思公年已七十。

译述

天圣末年，欧阳修（1007—1072，谥文忠）举甲科进士，被任命为西京留守推官，西京府尹钱惟演（谥思）、通判谢绛（字希深）对他都很器重。欧阳修与尹洙（字师鲁）、梅尧臣（字圣俞）、杨子聪、张太素、张尧夫、王几道结为七友，切磋文章道义，大家赋诗饮酒，言谈游戏，相处得很快乐，洛阳附近的山水、园林、塔庙等好玩的地方都玩遍了。钱惟演怕他贪玩误事，就想着提醒他一下。一天在府中聚会，谈到寇准（封莱国公），钱惟演说："各位知道寇老先生为什么获罪吗？就是由于晚年奢侈放纵、豪饮过度啊！"欧阳修接过话头说："宴饮什么的都是小过失，不足以招祸；寇莱公的罪过就是年纪大了还不知进退罢了！"在座之人听了，都感到惊惧，因为钱惟演当时已经七十岁了。

评点

才高之人难免放言无忌。以欧阳修这事而言，人家钱老本来是一番好意，由寇准的获罪丢官，提醒年轻人们多做事少玩乐，而他一句大实话，使满席的人都坐立不安。为什么呢？
钱老也七十了啊！说寇准年纪大了不及时退下来，岂不是影射
钱老？欧阳修固然是一针见血，但当着和尚说秃子，难免得罪
人。钱惟演本是吴越王钱俶的儿子，入宋为官。他有奖掖后
进之举，但也阿附权贵，急于柄用，所以，欧阳修说寇准不知
退，内中也含有批评他的意思，好在这老先生晚年颇悔当初，
欧阳修倒也平安无事。

现在佛与过去佛

原文

【北宋】　欧阳修《归田录·卷一》

　　太祖皇帝初幸相国寺，至佛像前烧香，问当拜与不
拜，僧录赞宁奏曰："不拜。"问其何故，对曰："见在佛
不拜过去佛。"赞宁者，颇知书，有口辩，其语虽类俳
优，然适会上意，故微笑而颔之，遂以为定制。至今行幸
焚香，皆不拜也。议者以为得礼。

译述

　　宋太祖赵匡胤第一次参拜相国寺，到佛像前烧香，问随
行之人是否应下拜，管事僧人赞宁说："不必下拜。"太祖问
为什么，他回答说："现在佛不拜过去佛。"赞宁这人读了些
书，能言善辩，他回答宋太祖的话语虽有些逗乐，但符合赵匡

胤的心意，故此太祖微笑着点头同意。从此形成定例，后来皇帝寺庙上香都不拜佛像，大家也认为合乎礼仪。

评点

这则"现在佛与过去佛"可见僧人的市侩气。中国老话有"人走茶凉"之说。这其实也是规律，在位者炙手可热，不在位者无人问津。在佛教中，佛乃大千世界共瞻之主，但在现任皇帝眼中，仍然可以直立上香，现在权至高故也！话说回来，人走茶凉才是正常现象，因为你不在位了，说话表态，充其量只能是供在位者参考，如果这时还想着别人鞍前马后地围着，便只能是权迷了心窍。当今之时，"过去佛"不管你曾担任多么重要的职务、有过多大的贡献，"不在其位，不谋其政"才是正确的态度。

手熟而已

原文

【北宋】　欧阳修《归田录·卷一》

陈康肃公善射，当世无双，公亦以此自矜。尝射於家圃，有卖油翁释担而立，睨之久而不去。见其发矢十中八、九，但微颔之。康肃问曰："汝亦知射乎？吾射不亦精乎？"翁曰："无他，但手熟尔。"康肃忿然曰："尔安敢轻吾射！"翁曰："以我酌油知之。"乃取一葫芦置于地，以钱覆其口，徐以杓酌油沥之，自钱孔入而钱不湿，因曰："我亦无他，惟手熟尔。"康肃笑而遣之。此与庄生所谓"解牛""斫轮"者何异。

译述

陈尧咨（970—1034，谥康肃）善于射箭，当时没有第二个人能跟他相比，他也凭着这个本领而自夸。一次，他在家里射箭的场地射箭，有个卖油的老翁放下担子，站在那里斜着眼睛看着他，很久都没有离开。卖油的老头看他射十箭，中了八九支箭，只是微微地点了点头。陈尧咨问卖油翁："你也懂得射箭吗？我的箭法不是很高明吗？"卖油翁说："没有什么了不起的，不过是手法熟练罢了。"陈尧咨听了，气愤地说："你怎么敢轻视我射箭的本领！"老翁说："凭我倒油的经验就可以懂得这个道理。"于是拿出一个葫芦放在地上，把一枚铜钱盖在葫芦口上，之后慢慢地用油勺舀油注入葫芦里，油从钱孔注入，而钱却没有湿。之后老翁说："我也没有什么了不起的，只不过是手法熟练罢了。"陈尧咨只好笑着将他打发走了。这个事情与庄子所谓的"庖丁解牛""轮扁斫轮"是同样的道理。

评点

陈尧咨学问不小，官做得也很大。他用刑惨急，经常杖下打死人。这个人文武双全，不愿屈居人下，可是却不得不在卖油翁面前认输，因为卖油翁指出的道理辩驳不倒，他只得"笑而遣之"，没有责备"犯上"的小百姓。事情就是这样，许多情况下，事情做得漂亮，只是因为熟练，确实没什么可夸耀的。当然，做事情，能够始终坚持如一也不容易。所谓熟能生巧，许多发明创造正是在熟的基础上完成的。我们做任何事情，认真做好本职工作是第一位的。

养生难在去欲

原文

【北宋】　苏轼《东坡志林·卷一》

昨日太守杨君采、通判张公规邀余出游安国寺，坐中论调气养生之事。余云："皆不足道，难在去欲。"张云："苏子卿啮雪啖毡，蹈背出血，无一语少屈，可谓了生死之际矣，然不免为胡妇生子。穷居海上，而况洞房绮疏之下乎？乃知此事不易消除。"众客皆大笑。余爱其语有理，故为记之。

译述

昨天太守杨采、通判张规邀请我到安国寺游玩，交谈中谈到调理气息、养生保健的事。我说："其他的都不足道，最难在于去除男女之事的欲望。"张规说："苏子卿（苏武）吃雪止渴、吞毡充饥，被踢打得背部出血，都坚贞不屈，可以算得上看透了生死存亡之事，然而却同匈奴妇女生下一个儿子。他当年是穷苦地生活在沙漠之中，何况今天我们衣食不缺、居住舒适呢？可见男女之欲是不容易去除的。"众人听了大笑。我觉得他的话很有道理，故此记了下来。

评点

文中的"安国寺",就是黄州的安国寺。苏轼被贬黄州,任团练副使时,同太守、通判一起游玩,大家对养生有此一番议论。苏轼认为养生最难在于去除性欲,通判张规也有同感。他举了苏武的例子说明。苏武被流放北海(今贝加尔湖附近),渴了吃冰雪,饿了吞吃毛毡上的羊毛,也决不投降,但还是同匈奴妇女生了个儿子。张规由此发挥,认为在正常的生活环境下,去除性欲更难。苏轼也表同意。是啊!古往今来,都强调节欲,有多少人真正节了呢?看古今的权贵与权色交易的贪官,我们就明白了。欲望是需要有的,不然人类就不能繁衍,人们就没有努力向上的动力,能把欲望控制在合理的范围内,就足以了。

贺下不贺上

原文

【北宋】　苏轼《东坡志林·卷二》

贺下不贺上,此天下通语。士人历官一任,得外无官谤,中无所愧于心,释肩而去,如大热远行,虽未到家,得清凉馆舍,一解衣漱濯,已足乐矣。况于致仕而归,脱冠佩,访林泉,顾平生一无可恨者,其乐岂可胜言哉!余出入文忠公门最久,故见其欲释位归田,可谓切矣。他人或苟以藉口,公发于至情,如饥者之念食也,顾势有未可者耳。观与仲仪书，论可退之节三，至欲以得罪病而去。君子之欲退，其难如此，可以为进者之戒。

译述

祝贺离官（做官的人降职或退隐），不祝贺升官，这是天下共通的话。读书人为官一任，能够做到在外没有毁谤、内心没有羞愧，放下肩上的担子离开，就像大热天远行，虽然还没到家，能够有一个清凉的驿舍，脱下衣服洗个澡，也足够快乐了。何况辞官归隐，脱掉官帽和佩饰，访求隐士高人，回顾平生，没有一件可抱恨的事情，那种快乐真是无法言说啊！我同欧阳文忠公（欧阳修，谥文忠）交往最久，他想要解职归田的心情，在我看来是迫切的。别的人或许是以致仕为借口，他则确是发自内心的至情，就如同饿极的人想念食物，只不过是当时的情势不允许他离开罢了。看他写给王素（字仲仪）的信，论述了可以退隐的三种情况，甚至到了想要获罪、生病而离开的地步。君子想要隐退，难到这个地步，这可以作为一心求进者的鉴戒。

评点

在宋代，大家都祝贺去官的人，而对升官者平静以对。这是因为，在官场上，能够不贪腐、不枉法，侍奉君主不得罪，最后平安致仕，就意味着其一生干净清白，从此可以悠游林下，度过余生。这同今天恰恰相反啊！而今升官者是火热的祝贺，退休者再也无人搭理。还是希望今天的人多读一下苏轼的这段话："士人历官一任，得外无官谤，中无所愧于心，释肩而去，如大热远行，虽未到家，得清凉馆舍，一解衣漱濯，已

足乐矣。"今时的贪官在退休多少年后，又被拎出来审查，想
得此快乐，可乎？

商人言点铁为铜

原文

【北宋】 苏辙《龙川略志·卷五》

有商人自言于户部，有秘法能以胆矾点铁为铜者。予
召而诘之曰："法所禁而汝能之，诚秘法也。今若试之于
官，则所为必广，汝一人而不能自了，必使他人助汝，则
人人知之，非复秘也，昔之所禁，今将遍行天下。且吾掌
朝廷大计，而首以行滥乱法，吾不为也。"其人怏怏而
出，即诣都省言之。诸公惑之，令试斩马刀，厥后竟不成。

译述

有个商人到户部自荐，称自己有秘法，能用胆矾把铁变
成铜。我把他叫来，告诉他说："法律禁止的事情你能做，确
实是秘法。而今如果由官府试行，做起来就一定规模很大，你
一个人就无法完成，必定需要别人帮助你，如此就会人人皆
知，不复为秘法了。从前禁止的，如今将要遍行于天下。我掌
管朝廷经济，却首先以自己的行为扰乱法律，我不会做这样的
事。"那个人不服气地告辞而出，立刻到尚书省去自荐。尚书
省的诸公被他迷惑，令他用斩马刀来试验，最终未能成功。

评点

这个商人所说的"点铁为铜",就是"胆铜法",指把铁片放在胆矾（硫酸铜的古称,又称石胆）水中浸泡,胆矾水与铁发生化学反应,水中的铜离子被铁置换而成为单质铜沉积下来,因而从铁片中置换出胆铜。直到北宋前期,对胆矾水浸铁成铜这一现象的认识仍仅仅限于极少数人。苏辙（1039—1112）任户部侍郎的时间是在元祐二年（1087）十一月至元祐四年（1089）六月,可见这段时期宋政府的执政者仍然不了解胆铜生产及其所能起到的作用,胆铜生产还被称为"秘法"。不过苏辙的态度是对的,在科学不发达的当时,这样的事情不啻就是如点石成金一样荒诞,所以作为户部官员的苏辙不"首以行滥乱法",是值得肯定的。

李沆斥浮薄之人

原文

【北宋】 苏辙《龙川别志·卷上》

真宗初即位,李沆为相。帝雅敬沆,尝问治道所宜先,沆曰："不用浮薄新进喜事之人,此最为先。"帝问其人。曰："如梅询、曾致尧等是矣。"帝深以为然。故终帝之世,数人者皆不进用。是时梅、曾皆以才名自负,尝遣致尧副温仲舒安抚陕西,致尧于阁门疏论仲舒,言不足与共事,轻锐之党无不称快。然沆在中书不喜也,因用它人副仲舒，而罢致尧。故自真宗之世至仁宗初年，多得重厚之士，由沆力也。

译述

宋真宗即位之初，李沆（947—1004）为宰相。真宗很尊重李沆，曾向他询问应该先采取哪些治国方法。李沆说："不任用那些浮华浅薄的和好事的人，这是最先要做的。"真宗问这些人指谁。李沆说："像梅询、曾致尧这班人就是这类人。"真宗认为他说得很对，终真宗之世，这些人都不受重用。当时梅询、曾致尧等都以有才名而自负，曾致尧被任命为副职，辅助温仲舒安抚陕西。他却在朝堂上向皇帝上疏，劾奏温仲舒，说不值得与这人共事。那些浅薄小人对这事无不拍手称快，但李沆身在中书省，对此很不高兴，于是让其他人担任温仲舒的副手，罢免了曾致尧。从真宗之世至仁宗初年，许多持重厚道之人得到进用，都是因为李沆的缘故。

评点

这则笔记记述李沆不仅向真宗建议不用浮薄好事之人，自己也以实际行动罢免好事的曾致尧。浮薄是什么意思？是浮华、浅薄，爱招摇生事。一个浮躁的社会，就容易产生浮薄之人。浮薄之人，意粗性躁，矜言志事，做事急功近利，谋事急于求成，往往事与愿违。急于进取、自负其功，对为官者有百害而无一益，我们已看到太多的这方面的案例。古人的告诫太有道理了！

太祖弹雀

原文

【北宋】 司马光《涑水记闻·卷一》

太祖尝弹雀于后园，有群臣称有急事请见，太祖亟见之，其所奏乃常事耳。上怒，诘其故，对曰："臣以为尚急于弹雀。"上愈怒，举柱斧柄撞其口，堕两齿，其人徐俯拾齿置怀中。上骂曰："汝怀齿欲讼我邪？"对曰："臣不能讼陛下，自当有史官书之。"上悦，赐金帛慰劳之。

译述

宋太祖在后园打鸟，有臣子说有急事求见。他急忙接见，却发现不是什么急事，便生气地问其何故，臣子回答说："我认为比打鸟还是要紧急的。"这回答令宋太祖大怒，以斧柄撞臣子之口，撞掉两颗牙。那人慢慢俯身捡起牙齿，放入怀里。太祖大骂："你把牙齿装起来，是要告我吗？"那人回答："我不能告陛下，但会有史官记下来。"太祖转怒为喜，赐给那人金钱和丝织品慰劳他。

评点

这个故事很有意思！故事中，皇帝与大臣的关系似乎很宽松。大臣可以随便跑到皇帝后园说事，还敢指责皇帝不务正业；皇上呢？发怒了便自己动手，之后又担心臣子告发他，更担心自己在史官笔下有负面记录。皇权在宋代还不算厉害，到明朝就了不得了，清代更达到顶峰。中国的史官有秉笔直书的传统，所谓"在齐太史简，在晋董狐笔"，所以赵匡胤听到他的行为要被史官记录，传至后世，心中也慌，只好改怒为笑。历史，如果只照顾帝王和权贵，不能反映历史的真实，便是历史的堕落。

雷简夫非大才

原文

【北宋】　魏泰《东轩笔录·卷十》

仁宗以西戎方炽，叹人才之乏，凡有一介之善，必收录之。杜丞相衍经抚关中，荐长安布衣雷简夫才器可任，遽命赐对于便殿。简夫辨给，善敷奏，条例西事甚详。仁宗嘉之，即降旨中书，令依真宗召种放故事。是时吕许公当国，为上言曰："臣观士大夫有口才者，未必有实效，今遽爵之以美官，异时用有不周，即难于进退，莫若且除一官，徐观其能果可用，迁擢未晚。"仁宗以为然，遂除耀州幕官。简夫后累官至员外郎、三司判官，而才实无大过人者。

译述

宋仁宗因为西夏势大，感叹朝中缺人，有一点长处的都加以任用。丞相杜衍巡察关中，向仁宗推荐长安平民雷简夫，仁宗立即召见。雷简夫有口才，善对答，对西夏诸事分析到位，仁宗很看重他，立即命中书省依照宋真宗召见种放之例，赐简夫官爵。这时吕夷简（979—1044，封许国公）对仁宗说："士大夫有口才，未必有实际能力。而今急忙给他一个高官，以后不称职就麻烦了。不如先任命一般官职，看他的能力，如果可用再提升。"于是任命他为耀州的幕僚官。后来雷简夫做到员外郎、三司判官，没有什么过人的才能。

评点

种放是宋初隐士，宋真宗召见他，直接授他左司谏（七品）、值昭文馆的官职。仁宗仿此例，也要授予雷简夫七品高官，是吕夷简劝阻，才给了个幕僚官，而其最后也只做官到从五品的员外郎。所以，选人任事，关键还要看实际能力，而不能仅看口才。中国古代，做官讲究历练，因为官场复杂，上有皇上，下有万民，所以任命官员不能头脑发热，不仅看口才更要看真才实学。喜欢耍嘴皮子能说会道者往往非大才，大多不能成为国家栋梁。

陈执中不欺君

原文

【北宋】　吴处厚《青箱杂记·卷二》

世传陈执中作相，有婿求差遣，执中曰："官职是国家的，非卧房笼箧中物，婿安得有之？"竟不与。故仁宗朝谏官累言执中不学无术，非宰相器，而仁宗主意愈坚。其后，谏官面论其非，曰："陛下所以眷执中不替者，得非以执中尝于先朝乞立陛下为太子耶？且先帝止二子，而周王已薨，立嗣非陛下而谁？执中何足眷？"仁宗曰："非为是，但执中不欺朕耳。"

译述

陈执中（990—1059）是仁宗时的宰相。他的女婿向他求官，他说："官职是国家的，不是自己卧室里的箱笼中物，你怎能获得？"没有给女婿官做。仁宗朝的谏官说陈执中不学无术，不是做宰相的材料，但仁宗更重视他。其后，谏官当着皇帝的面弹劾陈执中的错误，且说："陛下之所以固执地喜欢陈执中，是不是因为他在前朝立陛下为太子的事情上有功？当时先帝只有两位皇子，但周王早逝，所以太子只能是皇上您，陈执中有什么功劳？"仁宗回了一句："不是因为那个。是因为陈执中不欺骗我！"

评点

作为皇帝，当然希望臣子不欺骗他。然而居于高位的，不受欺骗的几希！报喜不报忧，是官场的常态，古今皆然。在这个意义上，陈执中当然属于难得之人。作为一个封建时代的官员，陈执中能说出"官职是国家的，非卧房笼箧中物"这样的话，极为难得！君不见，而今的多少买官卖官者，或裙带、或攀附、或送钱，私相授受，何曾有陈执中的境界？！

作文不惮屡改

原文

【北宋】 何薳《春渚纪闻·卷七·诗词事略》

自昔词人琢磨之苦，至有一字穷岁月，十年成一赋者。白乐天诗词疑皆冲口而成，及见今人所藏遗稿，涂窜甚多。欧阳文忠公作文既毕，贴之墙壁，坐卧观之，改正尽善，方出以示人。薳尝于文忠公诸孙望之处得东坡先生数诗稿，其《和欧叔弼》诗云："渊明为小邑。"继圈去"为"字，改作"求"字；又连涂"小邑"二字，作"县令"字，凡三改乃成今句。至"胡椒铢两多，安用八百斛"，初云"胡椒亦安用，乃贮八百斛"，若如初语，未免后人疵议。又知虽大手笔，不以一时笔快为定，而惮于屡改也。

译述

从前，诗人在琢磨字句上下苦功，以至有一个字想了一年、十年才写成一首诗赋的。白居易（字乐天）的诗句看起来都是冲口而出，待到看见今人所收藏的白氏遗稿，涂改的地方有很多。欧阳修（谥文忠）每写完一篇文章，都贴到墙上，朝夕观看，改到尽善尽美，才拿出来让别人看。我曾在文忠公孙辈欧阳望之那里得到几页东坡先生的诗稿，他的《和欧叔弼诗》中"渊明为小邑"一句，先将"为"字改为"求"字，又将"小邑"改成"县令"；"胡椒铢两多，安用八百斛"一句，原句为"胡椒亦安用，乃贮八百斛"，如用原句，恐遭后人非议。由此可知，虽是诗文大家，也都不是以一时笔快为上，不怕诗文屡改。

评点

古来文学，固有才高八斗、下笔千言的捷才，更多的不朽诗文还都是改出来的。为诗作文，不怕修改，才有好的作品问世。文章是改出来的，诗也一样，尤其是要让人看的，而非游戏之作。今天常见有些在大日子、为名城巨园而作的诗赋，往往用典不对、对仗不工，甚至有错字病句。这样的作品真需要如欧阳修一样，草稿完成后，多放几天，反复推敲，不然便容易贻笑大方。

神宗衣金甲被批

原文

【南宋】　蔡绦《铁围山丛谈·卷一》

神庙当宁，慨然兴大有为之志，思欲问西北二境罪。一日被金甲诣慈寿宫，见太皇太后曰："娘娘，臣著此好否？"曹后迎笑曰："汝被甲甚好。虽然，使汝至衣此等物，则国家何堪矣。"神庙默然心服，遂卸金甲。

译述

宋神宗即位之后，想着要有一番大作为，打算讨伐西夏和辽国。一天，他身披金甲，去到慈寿宫，对太皇太后说："娘娘，我穿这个好不好？"曹后笑着对他说："你穿着甲衣很好。尽管如此，令你穿上这样的东西，那么国家都到了什么地步了！"神宗说不出话，心里觉得很对，于是卸下金甲。

评点

宋神宗穿金甲，被太皇太后、也就是宋仁宗的皇后曹后批评，推测起来，原因有二，一是黩武，二是挥霍。金甲这东西，漂亮是漂亮，其实没有实用价值。楚王好细腰，宫人多饿死。君主的导向作用可不能小看！一国元首固应重视国防，但不必自己穿上金甲。真要上阵，他恐怕还不如一介小卒。

李沆有远见

原文

【南宋】 邵伯温《邵氏闻见录·卷七》

咸平、景德中，李文靖公沆在相位，王文正公旦知政事。时西北二方未平，羽书边报无虚日，上既宵旰，二公寝食不遑。文正公叹曰："安得及见太平，吾辈当优游矣。"文靖公曰："国家有强敌外患，足以警惧。异日天下虽平，上意浸满，未必能高拱无事。某老且死，君作相时当自知之，无深念也。"及北鄙和好，西陲款附，于是朝陵展礼，封山行庆，巨典盛仪，无所不讲。文靖已死，文正既衰，疲于赞导，每叹息曰："文靖圣矣。"故当时谓文靖为圣相云。

译述

宋真宗咸平、景德年间（998—1007），李沆（谥文靖）、王旦（谥文正）为正副宰相。当时辽与西夏经常进犯，每天边报不断，皇帝终日忙碌，二人顾不上吃饭睡觉。王旦叹息说："什么时候天下太平，我们就闲下来了。"李沆说："国家有外患令人警惧，日后虽天下太平，皇上意满，未必能高拱无事。我已年老且快死了，你当宰相时自会知道，不要想太多。"等到与辽和好、西夏来附，皇帝便开始讲究朝堂及谒陵之礼，又大搞封禅庆典，各种大典盛仪都要尝试。此时李沆已死，王旦也年老，疲于操持指导，经常叹息说："文靖公真是圣人啊！"

评点

做皇帝的，外敌当前，首先要保的自然是江山，因此要勤政节用。消除外患之后，就要显示皇上的威仪、打点起盛世的气派了。只是苦了大臣与百姓，因为大臣要出力，百姓要出钱。宋真宗在外患危急时，能勤政御患，算是好的；多少皇帝，在外敌兵临城下时，他还夜夜笙歌呢！不过真宗不能免俗，外患稍安，就讲究起奢靡排场了。无他，天下是他的嘛！这方面，还得说是李沆看得清楚。

不欺

原文

【南宋】 邵伯温《邵氏闻见录·卷第八》

贾内翰黯以状元及第归邓州，范文正公为守，内翰谢文正曰："某晚生，偶得科第，愿受教。"文正曰："君不忧不显，惟'不欺'二字，可终身行之。"内翰拜其言不忘，每语人曰："吾得于范文正公者，平生用之不尽也。"呜呼！得文正公二字者，足以为一代之名臣矣。

译述

翰林学士贾黯当年状元及第，回到邓州。范仲淹（989—1052，谥文正）时任邓州知府，贾黯去拜见范仲淹，说："我乃后学，侥幸得了功名，希望得到先生的教导。"范仲淹说："你不必担心将来不显达，只有不欺两个字，可以终身去实行。"贾黯拜受其言，终生不忘，经常对人讲："这两个字是我从范文正公那里得来的，平生受用不尽。"呜呼！得范仲淹相赠两个字，就足以成为一代名臣了！

评点

不欺，有成语"不欺暗室"，是说在没有人看见的地方，也不做见不得人的事。唐诗人贾岛有诗"上不欺星辰，下不欺鬼神"。古人还有"内不欺己，外不欺人，上不欺天，君子所以慎独"之说。以上的"不欺"就是做老实人，行老实事，如此自然不会招来祸患，所以贾黯终身受用，成就名臣。做人，不说假话，或万不得已只说善意的假话，应是基本要求。

破天荒

原文

【南宋】　邵博《邵氏闻见后录·卷十七》

唐荆州每解送举人，多不成名，号曰"天荒"。至刘蜕舍人以荆州解及第，号"破天荒"。东坡尝以诗二句遗琼州进士姜唐佐，"沧海何曾断地脉，白袍端合破天荒"，用此事也。题其后云："待子及第，当续后句。"后唐佐自广州随计过许昌，见颖滨时，东坡已下世，相持出涕，颖滨为足成其诗云："生长茅间有异方，风流稷下古诸姜。适从琼管鱼龙窟，秀出羊城翰墨场。沧海何曾断地脉，白袍端合破天荒。锦衣他日千人看，始信东坡眼目长。"

译述

唐时，荆州举人会试时多考不上进士，故此地被称为"天荒"，后来刘蜕（官至中书舍人）从荆州入京考试及第，号"破天荒"。苏东坡以诗二句赠琼州举子姜唐佐："沧海何曾断地脉，白袍端合破天荒。"即用此典，因为琼州此前也无人及第。苏东坡在诗后还附了一句话："等你及第，当续后句。"后姜唐佐进士及第，在许昌见到苏东坡的弟弟苏辙（号颍滨遗老），这时苏东坡已经去世，苏辙为那两句诗续成全诗。

评点

什么事情都算上，能破天荒，足可惊人。苏东坡可谓能识人、有远见，他认为姜唐佐可以考中进士，还真言中了！历史太长又太新，所以"破天荒"的事也越来越新、越来越奇……

仁宗选宰相

原文

【南宋】 邵博《邵氏闻见后录·卷二十》

仁皇帝问王懿敏素曰："大僚中孰可命以相事者？"懿敏曰："下臣其敢言？"帝曰："姑言之。"懿敏曰："唯宦官宫妾不知姓名者，可充其选。"帝怃然，有间，曰："唯富弼耳。"懿敏下拜曰："陛下得人矣。"既告大庭相富公，士大夫皆举笏相贺，或密以闻，帝益喜曰："吾之举贤于梦卜矣。"

译述

宋仁宗问王素（谥懿敏）："大臣之中谁可以担任宰相之职？"王素说："我可以说吗？"仁宗说："随便说说。"王素说："唯有宦官嫔妃不知姓名的人才可担任。"仁宗怅然若失，半天才说："只有富弼了。"王素下拜说："陛下选对人了！"仁宗在朝堂上宣布富弼为宰相后，朝野的士大夫都相互祝贺，认为选对了人。有人秘密地告诉给仁宗，仁宗越发高兴，说："我是在梦中占卜选出一个贤臣啊！"

评点

王素告诉仁宗，那些宦官嫔妃向他推荐的人都不可用，这些人都不知道的人才可用。宰相乃国之重臣，是朝廷运作的枢纽，其人选十分重要。王素老成持重，他不推荐具体人选，却让仁宗选后宫之人不认识的人，实在是高！国之大臣，枕头风要不得，小圈子更要不得！这道理古今一样啊！枕头风吹过去的，大半德才都会有问题。

曹太后说苏轼

原文

【南宋】 方勺《泊宅编·卷一》

东坡既就逮下御史狱，一日，曹太皇诏上曰："官家何事数日不怿？"对曰："更张数事未就绪，有苏轼者，辄加谤讪，至形于文字。"太皇曰："得非轼、辙乎？"上惊曰："娘娘何自闻之？"曰："吾尝记仁宗皇帝策试制举人罢归，喜而言曰：'今日得二文士，然吾老矣，度不

能用，将留以遗后人。'二文士盖轼、辙也。"上因是感
动，有贷轼意。

译述

苏东坡（因乌台诗案）被逮捕下狱，有一天，曹太后问
宋神宗："皇帝因为何事好几天不高兴？"神宗说："变法有
几件事未完成。有个叫苏轼的，随意毁谤讪笑变法，甚至写
成诗文。"曹太后说："是苏轼、苏辙吗？"神宗很吃惊，
问："娘娘是从哪里听说他们的？"曹太后说："我曾记得，
仁宗皇帝出题考试举人，完成后回宫，高兴地说：'今天得到
两个文士，然而我已经老了，恐怕用不上了，将把他们留给后
人。'这两个文士就是苏轼、苏辙。"神宗听了很感动，有了
赦免苏轼的想法。

评点

这条关于苏东坡的笔记，披露了曹太后（宋仁宗的皇后）
说情、使宋神宗放过苏轼的史实。当时苏东坡犯"毁谤新法"
之罪，未受重惩，固然有宋太祖"不杀士大夫"的祖训，曹太
后的作用也很重要，可见，老人说话，关键时刻管用。不过老
人讲话有用，不可喋喋不休；用于救人则可，用于大政则谬。
在位者亦应有数，什么样的老人话能听，什么样的老人话不
能听。

宋代多取进士

原文

【南宋】 王栐《燕翼诒谋录·卷一》

唐末进士不第，如王仙芝辈唱乱，而敬翔、李振之徒，皆进士之不得志者也。盖四海九州之广，而岁上第者仅一二十人，苟非才学超出伦辈，必自绝意于功名之涂，无复顾藉。故圣朝广开科举之门，俾人人皆有觊觎之心，不忍自弃于盗贼奸宄。……进士入官，十倍旧数，多至二十倍，而特奏之多，自是亦如之。英雄豪杰，皆汩没消靡其中而不自觉，故乱不起于中国，而起于夷狄，岂非得御天下之要术欤？苏子云："纵百万虎狼于山林而饥渴之，不知其将噬人。"艺祖皇帝深知此理者也，岂汉唐所可仰望哉！

译述

唐朝末年，考不上进士的人，如王仙芝之辈带头作乱，而投靠朱温的敬翔、李振之流则是进士中的不得志者。中国土地有九州四海之广，每年得中进士者仅一二十人，如果不是才学出类拔萃之辈，只能是断了求取功名的心思，不再留恋科举。故此我大宋朝广开科举之门，使得人人都有考中的希望，不甘心沦落为盗贼奸坏之人……由进士而进入仕途的是以前的十倍，多的达到二十倍，而特奏名获得出身的与此大体相当。英雄豪杰都不自觉地全力投身于科举，故此叛乱不会在中国发生，而发生于夷狄之地，这个岂不是深得统御天下的诀窍吗？东坡先生说："将百万虎狼放进山林，使之又渴又饿，却不知道它们将要吃人。"太祖皇帝深深地知道这个道理，是汉、唐时代所远远不及的。

评点

这里提到的一个事实，就是宋朝增加科举取士的数量，以免这些读书人流落在社会上犯上作乱。其中提到的"特奏"，是宋代科举制度的一种特殊规定：考进士多次不中者，可另造册上奏，经许可附试，特赐本科出身，叫"特奏名"，与"正奏名"相区别。特奏名又称恩科、恩榜，意谓那些以特奏名身份获得出身的人，是皇帝或朝廷赐予他们的一种特殊恩例制度。在两宋，特奏名出身者是士大夫队伍中一个广泛存在的群体，其人数可以与正奏名进士相匹敌，他们虽然在中央政权并无多少发言权，但在乡村却十分活跃，在地方教育、水利兴修、社会治安、乡规民约、祭祀活动、志书谱牒纂修等诸多方面，都可以看到他们的影响。一个普通的读书人甚至工商、农家子弟，一旦成为特奏名进士以后，就可以跻身官僚队伍，即使多数人不能做官，也足以使自己成为地方"乡贤"，并为子孙后代的应举入仕创造一定条件。这一制度对宋代的乡村建设是很有意义的，带来了乡村的进步。所以，今天扩大高等教育的受教育人群也是很有必要的，这对提高整个中华民族的文化水平很有意义。

京官不知民苦

原文

【南宋】　　王栐《燕翼诒谋录·卷五》

国初，擢用人才不问资序，有初补京官，便除知州，或差通判，既不知仕涂之艰苦，小官往往遭其慢视，又且未历民事，不谙民间疾苦。淳化四年十月庚午，苏易简上言："初任京官，未历州县，不得拟知州、通判。"诏从之。然惟施之常调尔，若人主特除，则又不在此例。吕公弼年十九，以水部员外郎即知庐州，正如易简所论，不以改制而止也。

译述

宋朝立国之初，提拔人才不问资历班序，有的人刚补为京官，就被任命为知州，或被恩差为州通判（知州的副手）。这些人既不知道仕途的艰苦，小官吏往往受到他们的慢待与轻视；又没有经历过民间事务，不了解民间的疾苦。淳化四年（993）十月庚午日，苏易简（958—996）上疏说："刚刚担任京官、没有州县任职经历的，不得派任知州、通判。"太宗下诏同意。然而这一规定只适用于常规调动，如果是皇上特批便不在此例。吕公弼十九岁时就以水部员外郎的身份担任庐州知州，正如苏易简所指出的那样，不因为改制而改变。

评点

这里的京官，当然不是指各部的尚书和侍郎，而是指中央六部之下各司的副职以下的官员，比如文中提到的水部员外郎吕公弼，就是吏部之下的水部司的副职。担任这些职务的官员大体是刚从科举进身，没有官场锻炼，也不了解民间疾苦。这些人在中央六部，司事有主事把关，再上有尚书侍郎，还可应付；到了州县，就要直接面对胥吏和民众，弄不好就会出差错。所以苏易简有此建议。笔记中提到的吕公弼，是吕夷简的儿子。他以父荫补官，赐进士出身。仁宗时，历任河北转运使、都转运使、权知开封府及知渭、延、成都等州府，有治绩；知成都府时，以政尚宽厚为蜀民称颂，是个人才。道理上古今都是相通的。

苏东坡论孔明

原文

【南宋】　周密《齐东野语·卷一》

东坡论曰："取之以仁义，守之以仁义者，周也；取之以诈力，守之以诈力者，秦也。以秦之所以取取之，以周之所以守守之者，汉也。仁义诈力杂用以取天下者，此孔明之所以失也。孔明之所恃以胜者，独以其区区之忠信，有以激天下之心耳。刘表之丧，先主在荆州，孔明欲袭杀其孤，先主不忍也。其后，刘璋以好逆之至蜀，不数月，扼其吭、拊其背而夺之国，此其与曹操异者几希矣！乃治兵振旅，为仁义之师，长驱东向，而欲天下向应，盖亦难矣。"

译述

苏轼在《诸葛亮论》中说:"西周是以仁义取得天下,又以仁义来守护;秦国是以欺诈暴力取得天下,又以欺诈暴力来守护。西汉是以秦国的方式取得天下,但以西周的方式来守护。企图仁义和欺诈暴力并用来取得天下,这是孔明之所以失败的原因。孔明的成功,靠的只是他的忠信,能够用来激发天下人的心志。刘表死的时候,先主刘备在荆州,孔明打算突袭杀死刘表的遗孤,是刘备不忍下手。其后刘璋好心将他们迎接到蜀地,没有几个月,就掐住其喉咙、按住其后背而夺取了刘璋的国土,这种做法与曹操没有什么不同。以这一背景,要治军兴兵,以仁义之师东征、希望得到天下人的响应,也太难了!"

评点

这句话是苏轼《诸葛亮论》中的内容,前半批评诸葛亮以仁义诈力杂用取天下,但也肯定了诸葛亮以忠信激天下之心的做法。后半段说,刘表死的时候,刘备在荆州,孔明就打算袭击刘表的遗孤,是因刘备不忍而罢手。此后,刘璋将刘备迎接到蜀地,没过几个月孔明就夺了人家的国土,这与曹操也没有什么不同。以这背景,要兴仁义之师东征、希望天下响应,也太难了!

对诸葛亮,历代都是高度肯定,苏东坡的看法确实独到。论者当然可以诸葛亮忠于刘备事业来辩护,但毕竟是封建时代的古人,在其时、行其事,也无可厚非。认识历史人物,不可求全责备,亦不应脱离当时的环境。诸葛亮的作为,放在东汉末年的历史环境中,应予以充分理解,苏东坡的评价,还是过于严苛了。

放翁钟情前室

原文

【南宋】　周密《齐东野语·卷一》

陆务观初娶唐氏，闳之女也，于其母夫人为姑侄。伉俪相得，而弗获于其姑。既出，而未忍绝之，则为别馆，时时往焉。姑知而掩之，虽先知挈去，然事不得隐，竟绝之，亦人伦之变也。唐后改适同郡宗子士程。尝以春日出游，相遇于禹迹寺南之沈氏园。唐以语赵，遣致酒肴，翁怅然久之，为赋《钗头凤》一词，题园壁间云："红酥手，黄藤酒，满城春色宫墙柳。东风恶，欢情薄，一怀愁绪，几年离索。错！错！错！春如旧，人空瘦，泪痕红浥鲛绡透。桃花落，闲池阁，山盟虽在，锦书难托。莫！莫！莫！"实绍兴乙亥岁也。

译述

陆游（1125—1210，字务观）最先娶妻唐氏，是唐闳之女，亦是陆游之母的侄女。他们夫妻关系很好，但陆游之母却不喜欢儿媳。陆游与唐氏离婚，但不忍断绝关系，为她另租了房子，不时地去看望。陆母知道后就找了去，虽然陆游已得到消息，带唐氏离开，但事情败露，二人只好断绝关系，这真是人伦的惨剧！唐氏后来改嫁同郡赵士程。一天春日出游，陆游与唐氏在禹迹寺南的沈园相遇。唐氏告诉丈夫，派人给陆游送来酒菜，陆游难过了许久，写了《钗头凤》一词。这是绍兴四年（1134）的事情。

评点

陆游与唐婉的这段故事很多人知道，陆游的《钗头凤》几乎人人可诵。看这段记载，唐婉与陆游之母是姑侄关系，陆母既是唐婉的姑姑，为何对侄女如此狠心？假如根本厌恶，当初就别订此婚事啊！我们从这里还知道，陆游与唐婉离婚后，二人还另找房子维持了一段时间，但陆母得知，赶去棒打鸳鸯，幸亏陆游得知，带着唐婉转移，才未酿成大事，但从此二人再也无法见面，唐婉只好改嫁他人。陆游再见唐婉，写成《钗头凤》一词，已是几年后了。陆游后来还有多首诗，寄托对唐婉的思念之情，晚年诗云："城南小陌又逢春，只见梅花不见人。玉骨久成泉下土，墨痕犹锁壁间尘。"此情感人至深！

钱唐

原文

【南宋】　叶绍翁《四朝闻见录·乙集》

龙川陈氏亮，字同甫，天下士也。尝圜视钱唐，喟然而叹曰："城可灌尔。"盖以城中地势下于西湖也。亮奏书孝宗，谓："吴蜀，天地之偏气也；钱唐，又吴之一隅也。一隅之地，本不足以容万乘，镇压且五十年，山川之气，发泄而无余。故谷粟、桑麻、丝枲之利，岁耗于一岁，禽兽、鱼鳖、草木之生，日微于一日，而上下不以为异。"力请孝宗移都建邺，且建行宫于武昌，以用荆襄，以制中原。上韪其议，使宰臣王淮召至都省问下手处。陈与考亭先生游，王素不喜考亭，故并陈而嫉之。陈至都省，不肯尽言，度纵言亦未必尽复于上。翌日，上问以亮所欲言者，王对上曰："秀才说话耳。"上方鄙远俗儒，遂不复召见。

译述

陈亮（1143—1194，号龙川先生），字同甫，是才德非凡之士。他遍观钱唐（即临安，今杭州），感喟叹息说："此城容易被淹啊！"因城中地势低于西湖。陈亮向宋孝宗上书说："吴蜀乃偏僻之地，钱唐更是吴地的一隅。一隅之地本不可成为国都，现在已被都城镇压五十年，山川之气已发泄无遗，谷粟、桑麻、丝织之利每年消耗，禽兽、鱼鳖、草木每年减少，上下之人却不当回事。"他力请孝宗迁都建业（即建康，今南京），并且在武昌建立行宫，以荆襄之地反制中原。孝宗认为他的话很对，让宰相王淮召陈亮来京，问如何运作。陈亮与朱熹交好，王淮向来不喜欢朱熹，故此连带也嫉恨陈亮。陈亮到了京城，没有同王淮畅开谈，因他觉得王淮未必全部转达给皇上。次日，孝宗问王淮陈亮都说了什么，王淮对孝宗说："书生话而已。"孝宗此时正鄙视俗儒，听了王淮的话，就不再召见陈亮。

评点

俗话说，不怕无好事，就怕没好人。如果孝宗按陈亮之议迁都南京，南宋的命运也许会不一样吧？用心胸狭窄之人为相，国运怎么会好？老话说，宰相肚里能撑船。执掌国柄之人，心胸开阔为第一要件，能听各种意见、能容各色人物、能进才能之士，乃是国家之福。最怕的是这个位置上站着王淮这样的无德无才而又嫉贤妒能的人。

论富

原文

【南宋】　罗大经《鹤林玉露·甲编卷二》

本富为上，末富次之，奸富为下。今之富者，大抵皆奸富也，而务本之农，皆为仆妾于奸富之家矣。呜呼，悲夫！一顾倾城，再顾倾国，色也。大者倾城，下者倾乡，富也。货色之不祥如此哉！

译述

务农致富最好，经商致富次之，奸商致富最下。今天的富人大体都是以奸致富，而务本的农人都成为奸富之家的奴仆佣人了。太可悲了！一顾倾城，再顾倾国，说的是美色；大者倾城，下者倾乡，说的是富人。奸商的危害就是如此严重！

评点

古时候重农轻商，以农为本，以商为末。要在这个基础上去理解这两段话。这话今天也有意义。所谓"三农"问题，农村不稳则社会不稳。另外，今天的奸商就更多了！小则地沟油、过期食品，大则金融骗局、校园贷，割了多少人的韭菜！

我们绝不应仇富！然而那么多贪腐而富和发国难财、割穷人韭菜而富的人，就应该严查、重刑，不然哪有普通人的活路。

能言鹦鹉

原文

【南宋】 罗大经《鹤林玉露·甲编卷二》

上蔡先生云："透得名利关，方是小歇处。今之士大夫何足道，真能言之鹦鹉也。"朱文公曰："今时秀才，教他说廉，直是会说廉；教他说义，直是会说义，及到做来，只是不廉不义。"此即所谓能言鹦鹉也。夫下以言语为学，上以言语为治，世道之所以日降也。而或者见能言之鹦鹉，乃指为凤凰、鸾鹭，惟恐其不在灵囿间，不亦异乎？

译述

上蔡先生（谢良佐，1050—1103）曾说过："能看破名利关，才可以稍歇一下。今天的士大夫有什么长处呢？就是会说话的鹦鹉罢了。"朱文公（朱熹）说："今天的秀才，教他说廉就只会说廉，教他说义就只会说义，等到做起事来，就只是个不廉不义。"这就是所谓的能言鹦鹉。下面的人以言语为学问，上面的人以言语来治国，所以才世道日下。更有人见到能言鹦鹉，便指为凤凰，唯恐它没有生长在灵台灵囿之间，不是太奇怪了吗？

评点

罗大经在这里说到"夫下以言语为学，上以言语为治，世道之所以日降也"，还真的是颇为深刻！试想一下，上面的人靠耍嘴皮子治理，下面的人靠耍嘴皮子做学问，社会怎么可能进步？这里说的能言鹦鹉，还只是讽刺那些只会背书本、做起事来什么都不是的人，我们今天所见的能言鹦鹉，比古时更加"优秀"。他们会揣摩上意，然后以自己的"专业"知识加以宣传扩散，蔚成影响，危害可就更大了。

简易

原文

【南宋】　罗大经《鹤林玉露·甲编卷三》

郭冲晦谓刘信叔曰："处事当以简易。何则？简以制繁、易以制难，便不费力。乾坤之大，所以使万物由其宰制者，不过此二字，况于人乎！"冲晦此论，可谓洞见天地万物之理。且以用兵言之，韩信多多益办，只是一简字；狄武襄夜半破昆仑关，只是一易字。

译述

郭雍（1102—1187，号冲晦处士）曾对刘锜（字信叔）说："处理事情应该简易。为什么呢？用简来驾驭繁、用易来控制难，就不费力。乾坤之大，能够驾驭万物而听其控制的，不过简易二字，何况人呢！"郭雍的这一说法，堪称洞见了天地万物的道理。就以用兵而言，韩信将兵多多益善，只是靠着一个简字；狄青（谥武襄）半夜攻破昆仑关，只是靠一个易字。

评点

中国传统智慧历来崇尚简易，有大道至简的说法。俗话说的"快刀斩乱麻"也是这个道理。延安时期，中共提倡精兵简政，但后来这个道理没人说了。不知什么时候，以会议落实会议、以文件传达文件、以机构监督机构，成为常态；人越来越多、事越来越繁，效率却越来越低。简易二字，于今天已是奢望。看看我们周边，那叠床架屋的机构、开不完的会、传达不完的会议精神、写不完的材料、创不完的新词，都在证明这一点。做人也是如此。许多人热衷于拉关系、找靠山，八面玲珑，十分光鲜，结果把自己架到一个难受的地步，再也下不来。这是何苦来哉？笔者自己在职场四十余年，也只讲一个简字、一个直字。用我不惊、退我不辱，省了好多心思。

荆公见濂溪

原文

【南宋】 罗大经《鹤林玉露·甲编卷五》

王荆公少年，不可一世士，独怀刺候濂溪，三及门而三辞焉。荆公恚曰："吾独不可自求之六经乎！"乃不复见。余谓濂溪知荆公自信太笃、自处太高，故欲少摧其锐，而不料其不可回也。然再辞可矣，三则已甚。使荆公得从濂溪，沐浴于光风霁月之中，以消释其偏蔽，则他日得君行道，必无新法之烦苛、必不斥众君子为流俗，而社稷苍生将有赖焉。呜呼！岂非天哉！

译述

王安石（1021—1086）少年时就才华横溢，目中无人，可他揣着名片去见周敦颐（1017—1073，濂溪先生），三次求见三次被拒。王安石很气愤，说："我难道不可以自己从六经中学习吗？"之后再也不去求见了。我觉得，是濂溪先生知道王安石过于自信，把自己看得太高，因此要稍微摧折一下其锐气，却不料他再也不来了。其实拒绝两次已经可以了，三次就有些过分了。如果王安石能跟着濂溪先生学习，沐浴在濂溪先生的美好品德之下，去掉他身上的毛病，日后遇到明君，推行治道，一定不会有其新法的那些弊病，一定不会将反对变法的人一概斥为流俗，那样国家和人民就有依靠了。呜呼！这不是天命注定的吗？

评点

王安石见周敦颐事不知确否，但作者这篇笔记提出了一个推测，就是王安石性格有偏，如早年得遇名师，就会有所矫正，不会出现后来的局面。是啊！一个人如果有幸得遇名师，确应珍惜，要抓住机会，学做人、学做学问，则日后会少走许多弯路。

作文迟速

原文

【南宋】　罗大经《鹤林玉露·甲编卷六》

李太白一斗百篇，援笔立成。杜子美改罢长吟，一字不苟。二公盖亦互相讥嘲，太白赠子美云："借问因何太瘦生，只为从前作诗苦。"苦之一辞，讥其困雕镌也。子美寄太白云："何时一樽酒，重与细论文。""细"之一字，讥其欠缜密也。昌黎志孟东野云："刿目钵心，刃迎缕解，钩章棘句，掏擢胃肾。"言其得之艰难。赠崔立之云："朝为百赋犹郁怒，暮作千诗转道紧。摇毫掷简自不供，顷刻青红浮海蜃。"言其得之容易。余谓文章要在理意深长，辞语明粹，足以传世觉后，岂但夸多斗速于一时哉！山谷云："闭门觅句陈无己，对客挥毫秦少游。"世传无己每有诗兴，拥被卧床，呻吟累日，乃能成章；少游则杯觞流行，篇咏错出，略不经意。然少游特流连光景之词，而无己意高词古，直欲追踪《骚》《雅》，正自不可同年语也。

译述

李白（字太白）斗酒百篇，拿起笔来就可成诗；杜甫（字子美）改完诗还要长吟，一个字都不马虎。他们二人还曾互相取笑，李白赠杜甫诗有句："借问因何太瘦生，只为从前作诗苦。""苦"这个字，就是讥讽杜甫困于雕琢。杜甫寄李白诗有句："何时一樽酒，重与细论文。""细"这个字，就是讥讽其有欠缜密。韩愈评论孟郊诗"刿目钵心，刃迎缕解，钩章棘句，掏擢胃肾"（刺人心目，分析透辟，章法曲折而造句奇倔，动人心弦），是说其诗句得来之艰难；赠崔立之的诗里说："朝为百赋犹郁怒，暮作千诗转遒紧。摇毫掷简自不供，顷刻青红浮海蜃。"是说其诗句得来之易。我认为为诗作文的关键是要理深意长、词明语粹，足以留传于世、启迪后人，而不应一味地夸多斗快。黄庭坚（号山谷道人）有句："闭门觅句陈无已，对客挥毫秦少游。"世人传说陈师道（字无己）每当来了诗兴，常盖着被子躺在床上，呻吟几天才能写出一首；秦观（字少游）则是一边喝着酒，一边就写出不少诗章，一点都不费心。不过秦观的词都是些留恋于风光景色之作，而陈师道的作品则意境高远、用词古雅，简直可上追《离骚》《诗经》，二者不可等同齐观。

评点

这则笔记讲作诗文的快与慢。作者举了三对例子。一是李白与杜甫，李速杜迟，二人还互相取笑；二是借韩愈评论孟浩然和崔立之，证明二人一慢一快；三是借黄庭坚的诗，讲秦观和陈师道为诗一快一慢。作者的观点是为诗作文不在求快，而应理深意长、词明语粹，足以留传于世、启迪后人。表明他更钦佩杜甫、孟浩然、陈师道这样的人。

文人也分两种，一种是聪明，下笔千言、倚马可待；另一种是严谨，讲究意高词古、苦吟细雕。在今天这样的社会，当然是前者更有市场，然而这样的作品读得多了，难免有吃了注水肉的感觉。在空话套话泛滥的时候，严谨精炼的文风尤应赞扬。滔滔不绝、除了空话还是空话，真令人烦！对于普通人来说，杜甫更可贵，尽管李白的诗，云里雾里，看起来也很潇洒漂亮。

用兵利害

原文

【南宋】 周辉《清波杂志·卷一》

苏东坡言：少时与父并弟同读富韩公《使北语录》，至于说大辽国主云"用兵则士马物故，国家受其害。爵赏日加，人臣享其利。故凡北朝之臣劝用兵者，乃自为计，非为北朝计也"，三人皆叹其言明白，切中事机。老苏谓二子曰："古人有此意否？"坡对曰："严安亦有此意，但不明白。"老苏笑以为然。辉观《三国志·顾雍传》，孙权时，沿边诸将各欲立功自效，多陈便宜，有所掩袭。权以访雍，雍曰："兵法戒于小利。此等所陈，欲邀功名而为其身，非为国也。"

译述

苏东坡说，小时候，他们父子三人共读富弼（封韩国公）《使北语录》，读到辽国君主说"打起仗来则人死马亡，国家受害；爵位和赏赐日多，臣下得到好处，故此凡是辽国之臣，劝君用兵的，都不是为本国谋划"时，都叹息称其说得明白，切中要害。苏洵对两个儿子说："古人提到这个没有？"苏轼回答说："汉武帝时严安也有这个意思，但没讲很透。"苏洵笑了，认为他说得对。周辉评论说：《三国志·顾雍传》记，孙权时边疆将领都想立功进爵，各个上书言说战机，却不谈不利因素。孙权请教顾雍，顾雍说："兵法戒贪小便宜。诸将所说，都是为邀功名而为自己考虑，非为国家考虑。"

评点

读此笔记，想见苏轼父子三人共同读书讨论的景况，真令人怀想。说到兵事利害，可说辽国君主和顾雍都是明白人。这则笔记提出了一个很重要的命题：要明白打仗对谁有利，对谁有害。自古边将爱打仗，因为打仗才能有军功、有封赏。当今世界，军工集团爱打仗，只有打仗，他们的军火才有市场。

温阳老人对

原文

【南宋】　周辉《清波杂志·卷一》

温阳之山有老人，行年一百二十矣。淳熙登号之三年，朝廷举行旷世之典，有采樵者进而问之曰："今天子朝太上皇德寿宫，奉玉卮上千万岁寿，肆大号，加恩区内，无问于已仕未仕之父母，第其年之如诏者而授之官。叟何为而弗与？"老人对曰："吾未及其年。"樵者曰："叟年逾期颐，若为而未及？"对曰："天有二日，人有二年，有富贵之年，有贫贱之年。富贵之年舒以长，贫贱之年促以短。吾自幼至老，未尝识富贵之事，身不具毛褐，不知冰绡雾縠之为丽服也；口不厌藜藿，不知熊蹯豹胎之为珍羞也。目不睹靡曼之色，而蓬头齇唇之与居；耳不听丝竹之音，而菱歌牧啸之为乐。今吾虽阅一百二十二年之寒暑，而不离贫贱，若以二当一，则吾之年始六十有一，与诏不相应，是以为未及，又何敢冒其官。"曰："今之世有年未及，益其数，求以应诏者，朝廷亦官之，何也？"对曰：
"彼富贵者也，吾固言之矣，是所谓以一而当二者也，其
学宁越之徒欤？吾侪小人，不敢求其比。"樵者笑而退。

译述

温阳的山上有位老人，年已一百二十岁。淳熙三年（1176）
为太上皇庆祝七十大寿，推恩及于全国老人，有樵夫来问老
人："而今天子为太上皇庆寿，国内不管是不是官员，年满
七十的父母都给授官诰，您为何不参加？"老人说："我不
到年龄。"樵夫说："您年已过百，为何称不到年龄？"老
人说："天有二日，人有二年：有富贵人的年，也有贫贱者的
年。富贵人的年慢而长，贫贱者的年快而短。我从小到大没见
过什么是富贵。虽然过了一百二十二个寒暑，却未脱贫贱，如
果以二当一，那么我就只有六十一岁，所以不到年龄，又怎么
敢冒领官诰！"樵夫又问："现今有不到年龄却增加岁数去应
诏的，朝廷也给了官诰，是为什么呢？"老人说："人家是富
贵的人啊！我已说过，那就是所谓的以一年当二年的人。大概
他们是学习宁越吧？我是小人物，不敢与他们相比。"樵夫笑
着离开了。

评点

宋孝宗为太上皇宋高宗祝七十大寿，推恩下及士庶百姓以
至妇女，所以有好多增加年龄去冒领官诰的人，故此有人作此
篇以讽刺。其中老人的议论很有意思，对穷人的生活概括也很
到位。春秋时人宁越为学习，希望缩短年龄，而有人却为了官
诰、职位去增减年龄。对富贵的追求是没有下限的。特权阶层
是有好处就要沾！皇上给七十以上的老者恩封，特权者虚报年
龄也要挤上去。所以温阳老人说穷人只好活两年当一年，而富

贵的人，活一年当两年。其实，岂止是一年当两年？有报道说某省公安厅厅长做一辈子官，贪了多少辈子的钱。观今日的富贵人，其奢华生活，一年不知顶穷人多少年！

造请疏数

原文

【南宋】　周辉《清波杂志·卷四》

造请不避寒暑，诚可讥诮。若下位事上官，朝造夕谒，其可不循等威之分！若初非隶属，但恃雅素，趑趄日进，怀漫刺俯首樊知客辈，固多不自爱重者。"宁使讶其不来，莫使厌其不去"，是为名言。

译述

登门晋见，不避冬夏，真可讥讽。如果是下级事奉上官，早晚登门拜访，怎可不遵守等级威仪的区别？如果并非上下级关系，单是依仗着平时有一点交情，就每天上门趋奉，怀中总揣着名刺，去忍受看门人的怠慢，必定是些不知自爱自重的人。"宁可让人奇怪你不上门，不要让人讨厌你还不离开"，确实是至理名言。

评点

这是一则讨论造访礼节的笔记。不论什么时候，总去人家登门拜访，一定会令人讨厌的。上下级关系都应注意，何况只是一般朋友！这里的晋见，当然不止家中，办公室也算。有些人有事没事总往领导屋里钻，这样不仅同事讨厌，其实领导也烦。"宁使讶其不来，莫使厌其不去。"这句话在今天仍有意义。无论是关系多么密切的朋友，还是待人多么亲切的领导，都应适当保持距离，不要近乎得过分，频繁登门造访或推门而入，让人厌烦。

逐客

原文

【南宋】　周辉《清波杂志·卷四》

放臣逐客，一旦弃置远外，其忧悲憔悴之叹，发于诗什，特为酸楚，极有不能自遣者。滕子京守巴陵，修岳阳楼，或赞其落成，答以："落甚成，只待凭栏大恸数场！"闵己伤志，固君子所不免，亦岂至是哉！张芸叟元丰间从高遵裕辟，环庆出师失律，且为转运使李察讦其诗语，谪监郴州酒。舟行，以二小词题岳阳楼："木叶下君山，空水漫漫。十分斟酒敛芳颜。不是渭城西去客，休唱《阳关》。醉袖抚危栏，天淡云闲。何人此路得生还？回首夕阳红尽处，应是长安。""楼上久踟蹰，地还身孤。拟将憔悴吊三闾。自是长安日下影，流落江湖。烂醉且消除，不醉何如？又看暝色满平芜。试问寒沙新到雁，应有来书。"亦岂无去国流离之思，殊觉哀而不伤也。

译述

被流放的大臣或是贬谪远地之人，一旦被弃置于僻远之地，其忧悲憔悴之叹就会发于笔端，十分酸楚，甚至无法自己排解。滕子京被贬巴陵，修岳阳楼，有人赞楼落成，他回答说："落什么成？只等着在楼上凭栏痛哭几场！"自怜而伤志，君子难免，但何至于此！张舜民（字芸叟）在元丰年间（1078—1085）跟从高遵裕出师环州、庆州失利，又被转运使李察告发其诗句语涉诽谤，遭贬为郴州盐税监，乘船离开时，在岳阳楼题了两首词（略）。词中充满去国流离的情思，但读了却令人感觉婉转而不悲伤。

评点

"逐客"，是被贬官、夺职、流放外地的人，不是要驱逐客人。被放逐偏远之地，有怨气是正常的，谁也难免，但不可伤志。细读原文的两首词，心态就很好。这方面要学苏东坡，他三次被贬，最远流放到海南岛，但乐观意志不衰，令人钦佩！滕子京修岳阳楼，便是范仲淹作《岳阳楼记》之因，然而你不会知道他当时是如此心情！人，难免有挫折之时，心中难过亦难免，但关键是不可伤志，不能一蹶不振。

论蛇虺

原文

【南宋】　周辉《清波杂志·卷十》

韩魏公妻弟崔公孺，持论甚正，公喜与之语。偶泛及差除，公孺忽曰："豺狼、虎豹、蛇虺，天乃屏置于山林深僻之地者，盖恐为人之害也。今监司、郡守，一失选抡，置在要路，其为民害，得不甚于豺狼、虎豹、蛇虺乎？"公默然。凡今庙堂进拟符节次，得不鉴公孺之论而益精其选。

译述

韩琦（1008—1075，封魏国公）的妻弟崔公孺发表议论十分公正，韩琦很喜欢与之交谈。一天偶然谈到差役赋税，公孺说道："豺狼、虎豹、蛇虫之类，上天让它们生长在山林深僻之处，大概是怕它们出来伤害人类吧？如今的监司、郡守，在选人任官时有不当，把他们放在重要职位上，他们对于民众的伤害，不是比豺狼、虎豹、蛇虫更甚吗？"韩琦听了，沉默无言。现今国家选人任官，应借鉴公孺的观点，更加严格地挑选。

评点

孔子早就说过："苛政猛于虎。"崔公孺的话也说明，贪官酷吏祸害起百姓来，比虎狼毒蛇还厉害。看看我们周围，与人民过不去的，就是这些人。历史在发展，现在的官场上，不光老虎厉害，连苍蝇也已经是不得的存在了！近年来的反腐风暴，我们看到了多少落马的政法委书记、公安局局长、法院院长之类的人物，这些人不就是崔公孺口中的豺狼蛇虺吗？

懿 行

懿行者

行大义事

行为国为民事

行修洁清廉事

之谓也

唐太宗敬畏魏徵

原文

【唐】 刘餗《隋唐嘉话·卷上》

郑公尝拜扫还，谓太宗："人言陛下欲幸山南，在外悉装了，而竟不行，因何有此消息。"帝笑曰："时实有此心，畏卿嗔遂停耳。"

太宗得鹞，绝俊异，私自臂之，望见郑公，乃藏于怀。公知之，遂前白事，因语古帝王逸豫，微以讽谏。语久，帝惜鹞且死，而素严敬徵，欲尽其言。徵语不时尽，鹞死怀中。

译述

魏徵（封郑国公）祭扫祖坟，回到长安，问唐太宗："听人讲陛下要去山南游玩，行装都备好了，最后却没出行，为何有此消息？"李世民笑着说："当时确实有此意，担心你生气，所以停止了。"

唐太宗得到一只俊异卓绝的鹞鸟，正偷着让它停在手臂上，看到魏徵，连忙藏到怀里。魏徵已经看见，便上前奏事，又说起以前帝王因玩乐荒废政事的故事，以此来劝谏唐太宗。话说得太久，太宗心中担心鹞子将捂死，又因素来畏敬魏徵，想等他把话全说完。魏徵又说了挺长时间，那鹞鸟竟死在太宗怀里。

评点

魏徵可谓直臣！然而关键在于唐太宗。唐太宗经常对人说："人言魏徵举动疏慢，我但觉其妩媚耳。"皇帝觉得大臣妩媚，也可一乐！然李世民心中其实挺怕魏徵的，他明白，与天下相比，自己的脸面是小事，因此他把魏徵当作正自身得失的镜子，所以哪怕他气得要杀死魏徵，最终还是忍了下来，成就了一段君臣相得的佳话。

邪不犯正

原文

【唐】　刘餗《隋唐嘉话·卷中》

贞观中，西域献胡僧，咒术能死生人。太宗令于飞骑中拣壮勇者试之，如言而死，如言而苏。帝以告太常卿傅奕，奕曰："此邪法也。臣闻邪不犯正，若使咒臣，必不得行。"帝召僧咒奕，奕对之，初无所觉。须臾，胡僧忽然自倒，若为所击者，便不复苏。

贞观中有婆罗僧，言得佛齿，所击前无坚物。于是士马奔凑其处如市。时傅奕方卧病，闻之，谓其子曰："是非佛齿。吾闻金刚石至坚，物不能敌，惟羚羊角破之。汝可往试之焉。"胡僧缄縢甚严，固求良久，乃得见。出角叩之，应手而碎，观者乃止。

译述

贞观年间，西域进献来一名胡僧，称其咒术能咒死活人。

唐太宗在皇家卫队中挑选精壮之人试其术，果然如言而死、如言而活。太宗把此事告诉太常卿傅奕（555—639），傅奕说："这个是邪法。我听说邪不犯正，如果让他来咒我，一定不能成功。"太宗便让胡僧咒傅奕，傅奕开始时一点感觉也没有，过了一会儿，胡僧忽然自己倒下了，像是被人击倒一样，并且再也没有醒过来。

贞观时有胡僧称他得到佛牙，能打碎一切硬物，官民闻讯都去看热闹，弄得其住处热闹如市。当时傅奕正卧病在床，听到这个消息，对他儿子说："那不是佛牙。我听说金刚石最硬，一般物品不能敌，唯有羚羊角能破它。你可以去试试。"胡僧将所谓的佛牙藏得很严实，傅奕之子恳求了很长时间，才得以见到。他拿出羚羊角一敲，那物应手而碎，看热闹的人才散去了。

评点

古语云"见怪不怪，其怪自败"，说的就是这个道理。遇到装神弄鬼的人，你以平常心对待，对方自会露馅。这方面，傅奕可称智者。尤其是在皇上已经颇为相信的情况下，他敢以自身试法，去揭穿骗子的把戏，真需要勇气！古人迷信，因而常惑于咒术邪法，今天我们面对的世界更加复杂多样，小者有造谣中伤，大者有邪教歪理，这时更需自己心定，如此才能不为外物所迷惑、所裹挟。

阎立本与张僧繇

原文

【唐】 刘餗《隋唐嘉话·卷中》

阎立本家代善画。至荆州，视张僧繇旧迹，曰："定虚得名耳。"明日又往，曰："犹是近代佳手。"明日更往，曰："名下定无虚士。"坐卧观之，留宿其下，十日不能去。张僧繇始作《醉僧图》，道士每以此嘲僧，群僧耻之，于是聚钱数十万，贸阎立本作《醉道士图》，今并传于代。

译述

阎立本（601—673）家世代善画。一次，阎立本到荆州看张僧繇（479—？）的画，初看之下觉得不过是"虚得其名"。第二天继续去看，发现张僧繇毕竟是"近代佳手"。到了第三天，又仔细去看，他才领悟到张僧繇作品的真正妙处，感慨地说："名下定无虚士。"在那里停留了十多天，朝夕揣摩，"坐卧观之"，不忍离去。张僧繇曾画过一幅《醉僧图》，道士们经常用以嘲笑僧人。众僧人以此为耻辱，于是大家凑钱数十万，请阎立本画了一幅《醉道士图》反击，这两幅画都在代地（今山西）。

评点

艺术的传承就是这样，每一个大师都是站在前人肩上成才的。阎立本对张僧繇的作品，由不屑一顾，到坐卧观之十几天，就是学习继承的过程。尽管僧人们以阎立本的画作与张僧繇对抗，但画家的艺术其实是相通的。

丹阳公主与房玄龄妻

原文

【唐】 刘餗《隋唐嘉话·卷中》

薛万彻尚丹阳公主，太宗尝谓人曰："薛驸马村气。"主羞之，不与同席数月。帝闻而大笑，置酒召对，握槊，赌所佩刀子，伴为不胜，解刀以佩之。罢酒，主悦甚，薛未及就马，遽召同载而还，重之逾于旧。

梁公夫人至妒，太宗将赐公美人，屡辞不受。帝乃令皇后召夫人，告以媵妾之流，今有常制，且司空年暮，帝欲有所优诏之意。夫人执心不回。帝乃令谓之曰："若宁不妒而生，宁妒而死"曰："妾宁妒而死。"乃遣酌卮酒与之，曰："若然，可饮此鸩。"一举便尽，无所留难。帝曰："我尚畏见，何况于玄龄！"

译述

薛万彻娶了太宗的女儿丹阳公主。太宗曾对人说："薛驸马没有才气。"公主觉得耻辱，几个月不与薛同住。太宗听说后大笑，命令置办酒席，召驸马对诗比武，以佩刀为赌注，假装不胜，解下佩刀让驸马佩上。喝完酒，公主极为高兴，薛万彻还没来得及上马，公主就喊他上车，同车回府，比以往更爱重他了。

房玄龄（封梁国公）的夫人最嫉妒，太宗几次打算赐美女给房，都被他拒绝了。太宗命皇后召见房夫人，告诉她，大臣的姬妾配置，朝廷有制度，并且房玄龄年老，皇上要重点照顾，让她同意接受皇上所赐之女。房夫人却坚决不同意。太宗于是让人对她说："你是想不嫉妒而活着呢，还是要因嫉妒而死呢？"她回答说："宁可因嫉妒而死。"太宗命人送她一壶酒，告诉她："既如此，可饮下此毒酒。"房夫人半点也不犹豫，举起酒壶便喝干了。太宗说："这样的女人我都怕，何况玄龄呢！"

评点

二女所处地位不同，各有特点。丹阳公主先是嫌丈夫无才，待听说才能竟能胜过父皇，立刻拉驸马同车回家；房玄龄夫人宁可死也要独占丈夫的感情，决不接受皇上所赐美女，令李世民也无计可施。二人之举动，都是出自真挚的感情吧！总的说来，汉唐时人，敢爱敢恨，没有现今那么多忌讳。如丹阳公主，讨厌驸马便不同居，而释怀之后，即刻拉上马车，尽兴去也。中国人在男女之情方面的忸怩，是从什么时候开始的呢？宋朝？

褚遂良的担当

原文

【唐】 刘餗《隋唐嘉话·卷中》

高宗之将册武后，河南公褚遂良谋于赵公无忌、英公勣，将以死争。赵公请先入，褚曰："太尉，国之元舅，

脱事有不如意，使上有怒舅之名，不可。"英公曰："勣
请先入。"褚曰："司空，国之元勋，有不如意，使上有
罪功臣之名，不可。遂良出自草茅，无汗马功，蒙先帝殊
遇，以有今日，且当不讳之时，躬奉遗诏，不效其愚衷，
何以下见先帝。"揖二公而入。帝深纳其言，事遂中寝。

译述

高宗打算立武则天为皇后，褚遂良（596—658，封河南郡
公）与长孙无忌（封赵国公）、徐勣（封英国公）商量，要
以死谏诤。长孙无忌要先去入见高宗，褚遂良说："长孙太尉
是国舅，如事情不如意，会给皇上带来生舅舅气的后果，不
可。"徐勣说："我先去进谏。"褚遂良说："司空大人是国
之元勋，有什么不如意，会给皇上带来降罪于功臣的恶名，不
可。我出身低微，没有汗马之功，蒙先帝特殊关爱才有今天。
先帝离世之时，我接受先帝遗诏，此刻不说出心中的话，怎么
去见先帝于地下？"说完同二人揖别，入内劝谏。高宗认为他
的意见很对，就把立后的事停止了。

评点

这段记载还是美化了唐高宗。其实结合《唐书》本传，
褚遂良这次谏言并没有下文，次日同其他大臣入宫进谏，他极
力反对废黜王皇后，又主张即便立后，也要立贵族之女，不可
立曾服侍过太宗的武则天。他把手中的笏板放在殿阶，叩头流
血，说："还陛下此笏，乞归田里。"高宗觉得褚遂良在要挟
他，大怒，命人将他拉出去。武则天则在帘幕后高呼："何不
扑杀此獠！"长孙无忌见状，急忙劝道："遂良受顾命，有罪

不加刑。"褚遂良此后被远贬外地。武则天掌权后，更是屡加迫害，还诬陷他谋反，最后死在爱州（今越南清仙）。

褚遂良的不自信

原文

【唐】 刘𫗱《隋唐嘉话·卷中》

褚遂良问虞监曰："某书何如永师？"曰："闻彼一字，直钱五万，官岂得若此！"曰："何如欧阳询？"曰："闻询不择纸笔，皆能如志，官岂得若此。"褚恚曰："既然，某何更留意于此？"虞曰："若使手和笔调，遇合作者，亦深可贵尚。"褚喜而退。

译述

褚遂良问虞世南（558—638，任职秘书监）："我的书法比得上智永禅师吗？"虞世南说："我听说他一个字值五万钱，你哪里比得上？"褚遂良又问："那和欧阳询相比如何？"虞世南说："我听说欧阳询写字不择纸笔，什么样的纸笔都能写得好，你哪里比得上？"褚遂良有些气馁，恨恨地说："既然如此，我有什么必要还在这方面下功夫？"虞世南说："如果手顺而笔墨调畅，又有好的作品，你也能写得很精彩。"褚遂良这才高兴地走了。

评点

虞世南是褚遂良的舅舅，褚遂良最初又是从虞世南学习书法，所以褚遂良问起来比较直白，而虞世南的回答也不客气。其实褚遂良最能与时俱进，他的书法能汲取众家之长。他的字给人的感觉，是骨肉均衡、刚柔并济、清朗秀劲、英俊潇洒，力和美、骨与韵趋于一体，真正开启唐楷门户，堪称隋唐楷书过渡的桥梁，最终推动了唐代尚法书风的形成，称为一代大家绝不为过。初唐书法三大家虞世南、欧阳询、褚遂良基本是同时代人，虞世南是褚的舅父，他从智永禅师学书，故此智永可算是褚遂良的祖师，在这个意义上，褚遂良有不自信也是可以理解的。

戴至德不务虚名

原文

【唐】　刘餗《隋唐嘉话·卷中》

刘仁轨为左仆射，戴至德为右仆射，人皆多刘而鄙戴。有老妇陈牒，至德方欲下笔，老妇问左右曰："此刘仆射、戴仆射？"曰："戴仆射。"因急就前曰："此是不解事仆射，却将牒来。"至德笑令授之。戴仆射在职无异迹，当朝似不能言，及薨，高宗叹曰："自吾丧至德，无可复闻。当其在时，事有不是者，未尝放我过。"因索其前后所陈章奏盈箧，阅而流涕，朝廷始追重之。

译述

高宗时，刘仁轨（601—685）为左仆射（左丞相）、戴至德（？—679）为右仆射（右丞相），当时的人都赞扬刘而鄙视戴。一天，有个老妇人投书言事，戴至德正待下笔批转，那老妇人却问左右之人："这位是刘仆射、还是戴仆射？"左右告诉她："是戴仆射。"老妇人急冲上前，说："这位是不明白事情的仆射，把文书还给我！"戴至德也不生气，笑着令人把文书还给了她。戴至德任职宰相，没有优异的事功，在朝堂上像不会说话的人一样。他死后，唐高宗叹息说："我失去至德，再也无法听他劝谏了。他活着的时候，我有做得不对的事，他未曾放过我。"他又要来满满一筐戴至德以前的奏章，一边读一边流泪，这个时候朝廷上下才开始推重戴至德。

评点

所谓"人过留名，雁过留声"，然而一个人的聪明也好、忠诚也罢，不必非要在人前表现，如戴至德那样，解决了疑难，处理好了事情，又不显示自己的功劳，也是一种美德。不过在今天，这样的美德已越来越不受重视了，因为各种考核都在逼着所有的人尽可能多地表现自己。往往见有这样的人，人前唯唯、木讷无语，但关键时刻，他真能扛事、能解决问题。这样的人品德是多么可贵啊！

徐有功以死卫法

原文

【唐】　刘餗《隋唐嘉话·卷下》

徐大理有功，每见武后将杀人，必据法廷争。尝与后反复，辞色愈厉，后大怒，令拽出斩之，犹回顾曰："臣身虽死，法终不可改。"至市临刑得免，除名为庶人。如是再三，终不挫折，朝廷倚赖，至今犹怀之。其子预选，有司皆曰："徐公之子，岂可拘以常调者乎？"

皇甫文备，武后时酷吏也，与徐大理论狱，诬徐党逆人，奏成其罪。武后特出之。无何，文备为人所告，有功讯之在宽。或曰："彼曩时将陷公于死，今公反欲出之，何也？"徐曰："汝所言者，私忿也；我所守者，公法也。安可以私害公？"

译述

武则天每次将要杀人，徐有功（任官大理寺少卿）必定在朝堂上依法相争。一次他与武后反复争辩，辞色越发严厉，武后大怒，令人拽出斩之。他在半途还回头与武后说："臣身虽死，法律不可改。"到了刑场，即将处死时，武后还是赦免了他，但免了他的官。这样的事前后有三次，他的心志绝不改变，为朝野所仰赖。他的儿子参加考试，负责的官员都说："徐公的儿子，不可按常理所拘。"

皇甫文备是武后时酷吏，他与徐有功讨论案情，诬陷徐与逆犯结党，把罪状上奏武后，但被武后特加恩释。没多久，皇甫文备被他人所告，徐有功审讯他，却很宽宏。有人对徐有功说："以前他诬陷你，你几乎被处死，如今你却不定他的罪，是为什么呢？"徐有功说："你所说的是私愤，我所守的是公法，怎么能以私害公呢？"

评点

徐有功任法官，前后执正大案六七百件，救人数以万计。他既不为己谋利，也不为君主之私欲所动摇。他守的是公天下之法、无私念之法。正因为他是一位守正不阿的清官，才能在种种诬陷中傲然挺立，令频频弹劾他的酷吏也找不到他的缺点。无论在什么时候，公正、忠诚、无私、才干和勇气，都应是成为优秀法官的必须素质，如此才能受到人民的拥护和爱戴。尊重法律，不惜以死卫法，是执法者的最高境界。最怕的是执法者枉法，以法律为权钱色交易的筹码。然而前者何其少，而后者何其多啊！

李日知敢言

原文

【唐】 刘餗《隋唐嘉话·卷下》

昆明池者，汉孝武所穿，有蒲鱼利，京师赖之。中宗朝，安乐公主请焉，帝曰："前代已来，不以与人。不可。"主不悦，因大役人徒，别掘一池，号曰"定昆池"。

既成，中宗往观，令公卿赋诗。李黄门日知诗云："但愿暂思居者逸，无使时传作者劳。"及睿宗即位，谓之曰："当时朕亦不敢言，非卿中正，何能若是！"无何而迁侍中。

李侍中日知，初为大理丞。武后方肆诛戮，大卿胡元礼承旨欲陷人死，令日知改断，再三不从。元礼使谓李曰："胡元礼在，此人莫觅活。"李起谓使者："日知咨卿：李日知在，此人莫觅死。"竟免之。

译述

长安的昆明池是汉武帝时开浚的，有水草鲜鱼之利，京城之人很依赖。唐中宗时，安乐公主求中宗把昆明池赏给自己，中宗说："此池历朝历代都是皇家之地，不可。"公主不高兴，雇了很多人，另开掘出一个水池，名"定昆池"。池子修成，中宗也去观赏，令公卿大臣赋诗。黄门侍郎李日知（？—715）的诗中说："但愿暂思居者逸，无使时传作者劳。"讽刺安乐公主为一己安逸，役使天下之民。后来睿宗即位，对李日知说："当时我都不敢说什么，如果不是你公允正直，何能如此！"不久便提升李日知为侍中。

李日知最初任大理寺丞。当时武后大肆诛杀官民大臣，大理寺卿胡元礼秉承武后旨意，要陷人以死罪，三次命李日知改判，李日知坚决不同意。胡元礼让人对李日知说："胡元礼在，此人不要想活命。"李日知对那个人说："我告诉你，有李日知在，这个人决不会死。"最终这个人还是活了下来。

评点

李日知敢言，一次直斥安乐公主，一次以下属直怼上级。

这真需要胆识，因为安乐公主在韦后专权时权势熏天，胡元礼
是武则天手下酷吏。放在今天，又有几人有此精神？面对暴
君、权臣敢于说话、敢于抗争的，越到后代越少，到了清代，
已经是遍地奴才、不磕头不说话了。

尉迟敬德忠直

原文

【唐】　张鷟《朝野佥载·补辑》

　　吏部尚书唐俭与太宗棋，争道。上大怒，出为潭州。
蓄怒未泄，谓尉迟敬德曰："唐俭轻我，我欲杀之，卿为
我证验有怨言指斥。"敬德唯唯。明日对仗云，敬德顿
首曰："臣实不闻。"频问，确定不移。上怒，碎玉斑于
地，奋衣入。良久索食，引三品以上皆入宴，上曰："敬
德今日利益者各有三：唐俭免枉死，朕免枉杀，敬德免曲
从，三利也；朕有怒过之美，俭有再生之幸，敬德有忠直
之誉，三益也。"赏敬德一千段，群臣皆称"万岁"。

译述

　　吏部尚书唐俭（579—656）与唐太宗李世民下棋，争道先
行。李世民大怒，将唐俭赶出京城，降为潭州刺史。这样仍不解
气，他又对尉迟敬德（585—658）说："唐俭对我轻慢，我打
算杀了他，你为我作证，说他有怨言指斥我。"尉迟敬德答应

了。第二天朝堂之上，尉迟敬德磕头表示："臣实在没有听到唐俭有怨言。"李世民反复逼问，尉迟敬德确定不移。李世民大怒，将玉珽摔在地上，袖子一甩，回到内宫。过了许久，他吩咐安排食物，令三品以上的官员皆入席饮宴。李世民对众人说："敬德今天有三利三益：三利是唐俭免于枉死，朕免于枉杀，敬德免于曲从；三益是朕有宽恕过失的美德，唐俭有再生的幸运，敬德有忠直的美誉。"李世民还下令赏给尉迟敬德织物一千段。

评点

俗话说，伴君如伴虎。唐俭因为下棋争先而被降职，如果不是尉迟敬德直言保护，命也没了。尉迟敬德虽然是武人，但绝不肯妄言害人，弄得唐太宗当场下不来台。不过也幸亏是李世民，过了半天，回过味来，才成就了这"三利三益"的佳话。尉迟敬德便是《说唐》《隋唐演义》里面的尉迟恭。大业末年，他参与平定高阳民乱，授朝散大夫，后跟随刘武周起兵，武德三年（620）归顺唐朝，赐名尉迟恭。他跟随李世民平定王世充、窦建德等，为"凌烟阁二十四功臣"第七名。后世与秦琼一起，成为受人尊崇的"门神"。尉迟敬德不仅有勇，还很正直，令人敬佩。

唐宣宗不听谗言

原文

【唐】 裴庭裕《东观奏记·上卷》

万寿公主，上女，钟爱独异。将下嫁，命择郎婿。郑颢，相门子，首科及第，声名籍甚，时婚卢氏。宰臣白敏中奏选尚主，颢衔之，上未尝言。大中五年，敏中免相，为邠宁都统。行有日，奏上曰："顷者，陛下爱女下嫁贵臣，郎婿郑颢赴婚楚州，会有日。行次郑州，臣堂帖追回，上副圣念。颢不乐国婚，衔臣入骨髓。臣且在中书，颢无如臣何；一去玉阶，必媒孽臣短，死无种矣！"上曰："朕知此事久，卿何言之晚耶？"因命左右便殿中取一柽木小函子来，扃锁甚固。谓敏中曰："此尽郑郎说卿文字，便以赐卿。若听颢言，不任卿如此矣！"

译述

唐宣宗特别喜欢万寿公主这个女儿，到了公主出嫁的年纪，命令大臣为之选择女婿。郑颢（？—860）是唐宪宗时的宰相郑絪之孙，首次科举就进士及第，声名很好，当时已经同范阳卢家定亲。宰相白敏中（792—861）认为他是驸马的合适人选，就上奏宣宗。郑颢娶了公主，心里却很记恨白敏中，宣宗也没有说什么。大中五年（851），白敏中被免去宰相之职，出京任邠宁节度使，临行前对宣宗说："从前，陛下的爱女下嫁尊贵的臣子，新郎郑颢已经出发到楚州结婚，走到郑州，被我派人送信追回，以满足皇上的愿望。郑颢不愿意娶皇家公主，恨我入骨髓。我以前担任宰相，郑颢无法把我怎么样；我一旦离开朝廷，他必定捏造我的罪过，我死无葬身之地了！"宣宗说："我早就知道这个，你为何这么晚才讲呢？"说完，令左右从便殿中取出一个柽木做的小盒子，锁得很坚固，对白敏中说："这里都是郑颢告你状的文字，就送给你了。我如果听郑颢的话，就不会如此信任你了！"

评点

白敏中是白居易的弟弟，他为了满足皇帝的愿望，拆散郑颢的婚姻，让他娶万寿公主，因而结怨于郑颢，不能说无辜。郑颢是史上唯一的状元驸马，世家大族出身的他已经同范阳望族卢家定亲，并不想娶公主为妻，因为这会影响他的仕途，因此深恨宰相媒人白敏中，不断在宣宗面前告白敏中的状，必欲置其于死地。幸亏唐宣宗贤明，知道郑颢的意图，保全了白敏中。如果碰到一个糊涂的皇帝，轻信自己女婿的谗言，白敏中这样的，有几个也得栽进去啊！

君主的法度

原文

【唐】　裴庭裕《东观奏记·上卷》

上临御天下，得君人法。每宰臣延英奏事，唤上阶后，左右前后无一人立，才处分，宸威不可仰视。奏事下三四刻，龙颜忽怡然，谓宰臣曰："可以闲话矣。"自是，询间里闲事，话宫中燕乐，无所不至矣。一刻已来，宸威复整肃，是将还宫也，必有戒励之言。每谓宰臣："长忧卿负朕，挠法，后不得相见！"度量如此。赵国公令狐绹每谓人曰："十年持政柄，每延英奏对，虽严冬甚寒，亦汗流浃背。"

译述

宣宗皇帝上朝议政很有君主的法度。每次宰相大臣在延英殿奏事，被叫上丹墀（台阶前的空地）后，必定要等前后左右没有一个人了，才出言决定，帝王之威令人不可仰视。奏事三四刻之后，龙颜忽然就祥和了，对宰相说："可以说些闲话了。"此后，询问民间的闲事，议论宫中的欢乐，无所不谈。一刻之后，重新整肃起帝王之威，这是将要回宫了。此时必定有对大臣的诫勉鼓励的话，经常对宰相说："我经常担忧臣子辜负朕，不依法办事，以后不能相见。"其度量如此。赵国公令狐绹常常对人说："我做了十年宰相，每次上延英殿向皇上奏事，哪怕是严冬寒冷，也是汗流浃背。"

评点

有句成语叫作"汉官威仪"，民间有话"站有站相，坐有坐相"，都是说在一定的时候要有合适的仪态。唐朝的皇帝同大臣讨论国事，可以把大臣叫到身边，详细交代，大臣应该也是有座位的。读到此处，不免想起明朝的皇帝。到明代，皇帝的威严已经不得了了，宰相的设置已被取消，尽管如此，明朝还出了几个吊儿郎当的皇帝，比如明武宗，就一点也不拿皇位当回事，整天玩乐胡闹不说，还非要给自己封个"威武大将军""总兵官"的官职。其实，即使唐宣宗很讲究皇上的威严，但也只是在皇宫之内而已，出了京城，已经是藩镇的天下，没有几十年，唐朝就灭亡了。

令狐绹坚拒美色

原文

【唐】 裴庭裕《东观奏记·下卷》

毕諴本估客之子，连升甲乙科。杜悰为淮南节度使，置幕中，始落盐籍，文学优赡，遇事无滞，在翰林，上恩顾特异，许用为相，深为丞相令狐绹所忌，自邠宁连移凤翔、昭义、北门三镇，皆绹缓其入相之谋也。諴思有以结绹，在北门求得绝色，非人世所有，盛饰珠翠，专使献绹。绹一见之心动，谓其子曰："尤物必害人，毕太原于吾无分，今以是饵吾，将倾吾家族也！"一见返之。专人不敢将回，驿候諴意。諴又沥血输启事于绹，绹终不纳。乃命邸吏货之。东头医官李玄伯，上所狎昵者，以钱七十万致于家，乃舍之正堂，玄伯夫妻执贱役以事焉。踰月，尽得其欢心矣，乃进于上。上一见惑之，宠冠六宫。玄伯烧伏火丹砂进之，以市恩泽，致上疮疾，皆玄伯之罪也。懿宗即位，玄伯与山人王岳、道士虞紫芝俱弃市。

译述

毕諴（802—864）本是商人之子，科举连第。杜悰任淮南节度使，将其录为幕宾，还助其脱离盐商的身份。毕諴的文学造诣高，又很会处世，在翰林院很受宣宗的看重，许诺将来要任命他为宰相。丞相令狐绹（795—879）很忌惮他，他先是任邠宁节度使，后来又连续转任凤翔、昭义、北门三镇节度使，都是令狐绹阻止他入相的谋划。毕諴琢磨着要好好结交一下令狐绹，就在属地找到一个美女，其美色非人世所有。毕諴以珠翠将美女装扮好，派专使将她献给令狐绹。令狐绹见到美女，十分动心，却告诉其子说："尤物必害人。毕諴与我没什么交情，如今用这美女来引我上钩，这是要灭我的家族啊！"立刻把美女退回去了。送美女的人不敢带美女回去，住在驿站中等候毕諴的指示。毕諴又写信给令狐绹，表达谒诚之意，但令狐绹坚不接受。毕諴只好命令驿官将美女卖掉。皇家医官李玄伯是宣宗所宠爱的人，他用七十万钱把美女买回家，让其住在正屋，玄伯夫妻像仆人一样服侍着她。一个多月后，美女对他们夫妇十分满意，他才把美女进献给皇上。宣宗一见之下，即被其美色所惑，对之的宠爱冠于六宫。李玄伯又炮制伏火丹砂献给宣宗，用以邀买皇上的恩泽，却导致皇上病危。这都是李玄伯之罪。懿宗即位后，李玄伯与山人王岳、道士虞紫芝都被处死。

评点

令狐绹在唐宣宗时为相十年之久，史书说他处理政事小心翼翼，另一方面这人也有些嫉贤妒能。他的儿子令狐滈骄纵不法，受贿卖官，人称"白衣宰相"。不过从上面这件事情上，可以看出，令狐绹看事还是很深透的，他拒绝了美女，就是不为毕諴的拉关系开方便之门。他是逃过一劫，可是害宣宗皇帝丢了性命。这则笔记充分说明官场险恶。你看，令狐绹让毕諴转任好几个大镇的节度使，看似重用，其实是阻止其进入权力中枢；毕諴受人控制，急须突破，便要送上美女，用意自明，但令狐绹不上当；最后有人捡便宜，把美女献给皇帝，以图得宠，最后却导致皇帝毙命、自身送命。权力场中，一有不慎，便是永远！

唐玄宗与姚崇

原文

【唐】　刘肃《大唐新语·卷一》

姚崇以拒太平公主，出为申州刺史，玄宗深德之。太平既诛，征为同州刺史。素与张说不叶，说讽赵彦昭弹之，玄宗不纳。俄校猎于渭滨，密召崇会于行所。玄宗谓曰："卿颇知猎乎？"崇对曰："此臣少所习也。臣年三十，居泽中，以呼鹰逐兔为乐，犹不知书。张璟谓臣曰：'君当位极人臣，无自弃也。'尔来折节读书，以至将相。臣少为猎师，老而犹能。"玄宗大悦，与之偕马臂鹰，迟速在手，动必称旨。玄宗欢甚，乐则割鲜，闲则咨以政事，备陈古今理乱之本上之，可行者必委曲言之。玄宗心益开，听之亹亹忘倦，军国之务，咸访于崇。崇罢冗

职，修旧章，内外有叙。又请无赦宥、无度僧、无数迁
吏、无任功臣以政。玄宗悉从之，而天下大理。

译述

姚崇（650—721）因为斥拒太平公主被贬，任申州刺史，
玄宗心中记挂，除掉太平公主后马上转任他为同州刺史。张说
与姚崇不和，指使赵彦昭弹劾姚崇，玄宗根本不理。后来玄宗
在渭水边打猎，秘密召来姚崇，问他："你懂得打猎吗？"姚
崇说："这是我从小就玩的。我在三十岁时，还住在草泽中，
以呼鹰逐兔为乐，不知道读书。后来张璟对我说，我以后可能
位极人臣，不该自己放纵，我才折节读书。我少年时是猎手，
老了仍能打猎。"玄宗听了很高兴，同姚崇一起并马驭鹰，姚
崇快慢得当，行动很合玄宗之意。玄宗极为欢乐，高兴起来就
自己切肉给姚崇吃，闲着就咨询政事。姚崇为玄宗讲述古今治
乱之本，玄宗越发开心，听而忘倦。后来姚崇为相，有所建
议，玄宗皆听从，天下大治。

评点

古代做臣子的很不容易！即使是姚崇这样的名臣，也可能
随时成为牺牲品。还好玄宗没有忘记他的功劳，不听别人的中
伤，坚持起用姚崇。姚崇也确实能干，又能投玄宗所好，这才
有了开元之治的盛世气象。

唐太宗纳谏

原文

【唐】 刘肃《大唐新语·卷一》

太宗射猛兽于苑内，有群豕突出林中，太宗引弓射之，四发殪四豕。有一雄豕，直来冲马，吏部尚书唐俭下马搏之。太宗拔剑断豕，顾而笑曰："天策长史，不见上将击贼耶？何惧之甚？"俭对曰："汉祖以马上得之，不以马上理之。陛下以神武定四方，岂复逞雄心于一兽！"太宗善之，因命罢猎。

有人言尚书令史多受赂者，乃密遣左右以物遗之。司门令史果受绢一匹。太宗将杀之，裴矩谏曰："陛下以物试之，遽行极法，使彼陷于罪，恐非道德齐礼之义。"乃免。

太宗尝罢朝，自言："杀却此田舍汉！"文德皇后问："谁触忤陛下？"太宗曰："魏徵每庭辱我，使我常不得自由。"皇后退，朝服立于庭。太宗惊曰："何为若是？"对曰："妾闻主圣臣忠。今陛下圣明，故魏徵得尽直言。妾备后宫，焉敢不贺！"于是太宗意乃释。

译述

太宗在苑林内打猎，有一群野猪突然从林中冲出，太宗引弓射之，四箭射中四猪。有一雄野猪直冲向太宗乘马，吏部尚书唐俭下马与野猪搏斗。太宗拔剑杀死野猪，回头笑对唐俭说："天策长史没见过上将击贼吗？怎么会怕成这样？"唐俭回答说:"汉高祖以马上得天下,不以马上治理天下。陛下以神武定四方,岂可以此雄心对付一只野兽!"太宗认为他说得对,下令停止狩猎。

有人对唐太宗说尚书省的令史多有收受贿赂的,太宗便秘密派遣亲信给尚书省官员送东西。一个司门令史接受了一匹绢,太宗要杀掉他,裴矩(547—627)劝谏说:"陛下以物品去试他,又急着对之施以极刑,如此陷人以罪,恐非道德礼法之义。"太宗就没有处理那个官员。

一次,太宗罢朝回宫,口中自言自语:"我要杀了这个田舍汉!"长孙皇后问:"谁触忤陛下?"太宗曰:"魏徵经常当庭辱我,使我常不得自由。"长孙皇后退下,穿起朝服立于庭中。太宗惊问:"为何这样做?"长孙皇后回答:"我听说主圣臣忠。今陛下圣明,故此魏徵才得以尽情直言。我掌管后宫,焉敢不贺!"于是唐太宗的怒意才消解。

评点

这三则纪事说的都是唐太宗纳谏有度,我们却可从中看到,艺术地劝说他人,才能收到劝谏的奇效:唐俭劝太宗不要用征服天下的雄心去对付野兽,长孙皇后说因为太宗圣明臣子才得以尽情说话,都是先扬后抑,太宗听起来舒服,接受起来自然容易;而裴矩不直言受绢一匹不致杀头,而是说太宗是钓鱼执法,犯罪前提是被引诱,自然不该死。规劝有艺术,劈头盖脑或是冷嘲热讽效果都不会好。如今人与人之间、国与国之间,争斗是暗涌,合作是主流,既如此,艺术地规劝他人就更重要了。"我不吃这一套"固然硬气,也解气,但达不到规劝的目的,化百炼钢为绕指柔,方是为人处世的最高境界。

官员公直

原文

【唐】 刘肃《大唐新语·卷三》

贞观中，太宗谓褚遂良曰："卿知《起居注》，记何事大抵人君得观之否？"遂良对曰："今之《起居注》，古之左右史，书人君言事，且记善恶，以为检戒，庶乎人主不为非法。不闻帝王躬自观史。"太宗曰："朕有不善，卿必记之耶！"遂良曰："守道不如守官，臣职当载笔，君举必记。"刘洎进曰："设令遂良不记，天下之人皆记之矣。"

太宗谓侍臣曰："朕戏作艳诗。"虞世南便谏曰："圣作虽工，体制非雅。上之所好，下必随之。此文一行，恐致风靡。而今而后，请不奉诏。"太宗曰："卿恳诚若此，朕用嘉之。群臣皆若世南，天下何忧不理！"乃赐绢五十疋。

译述

贞观年间，太宗对褚遂良说："你负责《起居注》，记录什么事情？我可以看么？"褚遂良回答说："现在的《起居注》，和古时候的左右史一样，记录君王的言行，并记录他的善行恶行，留给后人借鉴，所以君王不会胡妄非为。未曾听说帝王自己看这些记录。"太宗问："我有不良好的作为，你也一定会记录吗？"遂良答："遵守道义不如遵守官规，我的职责是用笔记录，所以皇上的行为我一定记录的。"刘洎说："假使遂良不记录，天下百姓都会记得的！"

唐太宗对身边大臣说："我做了首艳诗取乐。"虞世南立刻进谏说："皇上之作虽然工稳，但体制不雅。上有所好，下必随之。此诗一公开，恐立即风靡天下。从今以后，请不要再让我看到了。"太宗说："你如此诚恳，我非常高兴。如果群臣都像你一样，何愁天下不大治！"于是赐给他五十匹绢。

评点

唐太宗时，君臣的关系比较融洽，李世民大体上比较听劝，而诸大臣也肯尽忠竭力，所以才有唐初的繁荣。道理就是如此，上位者愿意倾听下属的批评，并改正不足，下属自然知无不言、言无不尽；而如果上司只肯听歌颂奉承之言，那么其治下必定是鸦雀无声、万马齐喑。

王求礼斥停俸赡军

原文

【唐】　刘肃《大唐新语·卷三》

则天朝，豆卢钦望为丞相，请辍京官九品以上两月日俸以赡军。转帖百司，令拜表。群臣俱赴拜表，而不知事由。拾遗王求礼谓钦望曰："群官见帖即赴，竟不知拜何所由。既以辍俸供军，而明公禄厚俸优，辍之可也。卑官贫迫，奈何不使其知而欺夺之，岂国之柄耶！"钦望形色而拒之。表既奏，求礼历阶进曰："陛下富有四海，足以储军国之用，何籍贫官九品之俸，而钦望欺夺之，臣窃不取。"纳言姚璹前进曰："秦汉皆税算以赡军，求礼不识大体，妄有争议。"求礼曰："秦皇、汉武税天下，使空虚以事边，奈何使圣朝仿习之？姚璹言臣不识大体，不知璹言是大体耶！"遂寝。

译述

武则天时代，丞相豆卢钦望（629—709）提出，京官九品以上停发两个月的日俸，用以补贴军用。他通知各个官署，让众官上呈奏章。群臣都准备上奏，却不知具体事由。担任拾遗官的王求礼（？—706）对豆卢钦望说："群官见到通知，都赶来朝堂，竟然不知上表要说什么！停止俸禄以供养军队，明公您禄厚俸优，停下来可以。低级官员都很贫困，为什么不让他们知道，要欺骗他们、夺其俸禄？这难道是宰相的权力吗？"豆卢钦望怒形于色，拒绝了他的批评，将自己的建议上奏。王求礼踏上几级台阶，对武则天说："陛下富有四海，足以作为军国之用，何必靠着贫官们的九品之俸？而况豆卢钦望靠欺骗来夺取，臣窃以为不应该。"任职纳言的姚璹上前说道："秦汉都是以税赋赡养军队，王求礼不识大体，妄有争议。"王求礼说："秦皇、汉武向天下人征税，使国家空虚以用于边境，我圣朝为什么要学他们？姚璹说我不识大体，不知他的话是什么大体？"武则天听了，就把这个事压下来了。

评点

豆卢钦望搞摊派以邀武则天之宠，王求礼揭穿了他，为低级官员说话。确实啊，募捐也好，献爱心也罢，首先要透明、要自愿，挟道义以逼人献爱心不可取。献爱心、助贫困，关键是要出于本心，是发自内心，不然就成了摊派和逼捐。如豆卢钦望这样，以骗捐而邀上宠，就更是为人所不齿了。

冯履谦清廉

原文

【唐】 刘肃《大唐新语·卷三》

冯履谦，七岁读书数万言，九岁能属文。自管城尉丁艰，补河北尉。有部人张怀道任河阳尉，与谦畴旧，饷一镜焉。谦集县吏遍示之，咸曰："维扬之美者，甚嘉也。"谦谓县吏曰："此张公所致也。吾与之有旧，虽亲故不坐，着之章程。吾效官，但以俸禄自守，岂私受遗哉！《昌言》曰：'清水见底，明镜照心。'余之效官，必同于此。"复书于使者，乃归之。闻者莫不钦尚。官至驾部郎中。

译述

冯履谦七岁时就读书数万字，九岁能做文章。他在管城县尉任上为父母守丧，后补授河北县尉。他有一个名叫张怀道的部下担任河阳县尉，此人与冯履谦历来关系很好，就送了他一面铜镜。冯履谦召集县中的吏员，把镜子给他们看，这些人都说："这是扬州的产品，很精美。"冯履谦对县吏们说："这是张公（怀道）送给我的。我与张公是老交情，虽说是章程中规定收受亲友故旧的礼物不违法，但是我是为官之人，只可以俸禄来自坚操守，岂能私下收受他人礼物！《昌言》中说：'清水见底，明镜照心。'我在做官时一定要按这个话去做。"于是他写信交给使者，把镜子还了回去。听说此事的人都很钦佩赞扬他。后来冯履谦官至驾部郎中。

评点

《昌言》是东汉人仲长统所撰写的著作，"清水见底，明镜照心"是说做人一定要光明磊落。如何做到光明磊落？就是要无私。做官的不受贿、不枉法，自然光明磊落。冯履谦只是一个小小的县尉，但他在这方面律己甚严，连故友赠送的一面铜镜都不收受，尽管按规章，他收了也并不违法。与冯履谦相比，我们今天的多少高官岂不是要愧死吗？他们人前唱着高调，提出多少个廉政措施，然而背地里却大肆收受贿赂，以至于几亿几十亿的贪。这样的人不说律己了，党纪国法何曾放在心中！

张嘉贞平步青云

原文

【唐】　刘肃《大唐新语·卷六》

张嘉贞落魄有大志，亦不自异，亦不下人。自平乡尉免归乡里，布衣环堵之中，萧然自得。时人莫之知也。

张循宪以御史出，还次蒲州驿。循宪方复命，使务有不决者，意颇病之，问驿吏曰："此有好客乎？"驿吏白以嘉贞，循宪召与相见，咨以其事积时疑滞者，嘉贞随机应之，莫不豁然。及命表，又出意外。他日，则天以问循宪，具以实对，因请以己官让之。则天曰："卿能举贤，美矣。朕岂可无一官自进贤耶！"乃召见内殿，隔帘与语。嘉贞仪貌甚伟，神采俊杰，则天甚异之。因奏曰："臣生于草莱，目不睹阙廷之事。陛下过听，引至天庭，此万代之一遇。然咫尺之间，若披云雾，臣恐君臣之道，有所未尽。"则天曰："善。"遽命卷帘。翌日，拜监察御史。开元初，拜中书舍人，迁并州长史、天平军节度使。

译述

张嘉贞（666—729）潦倒失意而胸怀大志，既不刻意与众不同，也不自卑于人。他担任平乡县尉，被免官回乡，成为平民，住在土墙空屋中，凄清冷落，他却怡然自得。周围的人们不了解他。张循宪以御史身份出巡归来，住在蒲州的驿站。循宪要汇报巡视情况，但此行中有事情没有解决，心中很是犯难，便问驿吏说："此间有明晰事理的人吗？"小吏告诉他有个张嘉贞。张循宪便请张嘉贞来相见，提出那些长时间没有考虑清楚的事情，咨询张嘉贞的看法。张嘉贞随机应答，把道理讲得很清楚。待到张嘉贞写出奏章，文辞更是出乎张循宪意料。他日，武则天以此询问张循宪，他讲出实情，更请求把自己的官位让给张嘉贞。武则天说："你能举荐贤能，是好事啊！我难道没有一个官位来任用贤人吗？"于是在内殿召见张嘉贞，隔着帘子与他谈话。张嘉贞身材高大、容貌英俊、神采出众，武则天甚为惊异。张嘉贞说："我出身草莽，不懂得朝廷威仪。陛下听到别人对我的赞扬，召我来此，这是万年一遇的大事，然而我们虽距离很近，以帘相隔则如同云雾，我恐怕不能尽到臣子之道。"武则天说："你讲得对。"立刻命令卷起帘子。第二天，嘉贞被任命为监察御史。开元初年，升为中书舍人，不久又升为并州长史，兼任天平军节度使。

评点

张嘉贞以平民之身，得武则天召见，进入官场，十几年后成为宰相，有两个关键因素，一是有人推荐；二是个人自信。前者不说了，后者如首次面见武则天，就敢提要求，请武则天打开帘子对话。自信的前提是对自己的学养能力有清醒认识。古往今来，夸夸其谈者多，最终成事者却寥寥无几，盲目自信，最终将是出乖露丑。

李适之不苟细

原文

【唐】 刘肃《大唐新语·卷七》

李适之性简率，不务苟细，人吏便之。雅好宾客，饮酒一斗不乱，延接宾朋，昼决公务，庭无留事。及为左相，每事不让李林甫。林甫憾之，密奏其"好酒，颇妨政事"。玄宗惑焉，除太子少保。适之遽命亲故欢会，赋诗曰：“避贤初罢相，乐圣且衔杯，为问门前客，今朝几个来。”举朝伏其度量。适之在门下也，性疏而不忌。林甫尝卖之曰：“华山之下，有金矿焉，采之可以富国。上未之知耳。”适之心善其言，他日款曲奏之，玄宗大悦。顾问林甫，对曰：“臣知之久矣。华山，陛下本命，王气所在，不可发掘。故臣不敢言。”适之由是渐见疏退。林甫阴构陷之，贬于袁州，遣御史罗希奭就州处置。适之闻命排马牒到，仰药而死。子霅，亦见害。

译述

李适之（694—747）性格简单率直，不苛求他人，下属吏员都乐于同他打交道。他喜欢宴请宾客，饮酒一斗也不会醉。接待宾朋，白天处决公务，官厅上没有遗留的事务。后来他担任左丞相，处理事情不礼让李林甫（约679—753），李林甫很忌恨他，私下在玄宗面前说他“好喝酒，妨害政事”。玄宗受其蛊惑，命李适之为太子少保。李适之闻讯，召集亲友聚会，赋诗说：“避贤初罢相，乐圣且衔杯，为问门前客，今朝几个来。”满朝上下都佩服他的度量。李适之担任宰相时，性格粗疏，没有忌讳。李林甫曾给他设圈套，说：“华山之下有金矿，开采出来可以令国家富强。可惜皇上不知道啊！”李适之认为他的话很对，某一天委婉地对玄宗讲了。玄宗很高兴，回头又征求李林甫的意见，李林甫回答说：“我很早就知道了。但华山是陛下的本命，王气所在，不可挖掘，所以我不敢说出来。”李适之此后就日益被玄宗疏远。李林甫又构陷迫害他，把他贬到袁州任刺史，并派御史罗希奭到当地处死他。李适之听说罗希奭的排马牒（古时御史出行，所过州县供给驿马。

故人未至先有排马牒到）已到，就喝毒药自杀了。他的儿子李雪也被杀害。

评点

唐朝尚右，所以右丞相为尊。李适之担任左相，对右相李林甫不够尊重，所以引来李林甫的杀机。看这段笔记，李适之的通达与李林甫的诡诈真是对比鲜明啊！我们都愿意同那些心胸开阔、不拘小节的人打交道，因为不累。但是，碰到李林甫这样的人，你还真就得长点心思、留个心眼，不然，你被他卖了都不知道。李适之就是这样啊！李林甫挖下坑，他就跳进去了，鼓动挖掘皇上的本命地，可不是死罪嘛！补充一句，这里的"饮酒一斗"，大体相当于今天的四两，所以李白的"斗酒诗百篇"也不要想得多么玄乎。

卢承庆能恕人

原文

【唐】　刘肃《大唐新语·卷七》

卢承庆为吏部尚书，总章初，校内外官考。有一官督运，遭风失米，承庆为之考曰："临运损粮，考中下。"其人容止自若，无一言而退。承庆重其雅量，改注曰："非力所及，考中中。"既无喜容，亦无愧词。又改曰："宠辱不惊，考中上。"众推承庆之弘恕。

译述

卢承庆（595—670）任吏部尚书，唐高宗总章（668—670）初年，负责考核内外官员。有一个官员督运粮食，遭遇大风，损失了粮米，卢承庆的考语是："临运损粮，考中下。"这个人听了，表情和动作没有变化，一句话也没说，就退了下去。卢承庆很看重这人的雅量，将评语改为："非人力所及，考中中。"这人听了，既无喜容，亦无愧词。卢又改评语说："宠辱不惊，考中上。"众人都称赞卢承庆宽宏大量。

评点

原文说卢承庆很能为他人考虑，我却觉得那个被考核的运粮官度量堪赞。人生一场场考试，真应以宠辱不惊应之，否则，患得患失，一惊一乍，岂不是要精神失常？

房玄龄大量

原文

【唐】　刘肃《大唐新语·卷七》

裴玄本好谐谑，为户部郎中。时左仆射房玄龄疾甚，省郎将问疾，玄本戏曰："仆射病可，须问之；既甚矣，何须问也？"有泄其言者。既而随例候玄龄，玄龄笑曰："裴郎中来，玄龄不死矣。"

译述

裴玄本性好开玩笑。他担任户部郎中时，左仆射（宰相）房玄龄有病甚严重，各部的郎官都去探视，玄本开玩笑说："仆射的病好了，需要去探视；既然是病重，还探视什么？"有人把他的话告诉给房玄龄。后来裴玄本也按规矩去探视房玄龄，房玄龄笑着说："裴郎中来，我就可以不死了！"

评点

这位裴玄本大不晓事！人生处世交往，怎么可以拿人家的病开玩笑，尤其还是宰相的病！不过房玄龄真是厚道人，没有怪罪他，搁在器量狭隘之人身上，裴玄本还不得被人整死！

王义方以直求名

原文

【唐】　刘肃《大唐新语·卷十一》

王义方，初拜御史，意望殊高，忽略人间细务。买宅酬直讫，数日，对宾朋，忽惊指庭中双青梧树曰："此忘酬直。"遽召宅主，付直四千。宾朋曰："侍御贵重，不知交易。树当随宅，无别酬例。"义方曰："此嘉树，不比他也。"及贬黜，或问其故，答曰："初以居要津，作宰相，示大耳。"初，义方将弹李义府，惧不捷，沉吟者久之，独言曰："可取万代名耶？循默以求达耶？"

他日，忽言曰："非但为国除蠹，亦乃名在身前！"遂弹
焉。坎坷以至于终。

译述

王义方（615—669）刚做御史的时候，心气很高，常常忽
略日常小事。他买了一座宅院，钱款已经交清，几天后忽然当
着宾客亲友的面指着院子中的两棵梧桐树说："我忘记付给人
家此树的钱了。"马上叫来宅院的原主人，付给他四千钱。朋
友们说："您官位高贵，不懂得交易之事。树应是和宅子一起
卖，没有另外付钱的。"义方说："这是两棵吉祥的树，怎么
能和一般的树木一样呢！"后来他被罢官，有人又问起这件
事，他说："当时觉得自己职位那么高，是故意好面子啊！"
王义方当初准备弹劾李义府，害怕不能成功，想了很久，对
自己说："是从此扬名万代呢？还是闭口不言以求官运亨通
呢？"一天突然有了决定，说："不单是为国家除掉贪官，也
因为名誉比地位重要。"于是上疏弹劾李义府。他一生官路坎
坷，直到死去。

评点

王义方，字景贤，泗州涟水（今江苏涟水）人。他为人正
直，曾任晋王府参军、值弘文馆、太子校书等职，最高只做到
六品的御史台侍御史，但他却以忠诚、仁义的美德荣登正史，
在《旧唐书》《新唐书》中均有传。笔记中我们可以看出，王
义方下决心弹劾弄权枉法的李义府之前，很是犹豫不决，最
终还是认为为人做官声名最重要，下决心为国家驱除蠹虫。
是啊！"人的名，树的影。"古人对名声如此看重，而今的贪

官，动辄贪黩几千万几亿，何曾想过自己的名声？不过他们入狱后，在电视上露脸，悔恨不已，也算是另类地留声了。

李勉不昧金

原文

【北宋】　王谠《唐语林·卷一》

天宝中，有一书生旅次宋州，时李汧公勉年少困苦，与此书生同店。而不旬日，书生疾作，遂至不救。临绝，语公曰："某家住洪州，将于北都求官，于此得疾且死，其命也。"因出囊金百两遗公，曰："某之仆使无知有此，足下为我毕死事，余金奉之。"李公许为办事。及礼毕，置金于墓中同葬焉。后数年，公尉开封，书生兄弟赍洪州牒来，累路寻生行止，至宋州，知李为主丧事，专诣开封，请金之所在。公请假至墓所，出金以付焉。

译述

天宝年间，有一个书生旅行，住在宋州的旅店。当时李勉（717—788，封汧国公）年少家贫，跟书生住在同一家旅店。没过几天，书生得了重病，生命垂危，咽气之前，对李勉说："我家住在洪州，要去北都（今太原）谋求官职，却在这里得病，且将不治，真是命啊！"他从行李中拿出百两黄金交给李勉，说："我的仆人不知有这些金子，请你为我办理身后之事，剩下的金子就送给你。"李勉答应为他办理后事，等到丧礼完毕，把金子同书生一同埋进墓里。几年之后，李勉任开封县尉，那书生的兄弟带着洪州府的公文，一路寻找书生的经停之处。到宋州，知道是李勉为书生办理丧事，专门来到开封，问金子在哪里。李勉请假，带他们到埋葬书生的处所，掘出金子，交给了他们。

评点

这则记事叙唐代宰相、汧国公李勉早年的经历。那书生为让李勉把他的后事办好，送李百金，还说这金子他人不知。但李勉不昧于暗室，安葬了书生之后，又把金子放入墓中。果然，几年后书生的兄弟来找金子了。李勉专门请假，从墓中取出金子交给他们，如果他听从书生的话，把这金子用掉了，还真是百口莫辩了！人，不可贪心。贪心了、伸手了，早晚要败露。

王如泚考进士

原文

【北宋】　王谠《唐语林·卷一》

进士王如泚者，妻公以伎术奉养玄宗。欲与改官，拜谢而请曰："臣女婿王如泚见应进士举，伏望圣恩回授，乞一及第。"上许之，宣付礼部宜与及第。侍郎李暐以咨执政，右相曰："王如泚文章堪及第否？"暐曰："与亦得。"右相曰："若尔，未可与之。明经、进士，国家取材之地。若圣恩优异，差可与官。今以及第与之，将何以观材？"即自奏闻。居二日，如泚宾朋燕贺，车骑盈门。忽中书下牒礼部："王如泚可依例考试。"闻之罔然自失。

译述

一个叫王如泚的人参加礼部考试。他的丈人是玄宗身边表演技艺方术的，玄宗想要给他个官职，他推辞了，却拜请玄宗说："臣的女婿王如泚正在参加礼部考试，恳请圣恩浩荡，给他一个合格。"玄宗答应了他，告诉礼部要允许王合格。礼部侍郎李暐请示宰相，右相问："王如泚的文章能给予合格吗？"李暐说："给他合格也行。"右相说："如此，就不应该给。明经、进士考试，是为国家取材。如果皇恩特优，我们可以勉强给个官职；而今是让他及格，怎么能表现出是人才？"礼部把具体意见上报玄宗。过了两天，王如泚的家里宾客盈门，表示祝贺，中书省却有文通知礼部："王如泚要按惯例考试。"王如泚闻此，惘然若失。

评点

玄宗朝前期，朝廷风气还挺正。玄宗答应了让王如泚不考试就进士及第，但宰相不同意。宰相的意见很对："你圣恩浩荡，大可给他个官职，如今让他不必考试就进士及第，国家今后怎么选人才？"这里最失意的要算王如泚了！祝贺他进士及第的人都车骑盈门了，却收到通知，还是要正常接受考试，怎么不令人脸红？既然设立了考试制度，就应一视同仁为好。

韦澳惩皇舅家奴

【北宋】 王谠《唐语林·卷二》

郑光，宣宗之舅，别墅吏颇恣横，为里中患。积岁征租不入，户部侍郎韦澳为京兆尹，擒而械系之。及延英对，上曰："卿禁郑光庄吏何罪？"澳具奏之。上曰："卿拟如何处置？"澳曰："臣欲置于法。"上曰："郑光甚惜，如何？"澳曰："陛下自内庭用臣为京兆，是使臣理畿甸积弊。若郑光庄吏积年为蠹，得宽重典，则是朝廷之法独行于贫下，臣未敢奉诏。"上曰："诚如此。但郑光再三干朕，卿与贷法，得否？不然，重决贷死，可否？"澳曰："臣不敢不奉诏，但许臣且系之，俟征积年税物毕放出，亦可为惩戒。"上曰："可也。为郑光所税扰乡，行法自近。"澳自延英出，径入府杖之，征欠租数百斛，乃纵去。

译述

宣宗皇帝的舅父郑光家吏仗势横行，欺压百姓，多年不交租税，地方官不敢过问。户部侍郎韦澳转任京兆尹，他到任后，下令拘捕郑光的家吏，并给他上了刑具。宣宗闻报，传韦澳问话，问他："你以什么罪名拘押郑光家吏？"韦澳向宣宗陈述了郑光家抗税的情形。宣宗问："你打算如何处置？"韦澳声明要依法惩办。宣宗说："郑光维护他怎么办？"韦澳说："陛下任命我为京兆尹，是要让我管理好京畿之地，扫清

积弊。如果郑光家吏多年违法，还逃脱惩罚，就等于说国家之
法只能适用于穷苦之人。皇上的话我不敢执行。"宣宗又说：
"确实如此。但是郑光再三找我求情，你就放了他，行吗？
不然就重判，让他们赎死，可否？"韦澳说："我可以按旨意
办，但我要先关着他。他们须先缴清历年所欠租赋，才能放
人，这样也算是惩戒。"宣宗同意了。韦澳从朝中回府，下令
将郑光家吏杖责一顿，又让其交了数百斛租赋，才把他放了。

评点

皇帝的舅舅，便是外戚。中国历史上，外戚历来是最不
守法的一群人，或是干政，或是骄纵不枉，因为有皇后、皇太
后撑腰，朝臣也很怕他们。但韦澳不然，他以京城行政长官之
身，敢于硬刚皇帝。国舅家人、皇上求情，在韦澳这里没用，
板子照打、赋税照补。无论何朝何代，这样的精神和勇气都是
值得肯定的。韦澳甚至说出"不可让国家之法只加诸穷人"的
话。与之相比，后代的官官相护，以法绳拘押贫穷之人，该是
多么恶劣！

唐宣宗尊重法律

原文

【北宋】　　王谠《唐语林·卷二》

乐工罗程者，善弹琵琶，为第一，能变易新声。得幸

于武宗，恃恩自恣。宣宗初，亦召供奉。程既审上晓音
律，尤自刻苦，往往令侍嫔御歌，必为奇巧声动上，由是
得幸。程一日果以眦睚杀人，上大怒，立命斥出，付京
兆。他工辈以程艺天下无双，欲以动上意。会幸苑中，乐
将作，遂旁设一虚坐，置琵琶于其上。乐工等罗列上前，
连拜且泣。上曰："汝辈何为也？"进曰："罗程负陛下，
万死不赦。然臣辈惜程艺天下第一，不得永奉陛下，以是
为恨。"上曰："汝辈所惜罗程艺耳。我所重者，高祖、
太宗法也。"卒不赦程。

译述

乐工罗程善弹琵琶，技艺第一，又能编创新曲，依仗得
幸于唐武宗，恣意妄为。唐宣宗即位，他依然供奉宫中。知道
宣宗通晓音律，罗程更加努力，经常让宫嫔侍从歌唱，他用琵
琶伴奏，以音声奇巧打动宣宗，因此又受宠于宣宗。一天，罗
程因小的怨念而杀人，宣宗大怒，立即下令将他逐出宫去，交
京兆尹治罪。其他艺人因为罗程技艺天下无双，想为他求情。
某日，宣宗在宫苑游玩，乐工演奏音乐前，在旁边留一个空座
位，把琵琶放在座位上，众人罗列在宣宗之前，哭泣下拜。宣
宗不解，问他们为何如此，他们说是为罗程求情。宣宗说：
"你们所惋惜的是罗程的技艺，我所重视的，是高祖、太宗的
法律。"最终罗程被判死刑。

评点

古时的臣民，大概分为以色身侍人、以才艺侍人、以品

德侍人三个档次，最可靠的，还是以德侍人。今天与古代不同了，但一个人立身在世，仍应以品德为先。为罗程的同事感慨！他们为了让唐宣宗再次起用罗程，想了那么些办法。同事关系维护好，有用，但事关原则，他们的用心也白费了。

白居易在杭州

原文

【北宋】　　王谠《唐语林·卷二》

白居易，长庆二年以中书舍人为杭州刺史，替严员外休复。休复有时名，居易喜为之代。时吴兴守钱徽、吴郡守李穰皆文学士，悉生平旧友，日以诗酒寄兴。官妓高玲珑、谢好好巧于应对，善歌舞。后元稹镇会稽，参其酬唱，每以筒竹盛诗来往。居易在杭，始筑堤捍钱塘潮，钟聚其水，溉田千顷。复浚李泌六井，民赖其汲。在苏作诗，有"使君全未厌钱塘"之句。及罢，俸钱多留守库。继守者公用不足，则假而复填，如是五十余年。及黄巢至郡，文籍多焚烧，其俸遂亡。

译述

长庆二年（822），白居易（772—846）在中书舍人任上，被派接替严休复，出任杭州刺史。严休复当时很有名气，

白居易也很高兴能接替他。当时吴兴太守钱徽、吴郡太守李
穰都是文学之士，又都是平生的老朋友，他们每天以诗歌饮酒
寄予情趣，身边又有官妓高玲珑、谢好好，善于歌舞，巧于应
对。后来元稹任会稽太守，也参加他们的诗歌酬唱，每天用竹
筒装诗稿，往返观赏。白居易在杭州，先是筑堤拦挡钱塘潮，
聚集众水，灌溉千亩田地；后又疏浚李泌六井，民众都靠此井
饮水。白居易作诗有"使君全未厌钱塘"的诗句。他离任时，
俸禄多留在杭州公库，继任的人公用不够，就从中借出，之后
再还，这样过了五十余年。后黄巢攻打杭州，文书多被烧毁，
他的俸钱也没了。

评点

白居易的杭州刺史做得蛮惬意的！有朋友日以诗酒寄兴，
有官妓歌舞应对。但他毕竟是有政绩的，这就是白堤之筑和
六井之浚，离任后，他还把自己的俸禄留在府库，让后来者
取用。为官者，关键是要为当地做些实事。如白居易筑白堤，
不仅惠及当时，即使是千年之后，人们仍受其惠。关于白居
易那句"使君全未厌钱塘"，应即指白居易的《腊后岁前遇景
咏意》，原诗为"海梅半白柳微黄，冻水初融日欲长。度腊都
无苦霜霰，迎春先有好风光。郡中起晚听衙鼓，城上行慵倚女
墙。公事渐闲身且健，使君殊未厌余杭。"

薛元赏怒怼仇士良

原文

【北宋】　　王谠《唐语林·卷三》

李相石在中书，京兆尹薛元赏谒石于私第。故事：百僚将至宰相宅，前驱不复呵。元赏下马，石未之知，方在厅，若与人诉竞者。元赏问焉，云："军中军将。"元赏排闼进，曰："相公，朝廷大臣，天子所委注。抚蛮夷、和阴阳、安百姓、叶众心，无敢乖谬；升绌贤不肖、赏功罚罪，皆公之职。安有军中一将，而敢如此哉！夫贵贱失序、纲纪之紊，常必由之。苟朝廷如此，犹望相公整顿颓坏，岂有出自相公者！"即疾趋而去，顾左右曰："无礼军将，可擒于马下桥祗候。"元赏比至，则袒臂踞之矣。中尉仇士良有威权，其辈已有诉之者，宦官连声传士良命曰："中尉奉屈大尹。"元赏不答，即命杖杀之。士良大怒，元赏乃白衣请见士良，士良出曰："敢必杖杀军中大将，可乎？"元赏即具言无礼状，且曰："宰相，大臣也；中尉，大臣也。彼既可无礼于此，此独不可以无礼于彼乎！国家之法，中尉所宜保守，一旦坏之可惜。某已白衫，惟中尉命。"士良以其理直，命左右取酒饮之而罢。

译述

京兆尹薛元赏有事去见宰相李石（786—838），恰逢一个神策军的军将在宰相府中纠缠不休。薛元赏大怒，推门冲进大堂，对宰相李石说："宰相是天子委派的朝廷大臣，掌管镇抚蛮夷、调和阴阳、安定百姓、协和众心的大事，谁都不能违抗；晋升贤才、黜退不消、赏功罚罪，是宰相的职责。一个军中的将领怎敢如此放肆？贵贱失序、纲纪紊乱，就是由此开始的。朝廷还希望相公整顿颓败的纲纪，岂不知在相公这里已经乱了！"他转身离开，对左右说："可将那个无礼的军将捆起来，放到马下桥待命。"等薛元赏到了马下桥，那军将已经被剥去上衣、跪候在那里了。当时宦官仇士良最有威权，军将的同伴向他求告。有宦官连声传达仇士良的话，让薛元赏去见他。薛元赏不理会，将那军将乱棍打死。仇士良大怒，薛元赏于是穿白衣去见仇士良。仇士良对薛元赏说："你怎么可以随便打杀军中大将？"薛元赏列举这个人的无礼表现，又说："宰相和您都是大臣。他既然可以无礼于宰相，我就可以无礼于他。不管是谁，都要守国家之法，如今我白衣来见你，随你处置。"仇士良拿他没办法，请他喝酒了事。

评点

此事说起来平常，但要知道，那仇士良是宦官头子，是神策军的主管，连唐文宗都怕他，拿他没办法。薛元赏却能够不理会仇士良的打招呼，直接打死对宰相不敬的神策军军将，又换下官服，白衣去见仇士良，摆明了随他怎么处置都不在意。如此硬刚仇士良，也是为朝臣出了一口气。

杜悰拒选歌妓

原文

【北宋】 王谠《唐语林·卷三》

武宗数幸教坊作乐，优倡杂进。酒酣，作技谐谑，如民间宴席，上甚悦。谏官奏疏，乃不复出。遂召优倡入，敕内人习之。宦者请令扬州选择妓女，诏扬州监军取解酒令妓女十人进入。监军得诏，诣节度使杜悰，请同于管内选择。悰曰："监军自承旨。悰不奉诏书，不可擅预椒房事。"监军怒，奏之，宦者请并下悰，上曰："不可。藩方取妓女入宫掖，非禹、汤所为，斯极细事，岂宜诏大臣。杜悰累朝旧德，深得大体，真宰相也！"及悰入相，中谢，上曰："昨诏淮南监军选择酒令妓女，欲因行幸，举酒为欢乐耳。音声使奏，偶然下命。朕德化未被，而色荒外闻，赖卿不徇苟且；不然，天下将献纳取悦，朕何由得知？报卿忠说，命卿作相，内怀自贺，如得魏徵。"

译述

唐武宗跑到宫外教坊找乐，招了一群戏子娼妓喝酒作乐，就像民间宴席一样，武宗很高兴。但大臣进谏，他不好意思往外跑，又在宫中玩乐，招戏子妓女入宫，让宫内之人学习；还让人到扬州为他选十个能行酒令的妓女。扬州监军接旨后，去见节度使杜悰（794—873），让他一起在扬州选人。杜悰拒绝说："你自己去找。我没接到圣旨，不可参与内宫的事。"监军大怒，向武宗告状。宦官要治杜悰的罪，武宗没同意，说：

"不可。让藩镇取妓女到宫中，不是大禹、商汤这样的贤王所为。如此极小的事情，怎可以下诏给大臣？杜悰是几朝元老，深明大体，真是宰相之才！"后杜悰为宰相，入宫致谢，武宗对他说："此前命淮南监军选会行酒令的妓女，是打算行幸时饮酒欢乐。因为主管上奏，偶然下令。我的德化没有广被国家，荒诞的行为外传，全靠你不徇私苟且；不然的话，天下人都献纳起来，取悦于我，我从何得知？为了酬报你的忠直，我任命你为宰相。我内心在祝贺自己，如同得到了魏徵。"

评点

唐代的监军都是由宦官担任的，所以内廷要选会行酒令的妓女，是交给监军完成。但淮南监军要大臣杜悰一起做，就受到抵制。武宗在同杜悰见面时，说了几句知心话，其中最关键的是"朕德化未被，而色荒外闻，赖卿不徇苟且"，就是说杜悰帮皇帝遮丑了。武宗还算是明白人，后来也真有了一些作为。所以，当下级的，接到上级的指示，先要想一想，这个事做得做不得。一味地盲从上级，有时真未必是好事！

赏掖后进三则

原文

【北宋】　王谠《唐语林·卷三》

白居易应举，初至京，以诗谒顾著作况。况睹姓名，熟视曰："米价方贵，居亦不易。"及披卷，首篇曰："咸阳原上草，一岁一枯荣；野火烧不尽，春风吹又生。"乃嗟赏曰："道得个语，居即易也。"因为之延誉，声名遂振。

李贺以歌诗谒韩愈。愈时为国子博士分司，送客归，极困。门人呈卷，解带，旋读之。首篇《雁门太守行》云："黑云压城城欲摧，甲光向日金鳞开。"却缓带，命迎之。

元稹在鄂州，周复为从事。稹尝赋诗，命院中属和。周簪笏见稹曰："某偶以大人往还高门，谬获一第，其实诗赋皆不能。"稹曰："遽以实告，贤于能诗者。"

译述

这里所记的，是唐时人赏识奖掖后进的三则逸事。第一则：白居易入京，先拜谒著作佐郎顾况（727—820）。顾况先说京城居大不易，但看到白居易的诗，立刻说"能说出这样的句子，住起来很容易"，帮白居易宣传，使之声名远扬。第二则：李贺（790—816）以诗稿拜访国子博士分司韩愈（768—824）。当时韩愈送客出门，十分困倦，正要解衣休息，但看到李贺的诗句，立刻整衣，命人请进。第三则：元稹（779—831）作为州官，赋诗让属下相和，但从事周复以正装见元稹，称自己是因为长辈的关系进入仕途，诗赋都不在行，元稹认为他敢于说真话，要比能诗者更值得肯定。

评点

前二则很多人耳熟能详，后一则估计许多人不知道。人生在世，能碰到赏识自己的上级，是一大幸事！而比之赏识才干，真正赏识你的品德和为人的，就更为难得。前辈推荐、奖掖后辈，应该是理所当然之事。但其中有个道理：要看才学，更要看人品。有的后辈，受前辈肯定、提拔，却反噬一口，这样的人就太恶劣了！

潘炎夫人贤德

原文

【北宋】　王傥《唐语林·卷三》

潘炎，德宗时为翰林学士，恩渥极异。其妻刘氏，晏之女也。京尹某有故，伺候累日不得见，乃遗阍者三百缣。夫人知之，谓潘曰："岂有人臣，京尹愿一见，遗奴三百缣帛？其危可知也！"遽劝潘公避位。子孟阳，初为户部侍郎，夫人忧惕曰："以尔人材而在丞郎之位，吾惧祸之必至也。"户部解谕再三，乃曰："试会尔同列，吾观之。"因遍招深熟者。客至，夫人垂帘视之。既罢会，喜曰："皆尔之俦也，不足忧矣。末后惨绿少年，何人也？"答曰："补阙杜黄裳。"夫人曰："此人自别，是有名卿相。"

译述

潘炎在唐德宗时任翰林学士，极受德宗的信任荣宠。他的妻子刘氏是唐朝著名理财家刘晏的女儿。某位京兆尹有事拜访潘炎，等了好几天也没能见到，于是送给看门人三百匹缣（双股丝织成的细绢）。刘氏夫人知道后，对潘炎说："哪里有做臣子的，京兆尹想要拜访，还要送给看门人三百匹缣的？这个危险是可以预料的！"极力劝说潘炎辞职。潘炎的儿子潘孟阳刚担任户部侍郎时，刘氏夫人忧虑戒惧，对儿子说："以你的品德、才能，居于侍郎之位，我惧怕祸事一定要来到了。"儿子再三向她解释，她才说道："把你的同事请来让我看看。"于是潘孟阳就请同官中的关系亲厚者来家中。客人到来，夫人在帘子后面观察。欢会之后，夫人高兴地对儿子说："都是同你一样，我不担忧了。最后的那位绿衣少年是什么人？"回答是"杜黄裳，现为补阙"。夫人说："此人又有不同，将来会成为宰相。"

评点

这位刘氏夫人可谓贤德！她的丈夫得皇帝之宠，京城的长官来拜访，还要向看门人行贿，她马上发现其中的危险，劝告丈夫辞职。儿子当了大官，她担心其才能不够，直到观察到儿子的同事，她才对儿子的为官环境感到放心。这里提到的杜黄裳，后来果然在唐宪宗永贞元年（805）拜相。当上高官的人，其家人的贤不肖是很重要的。如刘氏这样，丈夫儿子能保身家平安；许多的高官夫人不是这样，她们会同别人攀比，觉得自己的丈夫或儿子带到家里的利益太少。遇到这样的夫人，其丈夫和儿子不贪才怪呢！中国古语有"妻贤夫祸少"的警句，今人已经不大知道了。

医者不忘其师

原文

【北宋】 范镇《东斋记事·卷一》

景祐元年，仁皇感疾，屡更翰林医不愈。李大长公主言许希者善针，遂召使针。三进针而愈，擢希尚药奉御，赐予甚厚。希谢恩舞蹈讫，又西向而拜。上遣人问之，对："谢其师扁鹊。"乃诏修扁鹊庙。是时，山东颜太初作诗美其不忘本，而刺讥士大夫都贵位、享厚禄，而不知尊孔子。

译述

景祐元年（1034），宋仁宗生病，多个翰林院医师都治不好，仁宗的姑姑推荐擅长针灸的许希给仁宗。许希为仁宗针灸，施针三次便治好了仁宗的病，仁宗提拔他任尚药奉御，赏赐丰厚。许希谢过皇恩，又向西而拜。仁宗不明所以，派人问过，才知他是谢其祖师扁鹊，于是仁宗下诏，令修扁鹊庙。颜回的四十六世孙颜太初当时为此作诗，赞扬许希不忘本，讽刺士大夫只知做大官、享厚禄，却不知尊崇孔子。

评点

许希可谓不忘本！受到赏赐，先谢祖师。而今之人忘本已甚，不说祖宗八代，就是父母、师长之恩，人一阔、脸就变，把他们忘在脑后了。

宋真宗厌恶奔竞

原文

【北宋】　王辟之《渑水燕谈录·卷一》

真宗尝谕宰臣一外补郎官，称其才行甚美，俟罢郡还朝，与除监司。及还，帝又语及之。执政拟奏，将以次日上之，晚归里第，其人来谒。明日，只以名荐奏，上默然不许。察所以，乃知已为伺察密报矣。终真宗朝，其人不复进用。真宗恶人奔竞如此。

译述

宋真宗曾对宰相提起，有一个外地的候补郎官，其才能品德都很出色，等到他在外郡候补期满还朝，可授给他监司一级的官职（监司，是宋代有监察州县之权的地方长官简称。转运使、转运副使、转运判官与提点刑狱、提举常平等官都有监察辖区官吏之责，统称监司）。等到此人回京，真宗又提起了他。宰相拟出奏章，准备次日上奏，晚上回到家中，那个人就来谒见。第二天，宰相将他的名字奏了上去，真宗却没有批准。检讨起来，才知道那人昨晚到宰相家中之事已经被监督人员密报给皇帝了。真宗一朝到最后也没有升这个人的官职。真宗的厌恶跑官到如此程度！

评点

宋真宗赵恒即位之初，任用李沆、吕端、张齐贤等人为相，勤于政事，分全国为十五路，各路转运使轮流进京述职，又减免五代十国以来的税赋，社会较为安定。他还完善官员选拔制度，颁布《文武七条》，告诫百官不得贪污。笔记中提到的事情，表明他极为厌恶官员奔竞（跑官要官）。这位郎官自己多事，皇帝已经决定升他的官，他却跑到宰相家中套近乎，引起真宗厌恶，最后一辈子也无法升官了。皇权时代，帝王一言九鼎，他说不用谁，这人当然没戏。

韩琦教办外事

原文

【北宋】 王辟之《渑水燕谈录·卷二》

治平中，夏国泛使至，将以十事闻于天子，未知其何事也。时太常少卿祝谘主馆伴，既受命，先见枢府，已而见丞相韩魏公。公曰："枢密何语？"谘曰："枢密云：'若使人言及十事，第云受命馆伴，不敢辄及边事。'"公笑曰："岂有止主饮食不及他语邪？"公乃徐料十事，以授祝曰："彼及某事则以某辞辩，言某事则以某辞折。"祝唯唯而退。及宴见使者，果及十事，凡八事正中公所料。祝如所教答之，夏人耸服。祝常以谓魏公真贤相，非他人可比也。

译述

治平年间（1064—1067），西夏国的使节来访，称将要同天子谈十件事，不知道是什么事情。当时太常少卿祝谘负责陪同来使，接受任务之后，先去见了负责军事的枢密使，之后去参见丞相韩琦（1008—1075）。韩琦问："枢密使说了些什么？"祝谘回答说："枢密使说：'如果使者谈到十件事，你就说自己的任务是陪伴使者，不好随便谈论边境之事。'"韩琦笑着说："岂可只谈饮食，不说其他呢？"于是韩琦讲了西夏使者可能要谈的十件事，告诉祝谘说："西夏使者如果谈这件事，你就这样回答；如果谈那件事，你可那样批驳他。"祝谘答应后告辞。待到宴请使者，对方果然谈到十件事，其中八件事正中韩琦的预料。祝谘按韩琦教给他的话回答，西夏使者极为佩服。祝谘常以此事为例。说韩琦是真正的贤相，非他人可比。

评点

办外交，尤其是带有对峙关系的国家外交，必当料敌机先，胸有成竹，而且越是不战之战，越是有效。比如笔记中所提到的，西夏使者要见宋朝皇帝谈十件事，如果下面的人全无准备，等到使者见皇帝时才提起，皇帝或者决定不当，或者说要同大臣商量，都会令对方小瞧。而像韩琦这样，料定对方会谈什么，陪同人员在酒席上就表明了态度，就会令对方感觉到手中已经无牌可打，己方就取得了主动。外交，不是斗狠、不是骂仗，需要大智慧。

四贤一不肖

原文

【北宋】 王辟之《渑水燕谈录·卷二》

景祐中，范文正公知开封府，忠亮谠直，言无回避。左右不便，因言公"离间大臣，自结朋党"。仍落天章阁待制，黜知饶州。余靖安道上疏论救，以朋党坐贬。尹洙师鲁言："靖与仲淹交浅，臣与仲淹义兼师友，当从坐。"贬监郢州税。欧阳永叔贻书责司谏高若讷不能辩其非辜，若讷大怒，缴其书，降授夷陵县令。永叔复与师鲁书云："五六十年来，此辈沈默畏慎布在世间，忽见吾辈作此事，下至灶间老婢亦为惊怪。"时蔡君谟为《四贤一不肖》诗，布在都下，人争传写，鬻书者市之，颇获厚利。虏使至，密市以还。张中庸奉使过幽州，馆中有书君谟诗在壁上。四贤：希文、安道、师鲁、永叔；一不肖，谓若讷也。

译述

宋仁宗景祐年间（1034—1038），范仲淹任开封府知府。他忠心爽直，说话直截了当，皇帝身边的大臣们不能忍受，说他"离间大臣，自结朋党"，把他贬为饶州知府。秘书丞余靖（1000—1064，字安道）上疏请求修改诏命，也被认为是朋党而贬官；太子中允尹洙（1001—1047，字师鲁）上疏，说自己和范仲淹是师友关系，愿一起降官贬黜，被贬为郢州税监；馆阁校勘欧阳修（字永叔）责备高若讷身为谏官，不能为范仲淹辩清无辜。高若讷大怒，把欧阳修的信交上朝廷，欧阳修以此被贬为夷陵县令。欧阳修写信给尹洙，信中说："五六十年里，这些人令世间布满沉默畏惧，忽然看我们做出此举，就连厨房里的老妈子也会震惊吧！"当时蔡襄（1012—1067，字君谟）作《四贤一不肖》诗，汴京都传遍了，人们争着传抄，书商卖这诗赚了不少钱。辽使来汴京，偷买了回去。后来有人出使路过幽州，驿馆的墙上还贴着这诗。四贤指范仲淹、余靖、尹洙、欧阳修，一不肖指高若讷。

评点

读此笔记，不能不为一千多年前欧阳修等人的正直与气魄所感动，他们明知站出来声援范仲淹会受到惩罚，但仍义无反顾。对比古贤，愧杀今天多少随波逐流者！读这则笔记，想起鲁迅的名言："中国一向就少有失败的英雄，少有韧性的反抗，少有敢单身鏖战的武人，少有敢抚哭叛徒的吊客；见胜兆则纷纷聚集，见败兆则纷纷逃亡。"宋朝不是个尚武的时代，但围绕范仲淹的被贬官，余靖、尹洙等人的义举是多么的勇敢！

王曾抑制求官者

原文

【北宋】 王辟之《渑水燕谈录·卷三》

王沂公当轴，以厚重镇天下，尤抑奔竞。张师德久次馆阁，博学有时望，而不事造请，最为鲁肃简公所知。一日，中书议除知制诰者，鲁盛称张才德，沂公以未识为辞。鲁密讽张见沂公，张辞不往。鲁屡讽之，张重违鲁意，始缘职事一往。沂公辞不见，张大悔恨。他日，中书复议，鲁无以易张，曰："向已为公言之矣。"沂公曰："张君器识行义足以为此，然尚有请谒耳。"逾年，方命掌诰。沂公之取人如此，故当时士大夫务以冲晦自养焉。

译述

王曾（978—1038，封沂国公）为相，以敦厚持重威镇天下，对请托投靠之事抑制尤烈。张师德在朝中任官已久，博学多识，很有声望，但他不屑于交游请托，中枢大员中只有鲁宗道（966—1029，谥肃简）最了解他。有一天中书省讨论知制诰这一职位的人选，鲁宗道盛赞张师德德才兼备，王曾却说不认识他，没有同意。鲁宗道因此暗示张师德应去拜访一下王曾，张推辞不去。鲁屡次催促，张师德却不过鲁宗道的意见，只好借请示公事去拜见王曾。王推托不见，令张师德大为悔恨。过了些日子，中书省又讨论知制诰人选，鲁宗道仍推荐张师德，说"我早就同你说过只有他合适"，王曾却说："他的才德行为足以担任此职，但他也有请托的行为。"过了一年，才任命张师德担任知制诰之职。王曾在用人方面这样严格，故此当时的士大夫都很注重清静无为，因循持重。

评点

这则笔记令人读后啼笑皆非。张师德的遭遇其实挺有代表性的。一些人其实并不愿意奔走于权贵之间为自己谋利益，但是经不住别人的启发规劝，加上本有才能却只能屈于下位，无奈之下只好走走路子。这样做有成功的可能，但如果碰上王曾这样的上司，可就麻烦了。世情之吊诡往往如此。上层看重持重守成，下边的人就容易因循旧例、不求进取，有为之人便难以出头；上头注重业绩，下面的人就容易躁进折腾、奔走投托，心术不正者便容易得势。王曾的时代属于前者，而浮躁的年代则每个人自有体会。

鲁宗道不撒谎

原文

【北宋】　欧阳修《归田录·卷一》

仁宗在东宫，鲁肃简公为谕德，其居在宋门外，俗谓之浴堂巷。有酒肆在其侧，号仁和，酒有名于京师，公往往易服微行，饮于其中。一日，真宗急召公，将有所问。使者及门而公不在，移时乃自仁和肆中饮归。中使遽先入白，乃与公约曰："上若怪公来迟，当托何事以对？幸先见教，冀不异同。"公曰："但以实告。"中使曰："然则当得罪。"公曰："饮酒人之常情，欺君臣子之大罪也。"中使嗟叹而去。真宗果问，使者具如公对。真宗问曰："何故私入酒家？"公谢曰："臣家贫无器皿，酒肆百物具备，宾至如归，适有乡里亲客自远来，遂与之饮。然臣既易服，市人亦无识臣者。"真宗笑曰："卿为宫臣，恐为御史所弹。"然自此奇公，以为忠实可大用，晚年每为章献明肃太后言群臣可大用者数人，公其一也。其后章献皆用之。

译述

仁宗还是太子的时候，鲁宗道（谥简肃）担任太子谕德，住在宋门外面，俗称浴堂巷。有酒肆在它的旁边，店号叫仁和，店里的酒在京师很出名，鲁宗道常常换下官服，在那里饮酒。一天宋真宗有急事召见鲁宗道，使者到他的住处，他却不在，过了一段时间才从仁和酒肆回来。使者急着赶回去报告真宗，问宗道说："皇上要是怪罪你来迟了，应该用什么理由回答？希望你先告诉我，以免我们说法不同。"宗道说："以实情告诉皇上。"使者说："这样的话要获罪的。"宗道说："喝酒乃人之常情，欺君乃臣子的大罪。"使者叹息着走了。真宗果然问为什么如此迟缓，使者同宗道的说法相同。真宗问宗道："为什么擅自去喝酒？"宗道说："我家中贫穷，没有酒器，酒馆里什么都有，客人来了就好像回到家里一样。我正好有家乡的亲戚从远方来，于是跟他们喝了点酒。不过我已经换下了官服，外面没有人认识我。"真宗说："你是太子宫里的官员，恐怕要被御史弹劾了！"从此以后真宗很看重宗道，认为他忠诚老实，堪可大用。真宗晚年经常对章献太后（仁宗嫡母）言说群臣中可重用的几个人，宗道也在其中。真宗去世后，章献太后辅政，这几个人都受到重用。

评点

鲁宗道，字贯之。亳州人。北宋著名谏臣。少年孤贫，举进士后历官至吏部侍郎、参知政事。鲁宗道为人正直敢言，贵戚、权臣对他都很畏惧，给他送了个"鱼头参政"的外号，一因"鲁"字上为"鱼"字：二因他骨头硬得好像鱼头一样。看此则笔记，一个清贫、正直、不说假话的臣子的形象跃然纸上。不撒谎是一个人的底线。看看我们周围，一些人说瞎话都不带眨眼的，更有多少骗子在虎视眈眈。

百里之镜

原文

【北宋】　欧阳修《归田录·卷二》

吕文穆公以宽厚为宰相，太宗尤所眷遇。有一朝士，家藏古鉴，自言能照二百里，欲因公弟献以求知。其弟伺间从容言之，公笑曰："吾面不过楪子大，安用照二百里？"其弟遂不复敢言。闻者叹服，以谓贤于李卫公远矣。盖寡好而不为物累者，昔贤之所难也。

译述

吕蒙正（946—1011，谥文穆）因为人宽厚，被任命为宰相，宋太宗赵光义尤其看重他。有一个朝中的官员家里收藏了一面古镜，自称可照二百里远。他打算通过吕蒙正的弟弟把镜子送给吕蒙正，以求得吕蒙正的提携。吕蒙正之弟在方便时同吕蒙正讲了这事，吕蒙正笑着说："我的脸不过盘子大小，哪里用得上照二百里的镜子？"他的弟弟再也不敢说什么了。旁人听说了这件事，都十分佩服，认为吕蒙正远比李靖（封为郭工）贤明。这是因为没有什么喜好，能不被外物所牵累，是从前的贤士也难以做到的。

评点

吕蒙正拒收古镜，表明其持身严谨，拒受贿赂。他三次登上相位，封为许国公，授太子太师，就是因其为人宽厚正直，对上以礼而敢言，对下宽容有雅量。相比吕蒙正，当今的一些官员，什么都敢要，什么都敢贪，真是有如细壤之与高山。吕蒙正说，人脸不过碟子大，哪用得上百里之镜？同理，人只睡一张床，哪用几十套房子或豪华别墅？人一日三餐，何必餐餐山珍海味？人生不过百，何用亿万元作为后备？人之贪念，不可稍有，有则日渐膨胀，最后是葬送自己。

范仲淹与吕夷简和解

原文

【北宋】　苏辙《龙川别志·卷上》

范文正公笃于忠亮，虽喜功名，而不为朋党。早岁排吕许公，勇于立事，其徒因之，矫厉过直，公亦不喜也。自越州还朝，出镇西事，恐许公不为之地，无以成功，乃为书自咎，解雠而去。其后以参知政事安抚陕西，许公既老居郑，相遇于途。文正身历中书，知事之难，惟有过悔之语，于是许公欣然相与语终日。许公问何为亟去朝廷，文正言欲经制西事耳。许公曰："经制西事，莫如在朝廷之便。"文正为之愕然。故欧阳公为《文正神道碑》，言二公晚年欢然相得，由此故也。后生不知，皆咎欧阳公。

译述

范仲淹（谥文正）为官忠诚正直，虽喜好功名，却不结党营私。他年轻的时候批评吕夷简（封许国公），勇于担当，他的学生和崇拜者因之更加对吕施以攻讦，范仲淹不以为然。范仲淹从越州回朝任职，又出镇西边，担心吕夷简为难他，无法成功，于是给吕写信，作了自我批评，双方和好而去。后来范仲淹以参知政事（副宰相）之职安抚陕西，吕夷简则到郑州养老，二人在途中相遇。范仲淹做宰相后才体会到做事之难，对过去抨击吕夷简很感后悔，吕夷简高兴地同范仲淹聊了一整天。吕问范为什么急于离开朝廷，范仲淹说是要经理节制西边的战事，吕说："处理同西夏的关系，在朝廷中才最便利啊！"范仲淹听了，很感意外。范仲淹故去后，欧阳修为之书写神道碑，说二人晚年相处融洽，就是由此而来。后人不了解此事，还去怪罪欧阳修。

评点

看电视剧，对范仲淹与吕夷简之争印象深刻。读此则笔记，是可叹可笑。可叹的是，范仲淹当初不理解吕夷简，等自己做了宰相，才知为政之难，因此同吕和解。古语云，事非经过不知难。信哉！可笑的是，吕范之争，纯为公义，但二人的追随者和政敌却将二人理解为朋党之争，以至于向对方攻击起来对人不对事。人与人之间，真正的理解，太难！

吕蒙正不喜记人过

原文

【北宋】 司马光《涑水记闻·卷二》

吕蒙正相公不喜记人过。初参知政事，入朝堂，有朝士于帘内指之曰："是小子亦参政邪？"蒙正佯为不闻而过之。其同列怒之，令诘其官位姓名，蒙正遽止之。罢朝，同列犹不能平，悔不穷问，蒙正曰："若一知其姓名，则终身不能复忘，固不如毋知也。且不问之，何损？"时皆服其量。

译述

吕蒙正素来不喜欢记住别人的过失。他刚当上副宰相的时候，进入朝堂，有一个朝中的官员在帘子内指着他说："这小子也当上了宰相？"他假装听不见，走了过去。他的同僚很生气，要追问那人的官位姓名，被他制止。罢朝之后，同僚仍不能平息怒火，后悔没有查问。吕蒙正说："知道了那个人的姓名，就终身不能忘记，还不如不知道。何况不理他，对我也没什么损失。"当时的人都佩服他的雅量。

评点

读此段记载，你不能不佩服吕蒙正的雅量！古往今来，多少人都是睚眦必报，别人对他的一点不尊重，他便会记恨一辈子，必要以后找回来。见多了记人细过，甚至是对他人无心之失斤斤计较的人。有的人总是会觉得人家跟自己过不去，因此时刻留心于人家对他如何如何，总想着时刻加以报复，这样的人生不可能快乐。这样的人，与吕蒙正相对，岂不是要愧死！

王旦荐寇准

原文

【北宋】 司马光《涑水记闻·卷五》

王旦太尉荐寇莱公为相。莱公数短太尉于上前，而太尉专称其长。上一日谓太尉曰："卿虽称其美，彼专谈卿恶。"太尉曰："理固当然。臣在相位久，政事阙失必多。准对陛下无所隐，益见其忠直，此臣所以重准也。"上由是益贤太尉。

译述

太尉王旦推荐寇准（961—1023，封莱国公）担任宰相。寇准经常在宋真宗面前说王旦的缺点，而王旦在皇帝面前只说寇准的长处。一天，真宗对王旦说："你虽然总称赞寇准的优点，他却总说你的缺点。"王旦回答："道理上固然如此。我担任宰相时间久，政事方面缺失一定很多。寇准对陛下无所隐瞒，更说明他的忠直，这就是我看重寇准的原因。"真宗此后更加认为王旦贤德。

评点

寇准固然有才能，但修养上不够讲究，包括他极为奢侈的生活。但王旦作为他的前辈，能包容他，并一力举荐他，确实有胸怀、有眼光。王旦为相时间很长，举荐了许多厚重之士，仅看他对待寇准，就证明他确是有德之人。寇准这人，怎么说呢？私德还是差一些。王旦一力举荐他，他却总在真宗面前说王旦的不是，记载中用了"短"字，显然不是拿得上台面的正事，但王旦却以自己执政日久、过错肯定多的话包容他。王旦可称君子！

李及不阿权贵

原文

【北宋】　司马光《涑水记闻·卷十》

章献太后临朝，内侍省都知江德元权倾天下。其弟德明奉使过杭州，时李及知杭州，待之一如常时中人奉使者，无所益。僚佐皆曰："江使者之兄居中用事，当今无比，荣枯大臣如反掌耳，而使者精锐，复不在人下，明公待之，礼无加者。意者，明公虽不求福，独不畏其为祸乎？"及曰："及待江使者不敢慢，亦不敢过，如是足矣，又何加焉？"既而德明谓及僚佐曰："李公高年，仍不求一小郡以自处，而久居余杭繁剧之地，岂能办邪？"僚佐走告及曰："果然，江使者之言甚可惧也。"及笑曰："及老矣，诚得小郡以自逸，庸何伤？"待之如前，一无所加，既而德明亦不能伤也。时人服其操守。

译述

仁宗时候，章献太后垂帘听政，内廷宦官江德元权倾天下。他的弟弟江德明出使路过杭州，知州李及按以往接待宦官的标准接待，没有升格。他的僚佐对他说："江使者的哥哥在内廷掌握大权，势力无人可比，提升或黜退官员易如反掌。使者本人的影响也不在人下。长官接待他没有特别优待，您虽不想求福，难道不怕他为祸吗？"李及说："我接待江使者不敢怠慢，亦不敢过分，如此就可以了，还要怎样？"江德明对李及的僚佐们说："李公年纪大了，不去求一个小地方任职养老，还在杭州这样的繁忙之地为官，能胜任吗？"僚佐们赶去报告李及："这个江使者的话太可怕了！"李及不以为意地说："我老了，真去一个小地方任职也挺好啊！"还是同以前一样对待江德明，最终江德明也没敢把李及怎么样。当时的人都很佩服李及的操守。

评点

古往今来，接待工作都大有讲究。高官出行也就罢了，其身边人出外，地方上也要加意接待，惟恐哪里有不周，伤及自己头上的乌纱帽。这方面，李及的操守令人赞佩。另一方面，接待，古今都是有大文章可做之事，得三昧者可升官发财，失机巧者多默默以终，如李及者，可谓不卑不亢。而今的接待，与古时又不同，既有在帝都接待地方大员，又有在地方接待殿堂要人，更不乏拉大旗做虎皮的宵小之人登堂入室，如何接待、如何拿捏到位，真的是考验当事者的智商情商。

张齐贤遣奴

原文

【北宋】　魏泰《东轩笔录·卷二》

文定公齐贤以右拾遗为江南转运使，一日家宴，一奴窃银器数事于怀中，文定自帘下熟视不问。尔后文定三为宰相，门下厮役往往皆得班行，而此奴竟不沾禄。奴乘间再拜而告曰："某事相公最久，凡后于某者皆得官矣，相公独遗某，何也？"因泣下不止。文定悯然语曰："我欲不言，尔乃怨我。尔忆江南宴日盗某银器数事乎？我怀之三十年不以告人，虽尔亦不知也。吾备位宰相，进退多官，志在激浊扬清，安敢以盗贼荐耶？念汝事我久，今予钱三百千，汝其去吾门下，自择所安。盖吾既发汝平昔之事，汝宜有愧于吾，而不可复留也。"奴震骇，泣拜而去。

译述

张齐贤（谥文定）从右拾遗任上转任江南转运使，一天家宴时，一个家奴偷了几件银器，被张发现，但没有揭穿他。后来张齐贤三次做宰相，家中仆人不少都当了官，唯有此人例外。他找了个机会两次下拜，问道："我跟随相公时间最久，比我晚来的都得了官，相公单独漏下我，是何原因？"哭得很悲伤。张齐贤可怜他，对他说："我本不想说，你却怨我。你记得江南家宴时你偷了我几件银器的事情吗？我装在心里三十年，没有告诉别人，就是你自己都不知道。我作为宰相，进退官员，为的是激浊扬清，不可能推荐一个盗贼。念在你跟随我日久，如今我给你钱三百贯，你离开我的家自己谋生吧。今天我已说出你偷东西的事，你应该心中有愧，也不可能再在这里做事了。"那个家奴很震惊，哭着拜谢离开了。

评点

张齐贤待人可谓厚道！如果这人不向他要官，这个事可能也就这样了。但人心不足，那小偷见别人得官，忍不住求禄之心，结果连宰相家人的差使也丢了。古语说"人在做天在看"，其实人未必看不见，只在早说与迟说而已。这奴才甚不自知！既做富家奴，复思求禄位，最后难免受辱，即使当奴才亦不可得。这世上就有这样的人，总觉得自己作恶无人知，想着把天底下的好事要多占一些，然而即使得逞于一时，难免被秋后拉清单，不见那么多老虎苍蝇成阶下囚乎？

范仲淹退炼金方

原文

【北宋】　魏泰《东轩笔录·卷三》

范文正公仲淹少贫悴，依睢阳朱氏家，常与一术者游。会术者病笃，使人呼文正而告曰："吾善炼水银为白金，吾儿幼，不足以付，今以付子。"即以其方与所成白金一斤封志，内文正怀中。文正方辞避，而术者气已绝。后十余年，文正为谏官，术者之子长，呼而告之曰："而父有神术，昔之死也，以汝尚幼，故俾我收之。今汝成立，当以还汝。"出其方并白金授之，封识宛然。

译述

范仲淹（谥文正）少年时贫穷，住在睢阳朱姓人家中，常与一名术士交往。后术士病重，让人找来范仲淹，对他说："我能把水银炼成白金，我的孩子小，不能把方子交给他，现在给你。"随即把方子和按此方炼成的一斤白金包好了，放入范仲淹的怀里。范仲淹正要推辞，术士已气绝。十几年后，范仲淹担任谏官，术士的孩子长大，他将其找来，告诉他："你的父亲有神术，从前死的时候因为你年幼，故此让我保管。今天你已长大，应当交还给你。"拿出方子和白金，交给术士之子，那上面的封条标志还在。

评点

范仲淹可谓光明磊落！穷困时得到炼金方，心志不动，十几年后完璧归还。古往今来，能如此的人几稀！范仲淹之可贵，不仅在于他贫寒时不贪，还在于他做官后也不贪。有人做过研究，说贪腐者多生于贫寒之家，这在一方面可以理解：他穷怕了，一旦有条件，就要疯狂地敛钱，以维持一个安全感。范仲淹少时极贫穷，但却极清廉，可知人保持一颗安于平淡的心有多重要。

营妓比海棠绝句

原文

【北宋】　何薳《春渚纪闻·卷六》

先生在黄日，每有燕集，醉墨淋漓，不惜与人。至于营妓供侍，扇书带画，亦时有之。有李琪者小慧，而颇知书札，坡亦每顾之喜，终未尝获公之赐。至公移汝郡，将祖行，酒酣奉觞再拜，取领巾乞书。公顾视久之，令琪磨砚。墨浓，取笔大书云："东坡七岁黄州住，何事无言及李琪？"即掷笔袖手，与客笑谈。坐客相谓："语似凡易，又不终篇，何也？"至将彻具，琪复拜请。坡大笑曰："几忘出场。"继书云："恰似西川杜工部，海棠虽好不留诗。"一座击节，尽醉而散。

译述

苏东坡在黄州时，每当饮酒聚会，常于醉后为人写字画画，哪怕是营妓侍者，也常为之在扇子上写字、披巾上做画。有个叫李琪的营妓，很聪明，也喜欢书法，东坡每次见到她都很欣赏，却始终没有为她写字作画。后来苏东坡将转至汝郡任职，为他饯行时，李琪在酒酣之时向东坡敬酒，并拿下颈间披巾，求东坡留书。苏东坡观察李琪挺长时间，之后命她磨墨，墨浓之后，提笔写了两行大字："东坡七岁黄州住，何事无言及李琪。"之后扔下笔，抄手与其他客人谈笑去了。在座的人都很奇怪：这两句很平常啊，又不写完，为什么呢？酒宴快结束时，李琪又拜求，苏东坡大笑着说："差点忘了出场！"

又写道："恰似西川杜工部，海棠虽好不留诗。"在座的人大赞，大家尽欢而散。

评点

最喜欢苏东坡的，是他的真，不道学。看他给营妓作的诗，开头两句说，我在黄州待了七年，为何没有谈到李琪呢？后两句又说李琪的美就像海棠一样，杜甫在四川时，也没有为海棠赋诗。诗中称营妓比海棠还美，古今有几人能做到？东坡潇洒！与他相比，那些自命不凡的假道学多么渺小！

馈药染翰

原文

【北宋】 何薳《春渚纪闻·卷六》

先生自海外还至赣上，寓居水南，日过郡城，携一药囊，遇有疾者必为发药，并疏方示之。每至寺观，好事者及僧道之流有欲得公墨妙者，必预探公行游之所，多设佳纸，于纸尾书记名氏，堆积案间，拱立以俟。公见即笑视，略无所问，纵笔挥染，随纸付人。至日暮笔倦，或案纸尚多，即笑语之曰："日暮矣，恐小书不能竟纸，或欲斋名及佛偈，幸见语也。"及归，人人厌满，忻跃而散。

译述

苏轼从海南回至内地，到了赣州，住在赣水之南，每次路过郡城，总要带一个药囊，遇见有病的人就给他发药，并开药方给他。每到寺观，好事者及僧人道士们，凡是想得到苏轼字画的，必定预先就打听好了他的行程，在他将去的寺观准备下很多好纸，并在纸的下面写上自己名字，堆积在案子上，恭敬地等候。苏轼见面一笑，也不详细询问，提笔挥洒，写字作画，将作品按上面的名字送人。到天黑了，或写累了而案上的纸还有很多，就笑着说："天晚了，恐怕写不完这么多，可以把你们的书斋名或者佛偈告诉我，如此可以快一点。"到东坡回去的时候，人人都有收获，高兴地散去。

评点

这篇笔记读罢，一个乐观豁达、与人为善的东坡先生的形象跃然纸上。苏东坡从海南赦还已是六十五岁的老人了，此时的他，经历了太多，看穿了世情，更加豁达大度，不仅自身发光，而且心中有光，始终散发着善良的光辉，他的赠药送字之举，不仅温暖着他人，也温暖着世界。古往今来，复有此第一等风流人物否？

种放奏"十议"书

原文

【北宋】 文莹《湘山野录·卷上》

真宗初，诏种隐君放至阙，以敷对称旨。日既高，中人送中书膳，诸相皆盛服俟其来，种隐君韦布，止长揖而已。杨大年闻之颇不平，以诗嘲曰："不把一言裨万乘，只又双手揖三公。"上闻之，独召杨曰："知卿有诗戏种某。"杨汗浃股栗，不敢匿避。又曰："卿安知无一言裨朕乎？"出一皂囊，内有十轴，乃放所奏之书也。其书曰《十议》，所谓《议道》《议德》《议仁》《议义》《议兵》《议刑》《议政》《议赋》《议安》《议危》。石守道《圣政录》有之，俾大年观之。从容奏曰："臣当翊日负荆谢之。"

译述

宋真宗即位之初，召隐士种放（955—1055）进京面君，种放应对很合真宗心意。中午时候，太监送他到中书省用餐。诸宰相都穿着朝服等着他来，种放到后，穿着隐居时的布衣，只向大家一揖为礼。杨亿（974—1020，字大年）听说此事，颇为不平，作诗嘲讽种放"不把一言裨万乘，只又双手揖三公"。真宗听说，单独召见杨亿，说："听说你有诗嘲弄种放？"杨亿汗流浃背，双腿打颤，只好承认。真宗又说："你怎么知道他无一言有益于我呢？"之后拿出一个黑布包袱，内有十个卷轴，乃是种放所上奏的文书，共十议。石介（字守道)《圣政录》中记载了种放的言论,真宗给杨亿看了。杨亿看过后,郑重地表示:"我明日便向种放负荆请罪!"

评点

种放是著名的隐士,是有真才实学的,对真宗影响颇大。真宗对他也颇为重用,先是任命为左司谏,后又晋为给事中、工部侍郎。但他屡隐屡仕、又以俸禄买田,颇受非议。北宋名将、《水浒传》中提到的老种经略、小种经略便是他的孙子种谔和曾孙种师道。杨亿是著名诗人,也是位正直之人,但在种放这件事上,杨亿有些主观了,他不知种放对皇帝说了什么,就嘲笑人家没有一句话帮到皇上,宜乎被打脸、要负荆请罪了。

李建勋罢相游东山

原文

【北宋】 文莹《湘山野录·卷上》

李建勋罢相江南,出镇豫章。一日,与宾僚游东山,各事宽履轻衫,携酒肴,引步于渔溪樵坞间,遇佳处则饮。忽平田间一茅舍有儿童诵书声,相君携策就之,乃一老叟教数村童。叟惊悚离席,改容趋谢,而翔雅有体,气调潇洒。丞相爱之,遂觞于其庐,置之客右,叟亦不敢辄谈。李以晚渴,连食数梨。宾僚有曰:"此不宜多食,号为五脏刀斧。"叟窃笑。丞相曰:"先生之哂,必有异闻。"叟谢曰:"小子愚贱,偶失容于钧重,然实无所闻。"李坚质之,仍胁以巨觥,曰:"无说则沃之。"叟不得已,问说者曰:"敢问'刀斧'之说有稽乎?"曰:"举世尽云,必有其稽。"叟曰:"见《鹖冠子》。所谓五脏刀斧者,非所食之梨,乃离别之'离'尔。盖言人之别离,戕伐胸怀,甚若刀斧。"遂就架取一小策,振拂以呈丞相,乃《鹖冠子》也。检之,如其说,李特加重。

译述

南唐宰相李建勋(872—952)罢相后,为豫章(今南昌)太守,一天,与下属游东山,发现田间一柳舍传出儿童读书声,便走过去,见是一老者在教几个孩童。老者见来了客人,起身迎入,举止娴雅有致、气度潇洒,李丞相很高兴,就在老者家中饮酒,请老者坐在他的身边。老者见都是贵客,言谈便不多。李丞相因行路口渴,连吃了几个梨,一个幕僚说:"这东西号称五脏刀斧,不宜多吃。"老者听了暗自发笑。丞相说:"先生发笑,必有不同说法。"老者推辞说:"在下愚鲁,偶然在贵客前不够持重,没有听说过什么。"丞相不信,又以大酒杯威胁他,说:"没有说法就喝了此酒。"老者无奈,问那个幕僚:"敢问'刀斧'之说有出处吗?"那人回答:"大家都这么说,必定有出处。"老者说:"见于《鹖冠子》的所谓的'五脏刀斧',不是吃的梨,而是离别的离,大概是说人的别离,伤害胸怀比刀斧还厉害。"老者顺手从书架上拿下一卷竹简,打开后给丞相看,正是《鹖冠子》一书,内容正如老者所说。丞相因此对老者更加敬重。

评点

所谓"野有遗贤"，此笔记为好证。一个乡村塾师的见识，能令丞相幕僚乃至丞相自愧不如，确是不易！这也告诉我们，不了解的事情不要强开口，以免误人，兼且自误。说话论事，最忌人云亦云，没有自己的见解。很多人讲起话来滔滔不绝，却都是重复他人之见；也有人善于凑趣，所谓捧臭脚。这样的人可以得意于一时，但终将被唾弃。所以与人交流，不在多话，在于胸中自有丘壑。

吕蒙正荫子不予高官

原文

【北宋】 文莹《玉壶清话·卷三》

吕中令蒙正，国朝三入中书，惟公与赵韩王尔，未尝以姻戚徼宠泽。子从简当奏补，时公为揆门相，旧制，宰相奏子，起家即授水部员外郎，加朝阶。公奏曰："臣昔忝甲科及第，释褐止授九品京官。况天下才能老于岩穴，不能沾寸禄者无限。今臣男从简始离襁褓，一物不知，膺此宠命，恐罹阴谴。止乞以臣释褐日所授官补之。"固让方允，止授九品京官，自尔为制。

译述

吕蒙正曾三次为相，宋朝有此荣宠的，唯有他与赵普（封韩王）二人。他从不因为与皇上是姻亲而为自己邀宠。他的儿子吕从简以父荫应补官，当时吕蒙正任宰相，按制度，宰相荫子，起步就授官水部员外郎，为六品朝官。吕蒙正上奏说："我昔日以甲科及第，也只能授九品京官。何况天下有才能的人不能得到官职，最终老死家中的不知有多少。而今我的儿子从简刚脱离襁褓，什么都不懂，就受到如此的恩宠，我怕遭受阴间的谴责，希望只以我当初入仕时所受的官职补给他。"他推辞多次，才得皇上允许，止授从简为九品京官。自此成为定例。

评点

近些年常听到的一句话，是"不能输在起跑线上"。看宋朝惯例，宰相的儿子幼时就是六品朝官了，这才是真正地赢在了起跑线上。吕蒙正此举固然是高风亮节，但封建时代，有什么样的老子，那是绝对不一样的。老话说"宰相家人七品官"，是说威势，吕蒙正襁褓中的儿子，可是准备实封六品京官的！宰相之家，别人哪里比得了！

谢泌避掷毙之患

原文

【北宋】　文莹《玉壶清话·卷四》

谢史馆泌，解国学举人，黜落甚众，群言沸摇，怀甓以伺其出。公知，潜由他途投史馆避宿数日。太宗闻之，笑谓左右曰："泌职在考校，岂敢滥收？小人不自揣分，反怨主司，然固须避防。"又问曰："何官职骑导雄伟，都人敛避？"左右奏曰："惟台省知杂，呵拥难近。"遂授知杂，以避掷甓之患。

译述

谢泌（950—1012）以中书值史馆，负责国学举人考试，判不及格的甚多，那些人群起闹事，揣着砖头在国子监门外等谢泌出来。谢泌知道后，暗地从另一条道路跑到国史馆，躲在其中数日。宋太宗听说后，笑着对身边的人说："谢泌的职责就是考核他们，怎敢滥收？这些人不反省自己，却来抱怨主考官！不过谢泌还是应该避一避。"又问左右："哪个官职出行时引马开道的仪仗更雄壮，闲杂之人须退避？"左右大臣回答："唯有御史台知杂一职护卫雄伟，闲杂人难以靠近。"于是宋太宗就授予谢泌御史台知杂一职，以免其被扔砖头之患。

评点

谢泌，字宗源，歙（今安徽歙县）人，是谢安的后代。他做官期间曾多次向皇帝进言上疏，议事毫无隐讳，尽显一片忠君报国之心。就是这样一个秉公行事的人，也难免被扔砖头之危，还得皇帝给一个出行必须前呼后拥的官职才行，看来谁都怕群情激愤啊！太学生，在当时算高级知识分子，依今天的标准，也得算精英，然而考试成绩不好，便揣着砖头、要袭击主考官，古今一体，真关涉到自己便急眼啊！这方面，宋太宗还算宽宏大量，只给谢泌增加护卫，而没有处罚那些闹事的国子监学生。

吕夷简镇定

原文

【南宋】 邵伯温《邵氏闻见录·卷第八》

至和间，仁宗不豫，一日少间，思见宰执。执政闻召亟往。吕文靖为相，使者相望于路，促其行，公按辔益缓。至禁中，诸执政已见上。上体未平，待公久，稍倦，不乐曰："病中思见卿，何缓也？"文靖徐曰："陛下不豫，久不视朝，外议颇异。臣待罪宰相，正昼自通衢驰马入内未便。"帝闻其言，咨叹久之，诸公始有愧色。

译述

宋仁宗至和年间（1054—1056），龙体欠安，一天病体稍好，想要见见执政大臣。大臣们听说皇上召见，立刻赶去。吕夷简（谥文靖）为宰相，使者一个接一个，催他赶快去见仁宗。吕夷简却勒紧马缰绳，走得更加慢了。到了皇宫，诸位大臣已见过仁宗。仁宗病还没好，等的时间长了，有些疲倦，不高兴地对吕夷简说："我在病中，想要见你，为何来得这么慢？"吕夷简沉稳地说："陛下身体不好，很久没有上朝，外面有怪异的议论。我担任宰相之职，大白天的在大街上快马赶来皇宫，不大稳便。"仁宗听了他的话，叹息了很长时间，其他大臣都面有愧色。

评点

古人有"每临大事有静气"的说法，是说真正有大作为的人，在面临大事的时候都很镇静。吕夷简正是如此。仁宗有病，久不上朝，如果吕夷简闻召，急忙八火地赶往宫内，就会给外界形成"皇上出大事了"的印象，造成混乱，所以此刻更不能急。人生在世，碰到什么事情，不慌张不恐惧很重要！有话说，天下本无事，庸人自扰之。尤其是如果形成群体性紧张、群体性恐惧，那麻烦就更大了。这样的事情我们身边并不少见。

张孝基仁厚

原文

【南宋】 方勺《泊宅编·卷六》

许昌士人张孝基娶同里富人女。富人只一子，不肖，斥逐之。富人病且死，尽以家财付孝基，与治后事如礼。久之，其子匄于途，孝基见之，恻然谓曰："汝能灌园乎？"答曰："如得灌园以就食，何幸！"孝基使灌园，其子稍自力。孝基怪之，复谓曰："汝能管库乎？"答曰："得灌园已出望外，况管库乎？又何幸也。"孝基使管库。其子颇驯谨，无他过。孝基徐察之，知其能自新，不复有故态，遂以其父所委财产归之。其子自此治家励操，为乡间善士。

译述

许昌有个士人叫张孝基，娶了同乡富人的女儿。富人有个儿子，品行不正，被驱逐出家门。富人生病快要死了，把家产全部交给孝基，孝基按礼数为富人办了后事。过了许久，富人之子沦落到讨饭的地步，孝基见了很难过，问他道："你会浇灌园圃吗？"富人之子答道："如果让我灌园而有饭吃，是我的幸运。"孝基便叫他去灌园，富人之子做得挺努力。孝基有点奇怪，又问道："你能管理仓库么？"答道："让我灌园，已出乎我的希望，何况管理仓库呢？我是多么幸运啊！"孝基就叫他管理仓库。富人的儿子很顺从、谨慎，没犯什么过错。孝基长期观察他，知道他能改过自新，不会像以前那样，于是将他父亲交给自己的财产都还给他了。富人之子从此砥砺节操，持家有道，成为乡间贤士。

评点

这是一个令人感动的故事。张孝基见岳父家的不肖之子讨饭于路，心生不忍，便给他一个干活吃饭的机会，又观察其表现、考察其能力，知道他已改正错误，就把岳父家产还给他。其作为可为今人借鉴。而今多见兄弟姐妹争产打得不可开交、闹上法庭，比较起来，张孝基之举真是大善！不过做仁人，也要得法。如果对方是个败家子，你送他家产，等于让他败光。张孝基的方法好，先用小事考验其心性、态度，逐步压担子，肯定他完全改好，才把家产交给他。

宋仁宗奖励言官

原文

【南宋】 叶梦得《石林燕语·卷一》

张伯玉，皇祐间为侍御史，时陈恭公当国。伯玉首言天下未治，未得真相故也，由是忤恭公。仁宗时眷恭公厚，不得已出伯玉知太平州，然亦惜其去，密使小黄门谕旨劳之，曰："闻卿贫，无虑，朕当为卿治装。"翌日，中旨三司赐钱五万，恭公犹执以为无例。上曰："吾业已许之矣。"卒赐之。祖宗爱惜财用如此，又见所以奖励言官之意也。

译述

宋仁宗皇祐年间（1049—1054），张伯玉（1003—约1068）任侍御史（谏官）。当时陈执中（谥恭）任宰相，张伯玉首先说天下未能大治是由于没有好宰相的缘故，因此触怒陈执中。宋仁宗当时很爱重陈执中，不得已之下，只好让张伯玉出京，任太平州（今安徽当涂）知府。但又很惋惜他的离开，因而秘密派遣宦官持旨意慰劳他，说："听说你很穷，但你不用担忧，朕为你准备路费。"第二天，皇上下旨，令三司赐钱五万给张伯玉。陈执中不同意，认为无此先例，仁宗说："我已经答应他了。"最终还是赐给了他。前代皇帝如此爱惜财物，也能看出这是用来奖励言官的用意。

评点

张伯玉说天下未治是由于宰相不得力，这当然令宰相陈执
中不高兴，何况这宰相圣眷正隆。但宋仁宗很有意思，他把张
伯玉贬官外放，却又赐他五万钱，称这是路费，其用意还是保
护言官，鼓励官员大胆谏诤。宋朝的皇帝在保护文臣方面，做
得还是不错的，尤其是对御史这类言官，可说是照顾备至，究
其原因，是要靠他们纠弹大臣。

宋太宗用寇准

原文

【南宋】　叶梦得《石林燕语·卷四》

寇莱公性豪侈，所临镇燕会，常至三十酹。必盛张
乐，尤喜《柘枝舞》，用二十四人，每舞连数酹方毕。
或谓之"柘枝颠"。始罢枢密副使，知青州，太宗眷之
未衰，数问左右："寇准在青州乐否？"如是一再。有揣
帝意欲复用者，即曰："陛下思准不少忘，闻准日置酒纵
饮，未知亦思陛下否？"上虽少解，然明年卒召为参知政
事。祖宗用人之果，不使细故谗人得乘间如此。

译述

寇准性喜豪华奢侈，所到各地举办宴会，常喝三十杯酒。
每逢宴会，一定大办乐舞，尤其喜欢《柘枝舞》，用二十四人

跳舞，每次起舞都要行酒数巡才结束，有人称为"柘技颠"。
当初寇准被免去枢密副使的职务，出任青州知州，宋太宗对他
的好感不减，几次问左右官员："寇准在青州过得好吗？"这
样的事情多了，有人揣知太宗的意思是要再次重用寇准，就回
答说："陛下思念寇准，从不忘怀，听说寇准每天置酒痛饮，
不知他想不想陛下？"太宗虽然不再总问起寇准，却终于在次
年召回寇准，并任命他为副宰相。太宗用人十分果断，不因小
事而让进谗言的人得逞。

评点

寇准是宋初名臣，然而也算遇上了赏识他的宋太宗，换
一个人，他那喜奢侈的习性就要坏他的禄路。寇准曾三次拜
相，赐爵莱国公，故世称寇莱公。寇准为人正直敢言，被排斥
出京，太宗不听谗言，很快召回他，并任命他为宰相，他建言
太宗立赵恒为太子，避免了政局动荡。身为人主，用人不疑很
重要。

神宗礼遇王安石

原文

【南宋】 叶梦得《石林燕语·卷七》

神宗初即位，犹未见群臣，王乐道、韩持国维等以宫
僚先入，慰于殿西廊。既退，独留维，问王安石今在甚

处？维对在金陵。上曰："朕召之肯来乎？"维言："安石盖有志经世，非甘老于山林者。若陛下以礼致之，安得不来？"上曰："卿可先作书与安石，道朕此意，行即召矣。"维曰："若是，则安石必不来。"上问何故，曰："安石平日每欲以道进退，若陛下始欲用之，而先使人以私书道意，安肯遽就？然安石子雱见在京师，数来臣家，臣当自以陛下意语之，彼必能达。"上曰："善。"于是荆公始知上待遇眷属之意。

译述

神宗刚继位，还没接见群臣，王陶（1020—1080，字乐道）、韩维（1017—1098，字持国）等因为是礼官，先进宫，神宗在殿西廊接见。诸人退下，神宗单独留下韩维，问他王安石现在哪里。韩维答在金陵。神宗问："我如果召见，他会来吗？"韩维说："王安石的志向在于经世致用，不是甘心终老于山林之人。陛下以礼召见，他怎会不来？"神宗说："你可先给王安石写封信，说明我的意思，我马上就召他来京。"韩维说："如此他必定不来。"神宗问是何缘故，韩维说："王安石平时最看重进退都合于礼道。如果陛下打算用他，却先让别人以私信说出来，他怎么肯轻易答应？不过王安石的儿子王雱现在京城，且来过我家几次，我可以把陛下的意思告诉他，他一定会转告其父。"神宗称善。由此王安石才知道神宗对他的另眼相看之意。

评点

神宗求贤若渴啊！打算重用王安石，还怕他不接受，想让韩维先探探路，却显得有些不合礼节。韩维在这方面把握得挺好！上位之人，更要照顾到下面人的自尊。这个笔记说明了两件事，一是用人要符合规矩；二是进步要走正道。宋神宗要重用王安石，就应公开任命，让大臣私下传话就不够正式。王安石呢，他固然渴望权力，但授受不以礼制，也是不肯俯就的。这个道理，古今是相通的。

赵清献论国事不徇私

原文

【南宋】 叶梦得《石林燕语·卷七》

赵清献为御史，力攻陈恭公，范蜀公知谏院，独救之。清献遂并劾蜀公党宰相，怀其私恩；蜀公复论御史以阴事诬人，是妄加人以死罪，请下诏斩之，以示天下。熙宁初，蜀公以时论不合求致仕，或欲遂谪之，清献不从。或曰："彼不尝欲斩公者耶？"清献曰："吾方论国事，何暇恤私怨。"方蜀公辩恭公时，世固不以为过，至清献之言，闻者尤叹服云。

译述

赵抃（1008—1084，谥清献）担任御史时，一味攻击陈执中（谥恭）。范镇（1007—1088，封蜀郡公）知谏院，为陈执中辩白，赵抃于是一并弹劾范镇，说他与宰相结党，是要报陈执中对他的私恩。范镇又上表，称赵抃以秘密之事诬告他人，意图陷人于死罪，请皇帝下诏处死赵抃，以昭告天下。宋神宗熙宁初年，范镇因为评论时事不当，自求致仕，有人想就此免他的官，赵清献不同意。有人跟他说："当年范镇可是想要杀你啊！"赵抃说："我在讨论的是国事，哪里顾得上私怨呢？"当年范镇为陈执中辩护，世人固然不认为他有错；而今赵抃的话，听说的人尤为叹服。

评点

做大官的，议论国事，褒贬同列，不夹杂私怨，应该是基本要求，然而颇难做到。范镇为陈执中辩护、赵抃不同意贬范镇官职，当为典范。陈执中是仁宗时名相，深受仁宗眷顾，即使如此，仍被言官赵抃弹劾，且咬住不放。这是由于北宋赋予言官特权，他们无论说什么，都不会获罪，所以范镇为陈执中辩护，要皇帝杀掉赵抃。后来范镇因反对王安石变法，触怒宋神宗，此时赵抃不记前怨，站出来为范镇说话。是啊，真正出以公心的人，是不会计较私人恩怨的。话是这样说，这样的人，古往今来，还是太少，我们日常所见，怀私怨而论事、挟恶意而论人，可是比比皆是啊！

庞籍弹范讽

原文

【南宋】 叶梦得《石林燕语·卷七》

天圣、宝元间，范讽与石曼卿皆喜旷达，酣饮自肆，不复守礼法，谓之"山东逸党"，一时多慕效之。庞颖公为开封府判官，独奏讽，以为苟不惩治，则败乱风俗，将如西晋之季。时讽尝历御史中丞，为龙图阁学士。颖公言之不已，遂诏置狱劾之，讽坐贬鄂州行军司马。曼卿时为馆阁校勘，亦落职，通判海州。仍下诏戒励士大夫，于是其风遂革。

译述

宋仁宗天圣、宝元年间（1023—1040），范讽（？—1041）和石延年（994—1041，字曼卿）二人性格旷达，喝多了酒，行为就不加检点，不再遵行礼法，自称是"山东逸党"，一时间很多人羡慕并效仿他们。颖国公庞籍（988—1063）时任开封府判官，只有他批评范讽，认为这种做法如不惩治，将会败坏风俗，像西晋末年一般。范讽曾当过御史中丞，时任龙图阁学士。因庞籍抓住他不放，仁宗下诏将范讽下狱审讯，贬为鄂州行军司马。石曼卿当时任馆阁校勘，亦被降职，任海州通判。仁宗又下诏，对士大夫的所谓"旷达之风"加以训诫，才刹住这种风气。

评点

庞籍，就是《三侠五义》《杨家将》等古小说中的庞太师庞吉的原型。在古小说里他是被丑化的，其实此人在历史上很有作为，也是仁宗时名臣。看他以开封府判官（首都地方的副职）就敢于弹劾纵酒乱性的朝廷大员范讽等人，就知道其胆识如何了。是啊！官嘛，要有官的样子。每天肆酒任性，那是狂士。试想，我们身边的局长处长县长市长，每天喝酒半醉、醺醺然招摇过市、谈笑无忌，那成何体统？不过，这样的人恐怕真有啊！

古贤大量

原文

【南宋】　叶梦得《石林燕语·卷九》

王武恭公自枢密使谪知随州，孔道辅所论也。道辅死，或有告武恭："害公者死矣。"武恭愀然叹曰："可惜！朝廷又丧一直臣。"文潞公为唐质肃所击，罢宰相，质肃亦坐贬岭外。至和间，稍牵复为江东转运使。会潞公复入相，因言唐某疏臣事固多中，初贬已重，而久未得显擢，愿得复召还。仁宗不欲，止命迁官，除河东。

译述

王德用（979—1057，谥武恭）在枢密使任上被降职，任随州知州，是被御史中丞孔道辅弹劾所致。孔道辅死后，有人告诉王德用："害你的人死啦！"王德用难过地叹息说："可惜！朝廷又失去一位正直的大臣。"文彦博（1006—1097，封潞国公）被唐介（谥质肃）所攻击，罢宰相之职，唐介也因此被贬岭南。至和年间（1054—1056），朝廷拟起复唐介，任命其为江东转运使，这时文彦博复任宰相，他对宋仁宗说："唐介弹劾我的奏章有不少讲的是对的，当初贬官已是过重，并且长期没得到大的擢升，希望把他召回朝中。"仁宗不同意，只命令升唐介的官，任河东转运使。

评点

北宋时，谏官权力很大，御史可以根据传言弹劾大臣。这里提到的孔道辅和唐介都担任御史，他们的弹劾，导致王德用和文彦博两人丢官。但可贵的是，王、文二位并没有记恨这二人，而是称赞他们的长处。什么是高风亮节？这就是！须知在宋代被御史弹劾、降级罢官是常事，然而王德用和文彦博二位，仍能不计前嫌，客观评价御史。我党有"要团结反对过自己且证明反对错了的人一起工作"的要求。你看这两位古代名臣，这方面做得可是很好。

欧阳修程琳不内斗

原文

【南宋】 王铚《默记·卷下》

欧阳公为河北都运使，时程文简知大名府。欧公性急

自大，而文简亦狷介不容物。宰相意令二人愤争，因从而
罪之。公悟其旨。初至大名，文简迎于郊，因问欧公所以
外补之由。公叹曰："吾侪要会得，此正唐宰相用李绅、
韩愈，令不台参故例耳。吾二人岂可堕其计中耶？"文
简亦大叹，二人遂益交欢相好。宰相闻知，不久有孤甥
之狱。

译述

欧阳修担任河北都转运使，当时程琳（988—1056，谥文
简）正担任大名府知府。欧阳修性格急躁、自视甚高，而程琳
也是廉洁耿直、不能容物。当时的宰相贾昌朝是打算让他们二
人愤而相争，之后再给他们安个罪名。欧阳修看出了宰相的心
思。初到大名府，程琳到城外迎接，问起欧阳修被外放的缘
由，欧阳修叹息着说："我们要明白，这不过是唐朝宰相任用
李绅、韩愈，使韩愈无法到御史台参谒李绅的老例罢了。我二
人岂可中了他们的计策呢？"程琳也是大叹，二人于是更加关
系密切。宰相听说之后，不久就发生了"孤甥之狱"。

评点

欧阳修提到韩愈和李绅，指的是唐朝著名的"台参事
件"。韩愈同李绅交恶，韩愈被任命为御史大夫兼京兆尹，李
绅当时任御史中丞。按当时规定，京兆尹上任时要到御史台拜
谒。但韩愈认为自己是御史台正官，何况他又讨厌李绅，所以
不去拜谒；而李绅认为自己主持御史台事，韩愈应该来拜。双
方因此互相攻击，纷争不息，结果两败俱伤，奸相李逢吉借机
为排挤异己扫清道路。小人算计正人君子，可说是无所不为。

庆历五年，范仲淹、杜衍、韩琦、富弼等相继罢官、外放，新政失败，欧阳修痛斥朝中的奸邪之辈，遂为"群邪"所恶，所以就算计他，要让他同程琳互斗，以便从中下手，但二人识破了这些人的奸计，反而关系更密切。对手见一计不成，就制造了欧阳修的所谓"盗甥"之案，污蔑欧阳修同外甥女通奸。最后是宋仁宗过问此事，派出官员彻查，才还了欧阳修的清白。

攻愧楼公

原文

【南宋】 叶绍翁《四朝闻见录·乙集》

攻愧楼公，天性豁达，与物无忤。初尝与韩侂胄善，独因草制，以天下公论不予韩，故宁罢去。韩心敬之，亦不以憾也。攻愧久废，韩亦迫于公论，欲起而用之，风公之亲戚，谕公之子弟，但求寒暄一纸书，即召矣。亲戚具道韩意于公之子弟，从容以白，公欣然命具纸札。子弟又以白，公曰："已具矣。"公引纸大书《颜氏家训》子弟累父兄事。子弟自此不复敢言通韩书矣。

译述

楼钥（1137—1213，号攻愧主人）天性豁达，处世态度随和，与人无所抵触。他与韩侂胄（1152—1207）的关系开始时还好，后因为皇帝起草诏书从天下公论出发，不附和韩侂胄，辞官回家。韩侂胄心里很尊敬他，也没有十分忌恨。楼钥居家日久，韩侂胄迫于公论，也打算起用他。韩侂胄通过楼钥的亲戚和子弟带话，说只要楼钥给他一封表示寒暄的书信，韩就复他的官。亲戚把韩的意思转给楼钥的子弟，又向楼钥说了。楼钥听了，高兴地吩咐准备纸笔。这时子弟又来说此事，楼钥说："已经准备好了！"于是铺纸，以大字书写《颜氏家训》中子弟惹事、牵连父兄的内容。子弟们从此以后再也不敢提给韩侂胄写信的事儿了。

评点

楼钥可称正气！他在南宋时官至吏部尚书、端明学士，坚持正义，不附权相，以至辞官回家，十几年不出。韩侂胄要他只写一封信就可复官，他就是不肯。与他相比，那些闻到权力味道即一哄而上的人多么渺小！何谓风骨？看楼钥就明白了。然而世间多的是无节之人。何谓无节之人？随上意而动，或阐上意而甚之；贪名务权，见名位权力即屈身而事者，皆是也！

张于湖

原文

【南宋】 叶绍翁《四朝闻见录·乙集》

高宗酷嗜翰墨。于湖张氏孝祥廷对之顷，宿醒犹未解，濡毫答圣问，立就万言，未尝加点。上讶一卷纸高轴大，试取阅之。读其卷首，大加称奖，而又字画遒劲，卓然颜鲁。上疑其为谪仙，亲擢首选。……张正谢毕，遂谒秦桧。桧语之曰："上不惟喜状元策，又且喜状元诗与字，可谓三绝。"又叩以诗何所本，字何所法。张正色以对："本杜诗，法颜字。"桧笑曰："天下好事，君家都占断。"盖嫉之也。

译述

南宋高宗酷爱书法。张孝祥（1132—1170，号于湖居士）廷对之时，宿醉还未全醒，回答高宗的问题，立刻操笔蘸墨，写了上万字，未有停顿。高宗见廷对的答卷中有一卷特别厚大，感到惊讶，就取出来看了。读了卷首，便大加称赞，并且卷子上的字迹笔法遒劲，看上去就像颜真卿写的一样。高宗觉得此人就是谪仙人，亲自定张孝祥为状元。……张孝祥对高宗谢恩之后，又去拜见秦桧。秦桧对他说："皇上不仅喜欢你的对策，还喜欢你的诗和字，可称三绝了。"又问张孝祥诗和书法都是学于何人。张孝祥正色回答道："诗以杜甫为本，书法以颜真卿的字为本。"秦桧笑着说："天下的好事都被你家占去了！"这就是在嫉妒他了。

评点

张孝祥是南宋时著名政治家、诗人、书法家，又是唐代诗人张籍的后代。宋高宗欣赏他的才华，坚持定他为状元。高宗时秦桧专权，所有状元都由秦桧决定，由高宗取定的状元仅张孝祥一人。张也无愧于状元之名，他面对秦桧，大义凛然，以杜甫、颜真卿为自己的榜样，激怒了秦桧，也因此引起了秦桧的嫉恨，后来诬陷其父谋反，导致张孝祥也丢官。所以，昏君可能善良，奸人却永远害人。

因谗赐金

原文

【南宋】　罗大经《鹤林玉露·甲编·卷一》

张魏公贬零陵，有书数箧自随，谗者谓其中皆与蜀士往来谋据西蜀之书。高宗命遣人尽录以来。临轩发视，乃皆书册，虽有尺牍，率皆忧国爱君之语。此外唯葛裘布衾，类多垢敝。上恻然曰："张浚一贫如此哉！"乃遣使驰赐金三百两。秦桧令宣言于外，谓赐浚死。门生从者闻之，垂泣告公。公曰："浚罪固当死，若果如所传，朝服拜命，就戮以谢国家可也，何以泣为？"问使者为谁，曰："殿帅杨存中之子也。"公曰："吾生矣。存中吾故部曲，朝廷诚欲诛浚，必不遣其子来。"已而使者拜于马前，乃获赐金之命。公之在秦也，开幕延贤，铸铜为印，形迹似稍专，故有以来谗者之口。然反因此得以自明，又赖赐金以自活，天果不佑忠贤乎？

译述

张浚（1097—1164，封魏国公）被贬往零陵，只带了几箱书籍。有进谗言的人说其中都是张浚与蜀人往来讨论割据西蜀的书信。高宗命人将之全部取来，当场开看，发现都是书籍，虽有书信，但其中都是忧国忠君的话。此外还有些又脏又破的葛衣布被之类。高宗难过地说："张浚竟一贫如洗啊！"于是派使者尽快赐给他三百两黄金。秦桧让人在外面宣传，说张浚被皇上赐死。张浚的门生部下听说，哭着告诉他。张浚说："我的罪真的应当处死，就像传言那样，我穿好朝服、拜受皇命、以死答谢国家即可，有什么好哭的？"他又问使者是谁，回答说是殿帅杨存中之子。张浚说："我不会死了。存中是我以前的部下，朝廷如果真的要杀我，就不会派他的儿子来。"不久使者已拜于张浚的马前，原来是皇上的赐金之命。张浚在秦地建立幕府，延请贤才，铸铜为印信，做法上有些自专，因此有人不满，向皇上进谗言，然而张浚也因此得以洗清自己，又全靠皇上的赐金以活命，上天当真是不保佑忠贤之人的吗？

评点

张浚的功过，历史上有争议，比如朱熹就说："张魏公才极短，虽大义极分明，而全不晓事。扶得东边，倒了西边；知得这里，忘了那里。"周必大则称其"忠贯日月，孝通神明。勋在王室，恩在生民。忠震四夷，功垂万世，遗像巍峨，千古是企"。无论如何，官场之上应洁身自好，不卷入小圈子，不谋私利，如此，即使有时受挫，罪过也严重不到哪里去。

杨万里见张浚

原文

【南宋】 罗大经《鹤林玉露·甲编·卷一》

杨诚斋为零陵丞，以弟子礼谒张魏公。时公以迁谪故，杜门谢客。南轩为之介绍，数月乃得见。因跪请教，公曰："元符贵人，腰金纡紫者何限，惟邹至完、陈莹中姓名与日月争光。"诚斋得此语，终身厉清直之操。晚年退休，怅然曰："吾平生志在批鳞请剑，以忠鲠南迁，幸遇时平主圣。老矣，不获遂所愿矣！"立朝时，论议挺挺。如乞用张浚配享，言朱熹不当与唐仲友同罢，论储君监国，皆天下大事。孝宗尝曰："杨万里直不中律。"光宗亦曰："杨万里也有性气。"故其自赞云："禹曰也有性气，舜云直不中律。自有二圣玉音，不用千秋史笔。"

译述

杨万里（1127—1206，号诚斋）任零陵县丞，以弟子的礼节拜见张浚。当时张浚因被贬谪，闭门不见客，杨万里通过张浚的儿子张栻（号南轩）介绍，过了数月才得见。他跪着向张浚请教，张浚说："元符年间（1098—1100）的贵人有许多，但只有邹浩（字志完）、陈瓘（字莹中）姓名与日月同光。"杨万里听了此语，终身坚持清直的操守。他晚年退休时怅然说道："我平生志在疆场杀敌，南迁后幸而岁月和平，主上圣明。我老了，平生所愿无法实现了！"杨万里在朝堂上谏言忠直，像请以张浚配享宗庙、朱熹不当与唐仲友同时罢官、论储君监国等，都是天下大事。宋孝宗曾赞他"杨万里直不中律"（忠直不受规矩限制），宋光宗说他"杨万里也有性气"。杨万里则自己评价说："禹曰也有性气，舜曰直不中律。自有二圣玉音，不用千秋史笔。"

评点

杨万里号诚斋，其政治与文学地位史有定评，我感兴趣的是张浚在他初入仕途时对他的激励。道理确实是这样。在人生的某个阶段，如果有高人对你指点几句，就会令你茅塞顿开，明确今后为人处世的方向，并且终生为此而努力。

范仲淹救荒

原文

【南宋】 罗大经《鹤林玉露·甲编·卷三》

皇祐间，吴中大饥。范文正公领浙西，乃纵民竞渡，与僚佐日出燕湖上，谕诸寺以荒岁价廉，可大兴土木。于是，诸寺工作鼎新。又新仓廒吏舍，日役千夫。监司劾奏杭州不恤荒政，游宴兴作，伤财劳民。公乃条奏所以如此，正欲发有余之财以惠贫者，使工技佣力之人，皆得仰食于公私，不至转徙填壑。荒政之施，莫此为大。是岁，惟杭饥而不害。近时莆阳一寺，规建大塔，工费巨万。或告侍郎陈正仲曰："当此荒岁，寺僧剥敛民财，兴无益之土木，公为此邦之望，盍白郡禁止之。"正仲笑曰："子过矣！建塔之役，寺僧能自为之乎？莫非佣此邦之人为之也。敛之于富厚之家，散之于贫窭之辈，是小民藉此以得食，而赢得一塔耳。当此荒岁，惟恐僧之不为塔也，子乃欲禁之乎？"

译述

皇祐年间（1049—1054），吴中地方发生饥荒。范仲淹（989—1052）当时任职浙西，他让民众渡河求生，又同僚佐在湖上集会，告诉各个寺庙，现在饥荒之年物价低廉，宜大兴土木，于是各个寺庙都翻新建筑。范仲淹又翻盖官府的仓库官舍，每天用上千个民夫。有人上奏，说他在荒年伤财劳民。范仲淹上疏说，他这样做，是发有余之财来惠及贫穷的人，使得有技术有力气的人能从公私劳务挣口饭吃，不至于饿死，救荒的措施没有比这更重要的。那一年唯有杭州虽有饥荒，未成大害。与范仲淹做法相似，莆阳的寺庙要修一大塔，工费浩大，有人建议侍郎陈正仲制止，陈笑着说："建塔这事，寺僧能自己做吗？还是要靠当地人干啊！寺庙从富人处敛得的钱财，分散给贫穷之人，小民籍此得以生存，又能落下一塔。在这样的荒年，唯恐僧人不建塔，你还要禁止他们吗？"

评点

这两个事情堪称是饥荒经济学的实例。后代之人在经济衰退或大灾之年，大搞基础建设，兴建道路与公共设施，其祖宗在这里。由范仲淹的救荒，想到当今的扶贫。授人以渔还是授人以鱼，差别可是大了去了。另一个角度说，脱贫不能光靠旅游，还是要想办法提升农村农民的其他技能，增强其造血机能。还要完善农民的看病、养老等救助机制，否则，他们即使暂时脱了贫，将来也可能复贫。

前辈志节

原文

【南宋】　罗大经《鹤林玉露·甲编·卷三》

胡忠简公为举子时，值建炎之乱，团结丁壮，以保乡井。隆祐太后幸章贡，虏兵追至，庐陵太守杨渊弃城走。公所居曰芗城，距城四十里，乃自领民兵入城固守。市井恶少乘间欲攘乱，斩数人乃定。张榜责杨渊弃城之罪，募人收捕。渊惧，自归隆祐，隆祐赦之，降敕书谕胡铨。事定，新太守来，疑公有他志，不敢入城。公笑曰："吾保乡井耳，岂有他哉！"即散遣民兵，徒步归芗城。杨忠襄公少处郡庠，足不涉茶坊酒肆。同舍欲坏其守，拉之出饮，托言朋友家，实娼馆也。公初不疑，酒数行，娼艳妆而出。公愕然，疾趋而归，解其衣冠焚之，流涕自责。人徒见忠简以一编修官乞斩秦桧，甘心流窜；忠襄以金陵一倅唾骂兀术，视死如归，岂知其自为布衣时，所立已卓然矣。

译述

胡铨（1102—1180，谥忠简）在做举人时，金兵南下，建炎之乱发生，他把男性乡人组织起来保卫家乡。隆祐太后逃至章贡，金兵追来，庐陵太守杨渊弃城而逃。胡铨居住的地方叫芗城，距庐陵四十里远，他率领民兵入城固守。庐陵城中的坏人欲趁机作乱，被胡铨杀死数人才安定下来。他又张榜谴责杨渊弃城之罪，召募人手追捕。杨渊害怕，去投奔隆祐太后，太后赦免他，并发书信告知胡铨。金兵退去后，新太守来到，怀疑胡铨有异心，不敢入城。胡铨笑着说："我保卫家乡罢了，怎可能有别的意思！"立刻遣散民兵，自己步行回到芗城。杨邦乂（1085—1129，谥忠襄）少时在郡中官学读书，从不去茶坊酒肆。有同学要败坏他的操守，拉他出去饮酒，说是朋友家，其实是娼馆。杨邦乂初时相信了，酒过数巡，浓妆艳抹的娼妓出来，他才大为吃惊，立即起身回舍，解下身上的衣服帽子烧掉，痛哭流涕地谴责自己。人们只看到胡铨以编修官的身份上书要求斩杀秦桧、杨邦乂以金陵属官而唾骂金兀术，视死如归，哪里知道他们在布衣平民时已是卓然而立呢！

评点

胡铨和杨邦乂是南宋时的两个很有名的志士。绍兴八年（1138），秦桧主和，胡铨抗疏力斥，乞斩秦桧，声震朝野，因此被罢官。建炎三年（1129），杨邦乂任建康军府通判，临危不惧，率兵民据守南京，被俘后慷慨就义。这则笔记叙说他们成名前的事迹，告诉人们，一个人的志向与气节，必须从小时候、从小事做起。没有小节，便没有大节。父母固然要给孩子以温饱，教他们知识，更重要的是要教育他们做人的道理。一个人，幼年时便慕富贵、攀高枝，巧言令色、取媚于人，长大后出息也有限。今天我们见的贪官多了，他们的千里之堤何尝不是从处处蚁穴开始溃败的！

李方叔

原文

【南宋】 罗大经《鹤林玉露·甲编·卷五》

元祐中，东坡知贡举，李方叔就试。将锁院，坡缄封一简，令叔党持与方叔。值方叔出，其仆受简置几上。有顷，章子厚二子曰持曰援者来，取简窃观，乃"扬雄优于刘向论"一篇。二章惊喜，携之以去。方叔归，求简不得，知为二章所窃，怅惋不敢言。已而果出此题，二章皆模仿坡作，方叔几于阁笔。及折号，坡意魁必方叔也，乃章援。第十名文意与魁相似，乃章持。坡失色。二十名间，一卷颇奇，坡谓同列曰："此必李方叔。"视之，乃葛敏修。时山谷亦预校文，曰："可贺内翰得人，此乃仆宰太和时，一学子相从者也。"而方叔竟下第。坡出院，闻其故，大叹恨，作诗送其归，所谓"平生漫说古战场，过眼空迷日五色"者是也。其母叹曰："苏学士知贡举，而汝不成名，复何望哉！"抑郁而卒。

译述

元祐年间（1086—1094），苏轼（1037—1101）负责贡
举，李方叔参加考试。考场将要锁门，苏轼封好一信，让李方
叔的同伴交给他。此时恰好李出去了，他的仆人就把信放在桌
子上。过了一会儿，章惇（字子厚）的儿子章持、章援过来，
看到信，就拆开了，见上面写的是名为《扬雄优于刘向论》的
文章。二章惊喜地把信拿走了。李方叔回来，找不到信，知道
是被二章偷走了，很惆怅，又不敢说。考试开始，果然考题
就是这个，二章模仿苏文而作，方叔则发挥失常。待到公布
成绩，苏轼以为第一名一定是方叔，却是章援。第十名文章与
章援相似，乃是章持。苏轼大惊失色。到第二十名时，有一卷
文笔很好，苏轼以为是李方叔，却是葛敏修。当时黄庭坚（号
山谷道人）也在阅卷，说这葛敏修是他任太和知县时的学生。
李方叔没有考中，苏轼后来知道其中的缘故，又恨又叹，作诗
为方叔送行，其中有"平生漫说古战场，过眼空迷日五色"之
句。李方叔的母亲叹息说："苏学士负责贡举，你没能取得功
名，以后还有什么希望呢！"李方叔经此打击，后抑郁而终。

评点

这是一个苏东坡"作弊"的故事。看来宋代的科举试挺宽
松，主试官还可以这样照顾他看好的举子。苏轼的"作弊"，
因为李方叔是公认很有才华的人，所以人们也就不视为作弊，
而当作先辈关怀后进。他自己也是这么认为的，所以敢于公诸
于世。苏轼后来还多次以"知贡举而失李方叔"而叹息过。不
过，李方叔未能被扶起，也确有自己的致命弱点，就是临场患
得患失，发挥失常。以这样的精神状况，即使高中，在仕途上

若遇到苏轼所受到的打击，也一定会一蹶不振，而很难真有作为。我们可以想象开卷时苏东坡的心情。自己写出了范文，照着抄的却落了第！这还是名闻天下的才子吗？李方叔本可能一战而捷，成为状元，进而步入仕途，却被人截了胡，截胡的又是被认为是奸臣章惇的两个儿子！造化弄人，以至如此！

税沙田

原文

【南宋】 罗大经《鹤林玉露·甲编·卷六》

孝宗时，近习梁俊彦请税两淮沙田，以助军饷。上大喜，付外施行。叶子昂为相，奏曰："沙田者，乃江滨出没之地，水激于东，则沙涨于西；水激于西，则沙复涨于东。百姓随沙涨之东西而田焉，是未可以为常也。且辛巳兵兴，两淮之田租并复，至今未征，况沙田乎？"上大悟，即诏罢之。子昂退至中书，令人逮俊彦至，叱责之曰："汝言利求进，万一淮民怨咨，为国生事，虽斩汝万段，岂足塞责！"俊彦皇汗免冠谢，久乃释之。

译述

宋孝宗宠信的梁俊彦建议孝宗向两淮的沙田征税，用来充作军饷。孝宗大喜，交付宰臣实施。当时叶颙（1107—1195，字子昂）为相，他上奏说："所谓沙田，是江岸出没之地，水流向东，沙涨于西；水流向西，沙涨于东，老百姓随沙子的涨落而在河的东西垦田，这种田地不是永久的。况且辛巳年（高宗绍兴三十一年，1161）金兵来犯，两淮田租重新开征收，但至今都未征，何况沙田呢？"孝宗明白了其中的道理，立刻下诏停止。叶颙回到中书省，令人把梁俊彦抓来，斥责他说："你向皇上言说利益，希求升官，万一激起两淮民众愤怒，给国家制造事端，虽然把你斩为万段，也不足以平息此责。"梁俊彦惶急流汗，免冠谢罪，很长时间后才被放出来。

评点

为自己考虑的人，只让上位者看到好处；真正为国为民的人才会指出事实，指出上位者的问题，如叶颙这样。我们今天见多了唯领导之言是听、跟着指挥棒转的所谓"专家"，他们的使命就是传达上意、弥缝上意、愚弄民众，这样的"专家"多了，真非国家之福！罗大经在上面的文字之后，还有两句话："大率近习畏宰相，则为盛世；宰相畏近习，则为衰世。"意思是皇帝的亲信惧怕宰相，就是盛世；宰相惧怕皇帝的亲信，就是衰世。考之历史，信焉！这是因为，一般而言，在有皇帝的时代，宰相才是为国事操心的，皇帝身边的人怕宰相，一个政权才有希望。确实啊！

一钱斩吏

原文

【南宋】 罗大经《鹤林玉露·乙编·卷四》

张乖崖为崇阳令,一吏自库中出,视其鬓傍巾下有一钱,诘之,乃库中钱也。乖崖命杖之,吏勃然曰:"一钱何足道,乃杖我耶?尔能杖我,不能斩我也!"乖崖援笔判曰:"一日一钱,千日一千,绳锯木断,水滴石穿。"自仗剑,下阶斩其首,申台府自劾……盖自五代以来,军卒凌将帅,胥吏凌长官,余风至此时犹未尽除。乖崖此举,非为一钱而设,其意深矣,其事伟矣!

译述

张咏(946—1015,字乖崖)做崇阳县令时,有小吏从库房出来,其鬓角的头巾上有一枚钱币。张咏盘问他,小吏承认是库房里面的钱。张咏命令下属杖责他,那小吏勃然大怒,说:"拿一枚钱有什么大不了的,就杖责我!你能够用杖打我,但是你不能够杀我。"张咏拿起笔来,写下几句判词:"一天一钱,千日千钱,绳锯木断,水滴石穿。"然后自己走下台阶,用剑砍了他的头,之后向御史台上书,自我弹劾。……五代以来,普通军卒敢于凌辱将帅,一般的小吏敢于凌辱郡守县令,其余风到北宋初年还没有去除。张乖崖此举并不是为了一文钱,而有其深意,影响很大。

评点

张咏是北宋太宗、真宗两朝的能臣。诗人宋祁评价张咏：
"惟公禀尊严之气、凝隐正之量。"而金庸评价说："张咏性
子很古怪，所以自号'乖崖'，乖是乖张怪僻，崖是崖岸自
高。"看上面笔记，可知这是位眼里揉不得沙子的人。他这样
做自有深意，就如同笔记作者罗大经所说，是要扭转五代以来
以下凌上的世风。其实什么时代都一样，规矩是不可忽视的。
读此笔记，首先要明确，当时的时代是北宋太宗时期，那时五
代十国的乱局刚刚结束，但以下克上、豪横之风仍然盛行，恢
复法制需要雷霆手段。另外，在宋朝，县令就是法律的体现。
明乎这两点，再看那个库吏的横蛮表现，他招来杀身之祸也就
可以理解了。历史的现象，不可以今天的视角去理解。

气节高尚潘良贵

原文

【南宋】　罗大经《鹤林玉露·乙编·卷五》

潘良贵，字子贱，自少有气节，崇观间为馆职，不肯
游蔡京父子间。使淮南，不肯与中官同燕席。靖康召对，
力论时宰何㮚、唐恪误国。未几，言皆验。建炎初，召为
右司谏，首论乱臣逆党，当用重法以正邦典，壮国威，且
及当时用事者奸邪之状，大为汪、黄所忌。书奏三日，

左迁而去。复召为右史，从臣向子湮奏事，高宗因与论笔法，言久不辍。子贱举笏近前，厉声曰："向子湮以无益之言，久渎圣听！"叱之使下。左右皆胆落，由是又去国。晚年力量尤凝定，秦桧势正炎炎，冷处一角，笑傲泉石。作《三戒说》，深以在得之规，痛自警励。秦虽令人致语，亦不答。自少至老，出入三朝，而前后在官不过八百六十余日。所居仅蔽风雨，郭外无尺寸之田。经界法行，独以丘墓之寄，输帛数尺而已。有《磨镜帖》行于世，言读书者，将以治心养性，如用药以磨镜也。若积药镜上，而不加磨治，未必不反为镜累，张禹、孔光是已。其大意如此，世以为名言。

译述

潘良贵（1086—1142，自号默成居士）少年时就有气节，宋徽宗时任秘书郎，不肯与蔡京父子结交；后提举淮南东路，不肯与宦官同席。靖康时皇帝召对，他力陈当时的宰相何㮚、唐恪等误国；建炎时被任为右司谏，他提出要以重法正邦典、壮国威，惩治乱臣逆党，还举出当时权臣的奸邪之状，宰相汪伯彦、黄潜善等很忌惮他，他因此丢了官。后又被召为右史，不久又因斥责权臣而丢官。秦桧权势熏天，他冷处一角，笑傲泉石。秦桧让人给他带话，他也不理。自少到老，经历了三个皇帝，做官一共只有八百六十余天。所居仅能避风雨，城外无尺寸之田。经界法施行后，他的土地仅能容棺、上税仅帛数尺。

评点

潘良贵被称为"清潘",做官十分清廉正直。王黼、张邦昌均欲招为女婿,章惇想把孙女嫁给他,许奁资三百万钱,他都予以拒绝。后娶范仲淹后裔一孤女为妻。晚年贫甚,病卒,无以为葬,高宗赐钱五十万才下葬。他所作的《磨镜帖》也很有意思。其中说,读书人要通过读书修身养性,就如同用药来磨镜。如果把药放在镜子上,却不打磨,反而是镜子的累赘,张禹和孔光就是这样。潘良贵可称人品高洁!几十年仕途,身历三朝,然而在职时间仅两年多一点。做一个正直的人是有代价的,然而只要心中无愧,这又如何?像汉朝的张禹和孔光那样,以儒宗而居于相位,却为了保官而阿谀奉承,更为后代之人所鄙视。

施全刺秦桧

原文

【南宋】 陆游《老学庵笔记·卷二》

秦会之当国,有殿前司军人施全者,伺其入朝,持斩马刀,邀于望仙桥下斫之,断轿子一柱而不能伤,诛死。其后秦每出,辄以亲兵五十人持梃卫之。初,斩全于市,观者甚众,中有一人,朗言曰:"此不了事汉,不斩何为!"闻者皆笑。

译述

秦桧（1090—1155，字会之）专权，有个名叫施全的殿前司军士，在其上朝的时候，在望仙桥下拦截他的轿子，手持斩马刀欲砍死他，但只砍断轿柱，秦桧没有受伤，施全因此被杀。此后秦桧每当出行，都以五十名亲兵手持长棍护卫。当初在闹市上问斩施全的时候，围观的人很多，其中一人大声说："这个办不好事的汉子，不杀留着干什么！"听到的人都笑了。

评点

文中的"不了事汉"是双关语，表面意思指施全是个不懂事的糊涂汉，竟敢冒犯宰相大人，该杀——所以才敢在官兵环伺的公众场合朗声说出；但实际意思是施全不济事、不成器，竟然杀不了那个大奸臣，不死有什么用——所以才会引起其他民众的会心一笑；潜藏的意思还有秦桧这样的奸相就应该杀。《说岳全传》中，施全是岳飞的结义兄弟，曾与吉青等占山为王，岳飞比武归来收为兄弟。他武艺不高，然甚是忠勇，听到岳元帅的死讯，就到金陵报仇。他本想杀死秦桧，但岳飞阴灵拉住他，致使行刺失败，被秦桧逮住，斩于大理寺。今杭州十五奎巷之中有施将军庙，供奉的就是施全。

黄庭坚住城楼

原文

【南宋】　陆游《老学庵笔记·卷二》

鲁直至宜州，州无亭驿，又无民居可僦，止一僧舍可寓，而适为崇宁万寿寺，法所不许，乃居一城楼上，亦极湫隘，秋暑方炽，几不可过。一日忽小雨，鲁直饮薄醉，坐胡床，自栏楯间伸足出外以受雨，顾谓寥曰："信中，吾平生无此快也。"未几而卒。

译述

黄庭坚（1045—1105，字鲁直）被免官，发配宜州（今广西河池市宜州区）管制。宜州没有官驿，又无民居可借住，只有一个僧舍可以居住，当时又名为崇宁万寿寺，为法律所不许，他只好住在一个城楼上面。那城楼极其狭小，又正值秋暑之时，简直没法过下去。有一天忽然下起小雨，黄庭坚喝了点酒，略有醉意。他坐在胡床（古代一种可以折叠的轻便坐具）上，从城楼的栏杆间把双脚伸到外面去接雨，回头对友人范寥说："信中（范寥的字）啊，我平生都没有这样的快乐啊！"不久后，黄庭坚就去世了。

评点

黄庭坚与张耒、晁补之、秦观都游学于苏轼门下，合称为"苏门四学士"。生前与苏轼齐名，世称"苏黄"。宋崇宁二年（1103）他被以幸灾谤国之罪除名，羁管宜州。崇宁四年客死在宜州贬所，终年六十岁。这则笔记可看到他去世前的艰难处境和乐观精神。黄庭坚面对诬陷打击，不低头认罪、不忍辱偷生，所以，他受到的打击比其他旧党人士更大，结局也更悲惨。在黄庭坚生命最后一段岁月，也就是宜州羁押期间，他以宰牛案板焚香读书，用三文钱买的鸡毛笔为朋友写跋，把在城墙上淋雨当成平生快事，站着傲笑而不跪着哭泣，实是文人的榜样。

任元受至孝

原文

【南宋】 陆游《老学庵笔记·卷三》

　　任元受事母尽孝，母老多疾病，未尝离左右。元受自言："老母有疾，其得疾之由，或以饮食，或以燥湿，或以语话稍多，或以忧喜稍过。尽言皆朝暮候之，无毫发不尽，五脏六腑中事皆洞见曲折，不待切脉而后知，故用药必效，虽名医不迨也。"张魏公作都督，欲辟之入幕。元受力辞曰："尽言方养亲，使得一神丹可以长年，必持以遗老母，不以献公。况能舍母而与公军事耶？"魏公太息而许之。

译述

　　任尽言（字元受）侍奉母亲，孝顺到了极点。他母亲年

老，又多病，他从未离开母亲身边。他自己说："我的老母生
病，生病的原由，要么是饮食上的，要么是天气原因，要么是
讲话太多，要么是喜怒过大。我早晚都侍奉在她身边，毫发之
微我都能注意到，她五脏六腑的各种问题我都能看明白其中的
道理，不必等到切脉之后才知道，所以用药都必定有效，即使
是名医也比不上我。"张浚（封魏国公）当都督的时候，想要
征辟他到自己幕中，任尽言坚决推辞。他说："我正在奉养母
亲，假如我得到了一个可以使人长命百岁的神丹，我一定拿来
献给我的老母，不会拿来献给您，哪里还能舍弃老母而来参与
您的军政之事呢？"张浚叹息着答应了他。

评点

孝敬父母是做人第一本分，没听过不孝于父母而能忠于信
仰、国家的。任尽言不仅至孝，也是至性之人。你看他对张浚
说的话："有一枚仙丹我也要给母亲，不会给大帅您！"今人
有几个在面对高位之人时，能回答得如此斩钉截铁？

陆傅不陷害苏东坡

原文

【南宋】　陆游《家世旧闻·卷上》

东坡先生守钱塘，六叔祖祠部公为转运司属官，颇不

合。绍圣中，章子厚作相，力荐以为可任谏官、御史。遂召对。哲庙语讫。公至殿上，立未定，上即疾言，曰："苏轼！"公度章相必为上言钱塘不合事，乃对曰："臣任浙西转运司勾当公事日，轼知杭州，葺公廨及筑堤西湖，工役甚大，臣谓其费财动众，以营不急，劝止。轼遂怒，语郡官曰：'比举一二事，与诸监司议，皆以为然，而小勾辄呶呶不已！''小勾'盖指臣也。然是时岁凶民饥，得食其力以免于死、徒者颇众。臣所争亦未得为尽是。"上默然。章相闻之，亦不悦。以故仕卒不进。

译述

苏东坡任钱塘太守，陆游的叔祖陆傅（官至祠部郎中）当时是转运司属官，与苏东坡关系不大好。哲宗绍圣年间（1094—1098），章惇（字子厚）任宰相，推荐陆傅任谏官、御史。哲宗召见陆傅。陆傅上了大殿，还未站稳，哲宗就大声说了句"苏轼！"陆傅想，一定是章惇向皇上提到了自己同苏轼在钱塘不和的事，于是说："我担任浙西转运司勾当公事的时候，苏轼任杭州知府，修葺知府衙门，筑西湖堤坝，用工量很大，我认为他耗费钱财、兴师动众去经营不急迫的事情，劝他停止。苏轼生气，对郡中官员说：'我兴办一两个工程，同各监司商量，大家都同意，只有小乞丐说个没完！''小乞丐'大概是说我。然而当时正逢灾年，民众饥饿，很多人因此能自食其力，免于死亡或逃荒，我的意见也不全对。"哲宗默然。章惇知道后也不高兴，所以陆傅升不了官。

评点

什么是正直？就是对上司有意见当面提出，别人落难决不落井下石。章惇要整苏东坡，提拔陆傅，目的是要他攻击苏东坡。面对高官厚禄的诱惑，陆傅没有说苏东坡的坏话，反而明确说二人有矛盾，自己有错。在这样的场合，恐怕绝大多数的人都经受不住考验，能做到沉默以对就很了不起了；至于有那见缝就钻的官迷，此刻早已飞身上去、痛陈上位者所不喜之人的种种不是了。这陆傅堪称敞亮人，北京话叫局气。

馆伴应对

原文

【南宋】 周辉《清波杂志·卷四》

待之以礼，答之以简，与宾客言，或许是为得体。吕正献公以翰林学士馆伴北使，虏颇桀黠，语屡及朝廷政事。公摘契丹隐密，询之曰："北朝尝试进士，出《圣心独悟赋》，赋无出处，何也？"虏使愕然，语塞。专对之次，虽曰合成修好，唯恐失其欢心，若彼稍乖恭顺，亦宜有以折其萌，俾知有人焉。于交邻遇客，初无忤也。

译述

以礼招待，简捷回答，对接待外国客人而言，也许是最得体的。吕大防（1027—1097，谥正献）以翰林学士的身份接待辽国使节。来使颇狡猾嚣张，说话常涉及宋廷政事，吕公遂以辽人隐秘之事询问来使："辽国进士考试，出现《圣心独悟赋》。此赋没有出处，这是为什么呢？"辽使谔然不知所对。外交场合，虽说是为合作修好，不希望惹对方不快，但如果对方不够谦虚，也应该想办法折其锋芒，让对方知道本国有人才。这在邻居交往、招待客人方面也是适用的。

评点

这则笔记讲对外交往要有礼、有力、有节。我们固应与人为善，但对方张狂无礼，就应立刻摧其锋芒、令其知难。在这方面，一味软弱和只会骂战都不妥当。现代国家，对外交往主要是由外交官负责。他们的任务就是交更多的朋友，即使是敌手，也应有礼、有力地应对。现代通讯发达，外交官表现出色，世人会立刻看到，所以他们如果丢人，立刻就会丢到全世界。

博趣

博趣者

识见

博知

谐趣之谓也

贾嘉隐聪敏

原文

【唐】　刘餗《隋唐嘉话·卷上》

贾嘉隐年七岁，以神童召见。时长孙太尉无忌、徐司空绩于朝堂立语。徐戏之曰："吾所倚者何树？"曰："松树。"徐曰："此槐也，何得言松？"嘉隐云："以公配木，何得非松？"长孙复问："吾所倚何树？"曰："槐树。"公曰："汝不能复矫对耶？"嘉隐曰："何烦矫对，但取其以鬼对木耳。"年十一二，贞观年被举，虽有俊辩，仪容丑陋。尝在朝堂取进止，朝堂官退朝并出，俱来就看。余人未语，英国公李绩先即诸宰贵云："此小儿恰似獠面，何得聪明？"诸人未报，贾嘉隐即应声答之曰："胡头尚为宰相，獠面何废聪明。"举朝人皆大笑。徐状胡故也。

译述

贾嘉隐七岁时作为神童被皇帝召见。当时太尉长孙无忌（？—659）、司空徐勣（583—669，即李勣）正站在朝堂上交谈，徐勣逗贾嘉隐说："我依靠的是什么树？"贾回答是松树，徐勣说："这是槐树啊，为何说是松树？"嘉隐说："以公（对徐勣的尊称）配木，怎么不是松？"长孙又问："我依靠的是什么树？"贾说是槐树，长孙无忌说："你不再矫言巧辩了？"贾嘉隐道："哪里用得着巧辩。只要取来一个鬼对上木就可以了。"贾嘉隐十一二岁时，于贞观年间被铨选入举，他虽有才智并善辩，可是相貌丑陋。皇上曾召他进朝堂以决定其去取，官员们退朝后都来看他。别的人还没说话，英国公李勣抢先道："这小孩长得粗野丑陋，为何如此聪明呢？"其他人还没答话，贾嘉隐就应声道："胡人一样的脑袋还能做宰相，面貌丑陋也不影响聪明啊！"满朝官员都大笑，因为李勣长的样子像胡人。

评点

贾嘉隐的故事传播很广，但细考起来则可能是小说家言，因为所有的贾嘉隐的故事都来自于《隋唐嘉话》的这个记载，而贾嘉隐以后也不再见于唐代的史籍。不过这个故事说明了一个道理，就是不要欺负少年人。长孙无忌和徐勣明明在朝堂之上，哪有树可倚？但他们非要贾嘉隐说出他们所倚何树，贾嘉隐开始还尊敬地以公配木，说徐勣倚的是松树，到后来就是以鬼配木，讥讽长孙无忌是鬼相了。

琵琶卜

原文

【唐】　张鷟《朝野佥载·卷三》

浮休子曾于江南洪州停数日，遂闻土人何婆善琵琶卜，与同行郭司法质焉。其何婆士女填门，饷遗满道，颜色充悦，心气殊高。郭再拜下钱，问其品秩。何婆乃调弦柱，和声气曰："个丈夫富贵。今年得一品，明年得二品，后年得三品，更后年得四品。"郭曰："阿婆错，品少者官高，品多者官小。"何婆曰："今年减一品，明年减二品，后年减三品，更后年减四品，更得五六年总没品。"郭大骂而起。

崇仁坊阿来婆弹琵琶卜，朱紫填门。浮休子张鷟曾往观之，见一将军，紫袍玉带甚伟，下一匹绀绫，请一局卜。来婆鸣绽柱，烧香，合眼而唱："东告东方朔，西告西方朔，南告南方朔，北告北方朔，上告上方朔，下告下方朔。"将军顶礼既，告请甚多，必望细看，以决疑惑。遂即随意支配。

译述

张鷟（号浮休子）曾于江南洪州停留数日，听闻当地人何婆善为琵琶卜，便与同行的郭司法一起去看个究竟。到何婆居处，但见士女填门，馈赠满道，那何婆面颜和悦，却是趾高气扬。郭司法两次下拜，又送上银钱，问自己今后官运。何婆调了几下琵琶弦柱，笃定地告诉他说："你这人是富贵命！今年得一品，明年得二品，后年得三品，更后年得四品。"郭司法说："阿婆错了，品少者官高，品多者官小。"何婆回答说："今年减一品，明年减二品，后年减三品，更后年减四品，更得五六年总没品。"郭司法气得大骂而起。

长安崇仁坊有阿来婆善于弹琵琶占卜，许多大官都去请她算命。张鷟曾前往观看，见一将军，紫袍玉带，甚为雄伟，给阿来婆送上一匹绫，请其占卜。阿来婆弹起琵琶，烧香合眼，唱道:"东告东方朔,西告西方朔,南告南方朔,北告北方朔,上告上方朔,下告下方朔。"将军行礼之后,告请甚多,求阿来婆为他细看,以决疑惑。阿来婆说的,将军全都听信。

评点

两则以琵琶占卜之人,何婆根本不懂官品高低,阿来婆不知东方朔是一个人,都闹出大笑话。深思一下,便会发现,这样的巫婆竟会得到社会的推崇信赖,以至"士女填门""朱紫填门",则人们的愚昧、现实的陋习到了何等程度也可想而知,作者的讥刺是十分辛辣的。时间过了一千多年,今人的迷信似乎并不少减,尤其是在一些农村和一些官员身上,这又说明了什么呢?这个琵琶卜,也不知如何卜法?两个以此为业的女文盲,竟有朱紫盈门、士女填路的盛况。可见愚昧之术太需要愚昧之人的市场了!

镇神头

原文

【唐】 裴庭裕《东观奏记》附录三引《杜阳杂编》

大中中,日本国王子来朝,献宝器音乐,上设百戏珍馔以礼焉。王子善围棋,上敕顾师言待诏为对手。王子出楸玉局,冷暖玉棋子,云本国之东三万里有集真岛,岛上有凝霞台,台上有手谈池,池中产玉棋子,不由制度,自然黑白分焉。冬温夏冷，故谓之冷暖玉。又产如楸玉，状类楸木，琢之为棋局，光洁可鉴。及师言与之敌手，至三十三下，胜负未决。师言惧辱君命，而汗手凝思，方敢落指，则谓之镇神头，乃是解两征势也。王子瞪目缩臂，已伏不胜，回语鸿胪曰："待诏第几手耶？"鸿胪诡对曰："第三手也。"师言实第一国手矣。王子曰："愿见第一。"曰："王子胜第三，方得见第二；胜第二，方得见第一。今欲躁见第一，其可得乎？"王子掩局而吁曰："小国之一不如大国之三，信矣！"今好事者尚有《顾师言三十三镇神头图》。

译述

唐宣宗大中年间（847—859），日本国王子来长安朝贡，进献宝器音乐，宣宗设百戏和酒席招待他。这王子擅下围棋，宣宗就让待诏顾师言与其对弈。王子拿出楸玉棋盘、冷暖玉棋子，介绍说："日本国之东三万里有个集真岛，岛上有凝霞台，台上有手谈池，池中生玉棋子，无须加工制作，自然分为黑白子。这棋子冬温夏凉，故此称为冷暖玉。岛上又产玉楸玉，形状像楸木，将其加工成棋盘，光可鉴人。"顾师言与之对弈，下到三十三手，胜负未决，顾师言担心有辱君命，凝神思考，以至手上出汗方才落子。这一手名为镇神头，乃是消解对手的双征之势。此子落下，日本王子瞪目缩手，知道自己无法取胜，回头问唐鸿胪寺官员："顾待诏棋力在大唐排第几？"官员骗他说："排第三。"顾师言其实是大唐第一国手。王子说："我想见见排第一的。"那官员回答他："王子胜了第三才能见到第二，胜第二才可见到第一。现在就着急见第一，怎么能行？"王子搅乱棋局，叹息说："小国的第一不如大国第三，真的是啊！"

评点

小国第一不如大国第三，本就是胡扯。且看当今世界，小国运动员有多少世界冠军？顾师言本就是晚唐围棋第一，他同日本王子对局，也许开始有所轻敌，导致局面被动，但究竟挽回局面，不致丢面子。日本王子失之于不了解敌情，被鸿胪寺官员蒙住了，不然他大可自豪一把。当然，他关于棋子的介绍也是吹牛，是意在扰乱对手心境？当时还是信息太闭塞，我大唐让日本王子领教了一下兵不厌诈的高明。放到今天，这招就行不通了。

温彦博被嘲

原文

【唐】　刘肃《大唐新语·谐谑》

温彦博为吏部侍郎，有选人裴略被放，乃自赞于彦博，称解白嘲。彦博即令嘲厅前丛竹，略曰："竹，冬月不肯凋，夏月不肯热，肚里不能容国士，皮外何劳生枝节？"又令嘲屏墙，略曰："高下八九尺，东西六七步，突兀当厅坐，几许遮贤路。"彦博曰："此语似伤博。"略曰："即拔公肋，何止伤博？"博惭而与官。

译述

温彦博（574—637）任职吏部侍郎，有一个名叫裴略的选官没有通过考评，他便向温彦博自荐，说自己善于白嘲（调笑戏谑）。温彦博当即让他嘲笑官厅前的一丛竹子，裴略便嘲笑说："竹，冬月不肯凋，夏月不肯热，肚里不能容国士，皮外何劳生枝节？"温彦博又让他嘲屏墙，裴略又说："高下八九尺，东西六七步，突兀当厅坐，几许遮贤路。"温彦博说："你这话似乎是讽刺我。"裴略说："我要立刻拔了你的肋骨，何止要伤你的胳膊。"温彦博很惭愧，授给裴略官职。

评点

裴略此人真是机智且敢嘲！吏部侍郎是负责官员升降铨选的，他以竹子和屏墙二物，嘲讽吏部官员不能容人、遮蔽贤路的行为，真的是痛快！温彦博听出他嘲屏墙是在讽刺自己（伤博），但裴略故意把"博"理解为"膊"，称要拔去吏部侍郎的肋骨。温彦博青年时代即与兄温大雅、弟温大有皆以品行、学识、文章闻名于世，时号"三温"。兄弟三人从小就被薛道衡断言皆卿相才。曾被突厥流放阴山的温彦博最终成为与房玄龄、魏徵等名臣共同辅政的宰相之一，死后获得陪葬昭陵的殊荣。他当吏部侍郎，听了人家的讥讽，并不生气，还授其人官职，其度量真是可以！

进士试诸名目

原文

【北宋】 王谠《唐语林·卷二》

进士为时所尚久矣，俊乂实在其中。由此者为闻人，争名常切，为俗亦弊。其都会谓之"举场"；通称谓之"秀才"；投刺谓之"乡贡"；得第谓之"前辈"；相推敬谓之"先辈"；俱捷谓之"同年"；有司谓之"座主"；京兆考而升之，谓之"等第"；外府不试而贡，谓之"拔解"；各相保任，谓之"合保"；群居而试，谓之"私试"；造请权要，谓之"关节"；激扬声问，谓之"往还"；既捷，列其姓名慈恩寺，谓之"题名"；会醵为乐于曲江亭，谓之"曲江宴"；籍而入选，谓之"春关"；不捷而醉饱，谓之"打毷氉"；飞书造谤，谓之"无名子"；退而肄习，谓之"过夏"；执业以出，谓之"秋卷"；挟藏入试，谓之"书策"；此其大略。其风俗系于先进，其制置存于有司。虽然，贤者得其大者，故位极人臣常十有二三，登显列常有六七，而元鲁山、张睢阳有焉，刘辟、元翱有焉。

译述

长久以来，进士都很受世人的推重，其中确实也有出类拔萃之人。进士出身的人都成为名人，争名往往激烈，成为风习也很有害。京都考进士的场所称为"举场"，参加考试的人统称为"秀才"，投递名帖的被称为"乡贡"（由州县到京城），已考中的称为"前辈"，互相推敬的就称"前辈"，同时考中的称为"同年"，主考官被称为"座主"，由京兆府考试而晋礼部试的称为"等第"，外府不经考试而直接参加礼部试的称为"拔解"，相互担保称为"合保"，群居一起参加考试称为"私试"，登门晋见权贵要人称为"关节"，激励宣扬名声学问称为"往还"，考取之后、其姓名登记在慈恩寺称为"题名"，众人集资在曲江亭饮酒作乐称为"曲江宴"，进士登记入选称为"春关"，没有考取因而喝酒解闷称为"打毷氉"，写匿名信造谣诽谤称为"无名子"，举子落第、回家学习称为"过夏"，举子落第、出来做事称为"秋卷"，怀揣小草参加考试称为"书策"，这是其中的大概。这样的风俗是早就有的，但具体的处置则在于官府。虽然如此，贤明的人还是得益最大，故十有二三能够位极人臣，十有六七能够荣膺高官，其中既有元德秀（以品行高洁被称为元鲁山）、张巡（坚守睢阳孤城、抵抗叛军）这样的贤士，也有刘辟、元翛这样的奸臣。

评点

科举考试是在唐代完备的选材制度，这篇笔记解释了当时的一些语词，文字很直白，观此，可令我们了解当时进士试的有关风俗，看那些举子们中与不中的各色表现，也很有意思。按作者所言，科举总体上是成功的，贤明的人可以由此登上仕途，进士中有十之二三位列宰相，有十之六七当了大官。不过他也说，进士当中既有元德秀、张巡这样的名臣，也有刘辟、元翛这样的奸臣败类。刘辟是唐代叛将，他在西川节度使韦皋死后，自立为西川留后，被朝廷拒绝后叛乱，后被杀。元翛是晚唐官员，因贪污军费被处死。

李白《蜀道难》之来历

原文

【北宋】　王谠《唐语林·卷四》

武后朝，严安之、挺之，昆弟也……挺之则登历台省，亦有时名。挺之薄妻而爱其子……（子）严武年二十三，为给事黄门，明年，拥旄西蜀，累于饮筵对客骋其笔札。杜甫拾遗乘醉而言曰："不谓严挺之乃有此儿也！"武恚目久之，曰："杜审言孙子拟捋虎须耶？"合坐皆笑以弥缝之。武曰："与公等饮馔，所以谋欢，何至干祖考耶？"房太尉琯亦微有所忤，忧怖成疾。武母恐害损贤良，遂以小舟送甫下峡，母则可谓贤也，然二公几不免于虎口矣。李太白作《蜀道难》，乃为房、杜危之也。其略曰："剑阁峥嵘而崔嵬，一夫当关，万夫莫开。所守或非人，化为狼与豺。朝避猛虎，夕避长蛇。磨牙吮血，杀人如麻。锦城虽云乐，不如早还家。蜀道之难，难于上青天！侧身四望长咨嗟。"……李翰林作此歌，朝右闻之，皆疑严武有刘焉之志。其属刺史章彝因小瑕，武怒，遽命杖杀之。后为彝之外家报怨，严氏之后遂微焉。

译述

武则天时，严安之、严挺之是亲兄弟……严挺之做官至中央台省一级，当时颇有名气……严挺之对妻子不好，却很喜欢儿子严武（726—765）。严武二十三岁就担任黄门给事，次年为剑南节度使。他专横无忌，经常在饮宴之时对客人不敬。杜甫曾趁醉酒时说："没想到严挺之有这样一个儿子！"严武则是怒目盯视杜甫很久，才说："杜审言的孙子打算捋虎须吗？"在座的客人都笑着为他们开解，严武说："同各位一起饮酒，是为了欢乐，为何要牵扯上长辈？"前太尉房琯也因为小事而得罪严武，忧愤成疾。严武的母亲怕严武伤害杜甫和房琯，安排小船让他们离开四川。严武之母真可称为贤良啊，此时杜甫和房琯二人几乎葬送在虎口之中了！李白知道了此事，因作《蜀道难》之诗，诗中的"所守或非人""杀人如麻"就是指严武。……李白作此诗，朝内大臣知道后，都怀疑严武是要学汉末刘焉割据四川。严武的下属刺史章彝因小过而触怒严武，被严武下令杖杀。后来章彝的外公家为其报仇，严武的后人就不再得势了。

评点

这则笔记讲杜甫与四川土皇帝——剑南节度使严武的交往及李白《蜀道难》诗的由来。严武八岁时，就因为严挺之宠小妾而冷落其生母，趁父妾熟睡时，用小锤将其杀死，成年之后，仍是跋扈好杀。杜甫避居成都，与严武的关系有不少说法，这笔记所录是其中之一。严武割据四川，十分豪横，其母十分担心他给家人带来灭族之祸，但后来他暴病而死，也算为家族去了后患。做人如此，也是悲催！

密告箱的由来

原文

【北宋】　王谠《唐语林·卷五补遗》

武后时，投匦者或不陈事，而谩以嘲戏之言，乃置使阅其书奏，然后投之匦。匦之有司，自此始也。初置匦有四门，其制稍大，难于往来。后遂小其制度，同为一匦，依方色辨之。汉时赵广汉为颍川太守，设缿筒，言事者投书其中，匦亦缿筒之流也。梁武帝诏于谤木、肺石旁各置一函，横议者投谤木函，求达者投肺石函，即今之匦也。初，则天欲通知天下之事，有鱼保宗者，颇机巧，上书请置匦，以受四方之书，则天悦而从之。徐敬业于广陵作逆，保宗曾与敬业造刀车之属，至是为人所发，伏诛。保宗父承晔，自御史中丞坐贬仪州司马。明皇以"匦"字声似"鬼"，改"匦使"为"献纳使"。乾元初，复其旧名。

译述

武后时代，有密报的人不述说事情，而是谩骂嘲笑，于是设置官员，先阅读内容，然后再投进匦，也就是告密箱里，负责密报的官职从此开始。最初的密告箱有四个门、太大，难以搬运。后来变小，同一个箱，用方位颜色辨别。汉代赵广汉任颍川太守时设缿筒，供言事的人往里放信件，武则天时的"匦"就是缿筒。梁武帝下令在谤木、肺石旁各放一个箱子，对政事不满的投书谤木箱、求官的投书肺石箱，就是今天的匦。武则天想知道天下的事情，有个叫鱼保宗的人颇为机巧，上书请求武则天设置"匦"，武则天很高兴，听从了他的意见。后来鱼保宗被人告发，说他帮造反的徐敬业制造刀车，自己丧了命，官至御史中丞的父亲鱼承玮也受牵连被贬官。唐玄宗以匦与"鬼"发音相同，改匦使之名为献纳使，但乾元初年又改了回来。

评点

这则笔记介绍了密告箱的渊源。密告箱源于谤木和肺石。谤木是尧舜时于交通要道竖立的让人在上面写谏言的木柱，后世因于宫外立木以示纳谏，仍称"谤木"；肺石是古时设于朝廷门外的赤石，民有不平，得击石鸣冤。石形如肺，故名。随历史演变，以前的谤木后成为"华表"；肺石则演化为冤鼓，或曰鸣冤鼓、喊冤鼓。如上面笔记所言，汉代时赵广汉当颍川太守，设计了一种叫"缿筒"的东西，用以收集举报信件，这就是最早的密告箱。梁武帝则是把密告箱分为告事的和求官的两种。武则天鼓励密告，设置了专门的密告箱——匦，此风一直流传，作用甚大。

拔河

原文

【北宋】　王谠《唐语林·卷五补遗》

拔河，古谓之牵钩。襄汉风俗，常以正月望日为之。相传楚将伐吴，以为教战。梁简文临雍部，禁之而不能绝。古用篾缆，今代以大麻絚，长四五十丈，两头分系小索数百条，挂于胸前，分两朋、两向齐挽。当大絚之中，立大旗为界，震声叫噪，使相牵引，以却者为胜，就者为输。名曰"拔河"。中宗曾以清明日御梨园球场，命侍臣为拔河之戏。时七宰相、二驸马为东朋，三宰相、五将军为西朋。东朋贵人多，西朋奏"胜不平"，请重定，不为改。西朋竟输。韦巨源、唐休暻年老，随絚而踣，久不能兴。上大笑，令左右扶起。明皇数御楼设此戏，挽者至千余人，喧呼动地，蕃客庶士，观者莫不震骇。进士河东薛胜为《拔河赋》，其词甚美，时人竞传之。

译述

拔河，古称牵钩。湖北一带的风俗，一般在正月十五举行，相传起源于春秋时期楚伐吴之前的作战训练。南朝梁简文帝萧纲任雍州（侨置州，在今襄阳）刺史时加以禁止，但不能禁绝。古时候拔河使用竹篾制的缆绳，后来使用粗麻绳，长四五十丈，两端分别系上数百根小绳子，挂在胸前，两拨人反向用力拉。大绳正中间立大旗为界，双方呼喊加油用力，以退者为胜、进者为输。唐中宗在清明节时来到梨园球场，命大臣拔河为戏，七宰相、二驸马为一方，三宰相、五将军为一方，结果有驸马的一方因"贵人多"而获胜，另一方不服，请求重赛，中宗不许。两位年老的宰相韦巨源、唐休暻随绳仆地，自己都爬不起来，中宗大笑，让侍从扶他们起来。唐玄宗时，参与拔河的有千余人，呼声动地，中外观者震骇不已。河东人进士薛胜专门做《拔河赋》，文辞甚美，传至后来。

评点

拔河这一民间体育活动有如此悠久的历史！唐朝确实是个挺有意思的朝代，想想看，千余人参加拔河，还有宰相、驸马、六七十岁朝臣对垒拔河，那是多么有趣的场面！

诗会出丑

原文

【北宋】　范镇《东斋记事·卷一》

赏花钓鱼会赋诗，往往有宿构者。天圣中，永兴军进"山水石"，适置会，命赋"山水石"，其间多荒恶者，盖出其不意耳。中坐优人入戏，各执笔若吟咏状。其一人忽仆于界石上，众扶掖起之。既起，曰："数日来作一首赏花钓鱼诗，准备应制，却被这石头擦倒。"左右皆大笑。翌日，降出其诗令中书铨定，秘阁校理韩羲最为鄙恶，落职，与外任。初，永兴造砖塔，姜遵知府多采石以代砖甓及烧灰，管内碑碣为之一空。得是石不敢毁，来献。其石盖榻状也，书"山水"二字，镵之字可数尺，笔势雄健。施枕簟其上，水流其间，潺潺有声。盖开元中所作也，今在清晖殿。

译述

宋仁宗天圣年间（1023—1032），经常集合大臣赏花、钓鱼，并且赋诗，有人诗才不佳，只好前一天晚上先作好诗准备着。这天，永兴军进贡了一块山水石，仁宗便命大家以此为题赋诗。因事出突然，有些人写得很差。座中的伎人戏子也很入戏，都拿着笔作吟咏状，其中一人突然倒在石上，被众人扶起后说："几天来作了一首赏花钓鱼诗，准备给皇上看，却被这石头擦倒！"左右之人大笑。第二天皇帝把这些诗放出来，让中书省评定高低，秘阁校理韩羲作的诗最差，被降职外放。关于这块石头的来源，当初永兴府造砖塔，知府姜遵多以石头代替砖和石灰，当地的碑碣为此而用光。姜遵得到此石，不敢毁掉，献给皇上。石头呈床榻状，上刻"山水"二字，大数尺，笔势雄健。在石上放枕席，会听见水流其间，潺潺有声。石头为开元年间（713—741）物，至今仍在清晖殿。

评点

文才是做不得假的。即使蒙混得一时，终有出乖露丑的时候。诗才这东西，哪能人人都有？所以七步成诗被誉为天才。然而大臣们总需要在皇帝前表现，打小草、头一天做好便也难免，大家心照不宣就是。但总有特例，这次皇上得了块石头，便让一些人出了丑。附庸风雅，要随时有这个思想准备。

柳永翻车

原文

【北宋】　王辟之《渑水燕谈录·卷八》

柳三变，景祐末登进士第。少有俊才，尤精乐章。后以疾更名永，字耆卿。皇祐中，久困选调。入内都知史某爱其才而怜其潦倒。会教坊进新曲《醉蓬莱》，时司天台奏老人星见，史乘仁宗之悦，以耆卿应制。耆卿方冀进用，欣然走笔，甚自得意，词名《醉蓬莱慢》。比进呈，上见首有"渐"字，色若不悦。读至"宸游凤辇何处"，乃与御制《真宗挽词》暗合，上惨然。又读至"太液波翻"，曰："何不言'波澄'！"乃掷之于地。永自此不复进用。

译述

柳永（982—1057，原名柳三变）在景佑（1034—1038）末年就中了进士。他少年时就有才名，尤其精于音乐。后来因病改三变之名为"永"，字耆卿。皇祐年间长期当不了官。一位姓史的宦官爱他的才华，又可怜他穷困潦倒，就把他推荐给宋仁宗。正好当时教坊进呈给仁宗一曲《醉蓬莱》，司天台又说有老人星出现，史某乘仁宗心情好，便让柳永做一首词。柳永正想着获得仁宗青睐，遂欣然走笔，写出一首名为"醉蓬莱慢"的词，自己很得意。仁宗看到词作，见首字是"渐"，就不大高兴；读到"宸游凤辇何处"这句，觉得与自己所作的真宗挽词暗合，更是伤心；又读到"太液波翻"，便说道："为何不说波澄！"把诗稿扔在地上，柳永自此不被进用。

评点

柳永这首词的全文是："渐亭皋叶下，陇首云飞，素秋新霁。华阙中天，锁葱葱佳气。嫩菊黄深，拒霜红浅，近宝阶香砌。玉宇无尘，金茎有露，碧天如水。　正值升平，万几多暇，夜色澄鲜，漏声迢递。南极星中，有老人呈瑞。此际宸游，凤辇何处，度管弦清脆。太液波翻，披香帘卷，月明风细。"词的上片写皇宫秋景，下片写皇帝出游。可能由于柳永词人的气质，也可能由于他过于依赖自己敏捷的才思，词中虽意在歌颂皇帝，但缺少雍容华贵、富丽堂皇之态。柳永在词中极尽歌功颂德之能，但却未对相关情况了如指掌，以至于出现颂词竟有语句与悼词暗合，犯了大忌，再加仁宗本对他有成见，故而多方挑剔，比如"渐"一般用于皇帝病危，却用在句首；"翻"也不是吉语，等等。这一次献诗，不仅机遇与柳永擦肩而过，且使柳永"自此不复进用"，真是时也命也！其实仁宗洞晓音律，早年亦颇喜欢柳永的词，但柳永好作艳词，仁宗即位后更重儒雅，对此颇为不满。据说进士放榜时，仁宗就引用柳永词"忍把浮名，换了浅斟低唱"说，"既然想要'浅斟低唱'，何必在意虚名"，遂刻意划去柳永之名。人啊，有才华，也要遇到对的人、用在对的地方。

梁山泊如何变农田

原文

【北宋】　王辟之《渑水燕谈录·卷十》

往年士大夫好讲水利。有言欲涸梁山泊以为农田者，或诘之曰："梁山泊，古钜野泽，广袤数百里。今若涸之，不幸秋夏之交行潦四集，诸水并入，何以受之？"贡父适在坐，徐曰：“却于泊之傍凿一池，大小正同，则可受其水矣。”坐中皆绝倒，言者大惭沮。

译述

先前有些士大夫很喜欢谈论水利。有一人说要排干梁山泊的水，把它改造成农田。别人问他：“梁山泊是古代的巨野泽，方圆有好几百里，现在要弄干它的水来造田，如果夏秋之间洪水汇集，各条河流的水都要流入，都要把它们容纳于何处呢？”刘攽（1023—1089，字贡父）刚巧在坐，他不慌不忙地说：“只要在梁山泊的旁边凿一个大湖，大小正好与梁山泊相若，不就可以容纳那些积水了吗。”满座的人笑到直不起腰，那个说要把梁山泊改造为农田的人极为惭愧沮丧。

评点

刘攽生于宋真宗乾兴元年（1022），卒于哲宗元祐三年（1088），年六十七。他出自诗书世家，与兄敞同举仁宗庆历六年（1046）进士。始为国子监直讲，历官至中书舍人。攽为人疏隽，不修威仪，喜谐谑，数招怨悔，终不能改。关于这个故事，另外有记载说，是有人向王安石出此建议，后来王安石听到刘贡父的话，才“笑而止之”。这则笔记既讽刺了一些不学无术、不切实际、夸夸其谈的官吏；又赞美了刘贡父的机智、俏皮，让人在忍俊不禁之中思考，很有深度。

年号背后

原文

【北宋】　欧阳修《归田录·卷一》

仁宗即位，改元天圣，时章献明肃太后临朝称制，议者谓撰号者取天字，于文为"二人"，以为"二人圣"者，悦太后尔。至九年，改元明道，又以为明字于文"日月并"也，与"二人"旨同。无何，以犯契丹讳，明年遽改曰景祐，是时连岁天下大旱，改元诏意冀以迎和气也。五年，因郊又改元曰宝元。自景祐初，群臣慕唐玄宗以开元加尊号，遂请加景祐于尊号之上，至宝元亦然。是岁赵元昊以河西叛，改姓元氏，朝廷恶之，遽改元曰康定，而不复加于尊号。而好事者又曰"康定乃谥尔"。明年又改曰庆历。至九年，大旱，河北尤甚，民死者十八九，于是又改元曰皇祐，犹景祐也。六年，日蚀四月朔，以谓正阳之月，自古所忌，又改元曰至和。三年，仁宗不豫，久之康复，又改元曰嘉祐。自天圣至此，凡年号九，皆有谓也。

译述

仁宗即位，太后辅政，年号天圣，意思是"二人圣"。九年后改元明道，"明"乃"日月并"，与"二人圣"相同。因为明道犯了契丹的忌讳，第二年便改元景祐。改这个，是因为连年大旱，希望以此迎来和畅之气。过了五年，因为要行郊祀，又改年号为宝元。过了两年，赵元昊在河西叛乱，改姓元，朝廷嫌宝元年号恶心，急忙改年号为康定。这时有好事者说"康定是谥号所用之字"，第二年又改元庆历。庆历九年，天下大旱，河北尤甚，死者十有八九，于是又改元皇祐，其意同景祐一样。皇祐六年四月发生日食，正阳之月日食为自古所忌，只好又改元至和。至和三年，仁宗生病，很久才康复，又改元为嘉祐。九个年号，各有背景。

评点

中国古代从汉武帝起使用年号，每个年号背后都有故事。这则笔记讲了宋仁宗时九个年号背后的故事。宋仁宗也算是个好皇帝了！处处希望应天顺人，也确实做了不少事，但王夫之认为仁宗"无定志"，我们看他在年号上这么折腾，也真是这个意思！这段历史另外给我们的启发是，越是光鲜亮丽的年号，背后的景致越是不堪。善良的人们，可不要低估了封建统治者曳尾涂中唱高调的本事！在年号问题上，明清时期一个皇帝年号从头用到尾，倒是简单多了。这样的话，粉饰太平，就要用其他手法了。

石中立性滑稽

原文

【北宋】　司马光《涑水记闻·卷三》

中立性滑稽，尝与同列观南御园所畜狮子，主者云：

"县官日破肉五斤以饲之。"同列戏曰:"吾侪反不及此
狮子邪?"中立曰:"然。吾辈官皆员外郎,敢望园中狮
子山乎?"众大笑。朝士上官辟尝谏之,曰:"公名位非
轻,奈何谈笑如此?"中立曰:"君自为上官辟,何能知
下官口?"及为参知政事,或谓曰:"公为两府,谈谐度
可止矣。"中立取除书示之曰:"敕命我'可本官参知政
事,余如故',奈何止也?"尝坠马,左右惊扶之,中
立起曰:"赖尔'石'参政也,向若'瓦'参政,齑粉
久矣!"

译述

石中立(972—1049)喜幽默、善诙谐。他与同僚去皇家
的南御园看狮子,主事的人告诉他们狮子每天吃五斤肉,有
人开玩笑说:"我们这些人还赶不上这狮子啊!"石中立说:
"是啊。我辈的官职都是员外郎(谐音园外狼),怎敢同园中
的狮子相比?"众人大笑。有个名叫上官辟的大臣劝他:"你
的官职也不小了,怎么如此随便开玩笑?"他便说:"你上官
辟(鼻)怎么管我下官的口?"他当上副相,有人问他:"你
做了副相,大概不会那么诙谐了吧?"他却拿出任命书,说:
"皇上命我'可本官参知政事,其他同以前一样',我为何要
停止?"他曾从马上掉下来,左右扶他起来,他还幽自己一
默:"幸亏我是石参政,要是瓦参政,早就摔成粉末了!"

评点

石中立这样的宰相(参知政事为副宰相)也是异数!历史
上的宰相大人,常常喜欢把江山社稷挂在嘴边,把严肃正经贴

在脸上，动辄拒人于千里之外。而石中立却和蔼可亲、幽默至极，颇为另类。然而这样的人还是不能见容于官僚体系。他在景祐四年（1037）拜参知政事。次年便因灾异数见，谏官韩琦称"中立在位，喜诙笑，非大臣体"，遭罢相。严肃呆板的官场，有此幽默之人，增加了一层温暖的色彩。古今官场，多是勾心斗角、尔虞我诈，如石中立这样的官员算是稀有物种了。

入木十分

原文

【北宋】　何薳《春渚记闻·卷五》

宗室赵子正监永静军，耽酒嗜书札，而喜人奉己。有过客执觚而前，正遇赵于案间挥翰自得。客自旁视再三，而叹美其妙。赵举首视之，曰："汝亦知书耶？"客曰："小人亦尝留心字画，切观太保之书，虽王右军复有不及者。"赵诟之曰："汝玩我耶？"曰："某尝观《法书》云：王书一字，入木八分。今太保之书，一落笔则入木十分，岂不为过于右军耶？"坐人皆赏其机中，为之绝倒，赵亦笑而遣之。

译述

皇族赵子正任永静军监军，他好喝酒，喜欢写字，又喜欢别人吹捧。一天，赵正在案间书写且自觉很好，有过路人拿着酒器上前，在旁边认真看了会，口中不断赞美赵书艺美妙。赵抬头看那人，问他："你也懂书法吗？"那人说："不才我也曾留心于字画，亲眼看到大人的书法，就连王羲之也不如您啊！"赵斥责他说："你是在戏弄我吗？"那人说："我曾读过《法书》，书上说王羲之写字入木八分，今天大人您的书法，一落笔就入木十分，岂不是超过了王羲之吗？"在座的人都赞他会说话，为他的话而笑得前仰后合。赵子正也笑，放过了他。

评点

观此笔记，可知奉承领导是大艺术。说话得体，令领导舒服接受，才是高境界，那些只会翘大拇指喊好的，是过于低级了！领导有爱好，又喜欢让下属奉承，这就比较危险，这样的领导很容易落入逢迎拍马者的包围。上面笔记中的这位就很高明，既讽刺了皇室监军，又没让人抓住把柄、惹祸上身，批评也需要艺术啊！

诗家姚嗣宗

原文

【北宋】　文莹《湘山野录·卷中》

高副枢若讷一旦召姚嗣宗晨膳，忽一客老郎官者至，遂自举新诗喋喋不已。日既高，宾主尽馁，无由其去。姚亦关中诗豪，辨谑无羁，潜计之，此老非玩不起。果又举《甘露寺阁》诗云"下观扬子小"，姚应声曰："宜对'卑末狗儿肥'。"虽愠不已，又举《秋日峡中感怀》曰"猿啼旅思凄"，姚应曰："好对'犬吠王三嫂'。"老客振色曰："是何下辈？余场屋驰声二十年。"姚对曰："未曾拨断一条弦。"因奋然而去。高大喜，因得就匕。

译述

诗人姚嗣宗喜欢开玩笑，一天，枢密副使高若讷（997—1055）请他吃早饭。二人刚坐下，一位老郎官不请自到，喋喋不休地对二人炫耀自己的新诗。太阳老高了，二人饥肠辘辘，也没办法让老郎官离开。姚嗣宗本是关中诗豪，戏谑辩论是强项，他知道此老不戏弄他一下，他不会走。此时老郎官又读自己《甘露寺阁》诗，其中有句"下观扬子小"，姚嗣宗接上说："应对'卑末狗儿肥'。"老郎官嫌弃他粗俗，有些生气，接着又读："猿啼旅思凄。"姚嗣宗忙说："这个好对，'犬吠王三嫂'再合适不过。"老郎官气得变色道："你算什么后辈？我可是'场屋驰声二十年'！"不料姚嗣宗张口怼道："未曾拨断一根弦。"老郎官招架不住，悻悻而去。高、姚二人相视大笑，终于吃上了早饭。

评点

这位老郎官是属于很没有眼力见的人，喋喋不休地念自己的诗，却看不到人家无法吃早饭。姚嗣宗嘲弄老郎官，首句是故意将对方的"下观扬子小"听成"下官羊子小"，次句是将其"旅思凄"谐音为"吕四妻"，因有下句之对。最后一句，老郎官说自己在科场二十年，言下之意是应该得到尊敬；姚对“未曾拨断一根弦”，意思是对方一事无成、无所作为，不值得尊敬，所以老郎官只好走了。其实这样的人今天也不少见，把自己或有道理或没道理的观点、或明显或不明显的成绩天天挂在嘴边，逢人便讲，也不管别人心中咋想，这其实挺尴尬的。常见有人不分场合，只知道高谈阔论、炫耀自己，此时就需要姚嗣宗这样的人给他当头一棒。

捧砚得全牛

原文

【北宋】　文莹《湘山野录·卷下》

石曼卿一日谓秘演曰：“馆俸清薄，不得痛饮，且僚友镤之殆遍，奈何？”演曰：“非久引一酒主人奉谒，不可不见。”不数日，引一纳粟牛监簿者，高资好义，宅在朱家曲，为薪炭市评，别第在繁台寺西，房缗日数十千。长谓演曰：“某虽薄有涯产，而身迹尘贱，难近清贵。慕师交游尽馆殿名士，或游奉有阙，无吝示及。”演因是携之以谒曼卿，便令置宫醪十担为贽。列酝于庭，演为传刺。曼卿愕然问曰：“何人？”演曰：“前所谓酒主人者。”不得已因延之，乃问甲第何许，生曰：“一别舍介繁台之侧。”其生粗亦翔雅。曼卿闲语演曰：“繁台寺阁虚爽可爱，久不一登。”其生离席曰：“学士与大师果欲登阁，乞预宠谕，下处正与阁对，容具家蔌在阁迎候。"石因诺之。一日休沐，约演同登。演预戒生，生至期果陈具于阁，器皿精核，冠于都下。石、演高歌褫带，饮至落景。曼卿醉，喜曰："此游可纪。"以盆渍墨，濡巨笔以题云："石延年曼卿同空门诗友老演登此。"生拜扣曰："尘贱之人幸获陪侍，乞挂一名以光贱迹。"石虽大醉，犹握笔沉虑，无其策以拒之，遂目演，醉舞伴声讽之曰："大武生牛也，捧砚用事可也。"竟不免，题云："牛某捧砚。"永叔后以诗戏曰："捧砚得全牛。"

译述

一天石延年（字曼卿）与好友秘演和尚说："我挣的钱太少，想痛痛快快地喝几顿酒都不行。"秘演说："我马上带一个酒主人见你。"没几天，秘演领着一个捐钱得官的牛监簿来了，还带来十石宫廷美酒为礼物，之后递上牛的名帖。石延年问是何人，秘演告诉他这位就是酒主人。石只好接见，问牛某住何处。牛某回答："我有一处住宅紧挨着繁台（即开封吹台）。"见这牛某粗通文墨，石便对秘演说："繁台寺阁清爽可爱，好久没有登临了。"牛某立即起身说："学士和大师如果愿意登阁，请让我准备家宴迎候你们。"石便答应了下来。某天石延年休假，约秘演共登繁台。秘演通知牛某提前在台下备好席面，餐具之精美冠于京城。二人解下衣带，高歌助兴，一直喝到日落。石喝得酩酊大醉，高兴地说："此游可记。"于是用大号毛笔，蘸着盆内的墨汁写道："石延年曼卿同空门诗友老演登此。"牛某在旁拜叩道："在下幸运地陪侍你们，请也给我挂上个名，沾你们的光扬扬名。"石延年已经大醉，沉吟了半晌，不好拒绝，去看秘演。秘演趁着有酒，大声提醒石延年说："你这大武生是牛，可为捧砚的。"石延年于是提笔写上"牛某捧砚"。欧阳修（字永叔）听说这件事，写了一首诗，其中有句"捧砚得全牛"——捧砚台成全了牛先生。

评点

石延年是宋代文学家、书法家，风流倜傥，磊落奇特，气概雄伟，酒量过人，此则笔记讲了他一个饮酒故事。石延年爱喝酒，同僚朋友都喝遍，不能尽兴，于是秘演和尚为他带来了牛某。这位牛某，请名人吃喝一场也就罢了，名人题记时，他也要人家把自己的名字写上去，最后落个捧砚的角色，当然也算达到目的了。附庸风雅，代不乏人；敬慕高士，人同此心。然而如果自己没有这方面的天分和才艺，就应该离高人远一点，在心里尊敬就可以了，千万别像这位牛某，以为人捧砚而出名。附庸风雅被打脸，破财且丢人。而今这样的人也很多啊，以牛某为镜，会发现身边也有同类之人。

秘演改苏舜钦诗

原文

【北宋】　文莹《湘山野录·卷下》

苏子美有《赠秘演师》诗，中有"垂颐孤坐若痴虎，眼吻开合犹光精"之句。人谓与演写真。演颔额方厚，顾视徐缓，喉中含其声，尝若鼾睡。然其始云"眼吻开合无光精"，演以浓笔涂去"无"字，自改为"犹"字，向子美诟之曰："吾尚活，岂当曰'无光精'耶？"中又有一联云："卖药得钱只沽酒，一饮数斗犹惺惺。"又都抹去。苏曰："吾之作谁敢点窜耶？"演曰："君之诗，出则传四海。吾不能断荤酒，为浮图罪人，何堪更为君诗所暴？"子美亦笑而从之。

译述

苏舜钦（1008—1048，字子美）《赠秘演师》中有"垂颐孤坐若痴虎，眼吻开合犹光精"之句，大家都说是为秘演画像。秘演和尚生来就下颔与额头方厚，转头缓慢，喉中含声，就如同打鼾一样。此句苏舜钦原文为"眼吻开合无光精"，秘演以浓墨涂去"无"字，改为"犹"字，批评苏舜钦说："我还活着，怎么能说是'无光精'呢？"诗中还有一联："卖药得钱只沽酒，一饮数斗犹惺惺。"秘演也给抹掉了。苏舜钦说："谁敢乱改我的诗啊！"秘演说："你的诗，公布出来就会传遍四海。我不能戒酒，已经是佛家罪人了，怎能忍受再被你的诗所揭露？"苏舜钦笑着接受了秘演的意见。

评点

秘演是僧人，与欧阳修、苏舜钦、石延年等人多有交游。苏舜钦是大诗人，但看秘演所改的两处，确有改动的必要，前者"眼吻开合无光精"，这是将死之人啊！苏舜钦此句，是把人说死了；后者说卖药买酒，却是揭人隐私，不改真说不过去。可见不管什么人，写诗作文，都要殚精竭虑，认真修改。

束帛束脩之义

原文

【北宋】 文莹《湘山野录·卷下》

夏英公镇襄阳，遇大赦，赐酺宴，诏中有"致仕高年，各赐束帛"。时胡大监旦瞽废在襄，英公依诏旨选精缣十匹赠之。胡得缣，以手扪之，笑曰："寄语舍人，何寡闻至此！奉还五匹，请检《韩诗外传》及服虔、贾谊诸儒所解'束帛戋戋，贲于丘园'之义，自可见证。"英公检之，果见三代束帛、束修之制。若束修则十挺之脯，其实一束也；若束帛则卷其帛，屈为二端，五匹遂见十端，表王者屈折于隐沦之道也，夏亦少沮。

译述

夏竦（985—1051，封英国公）任襄州知州时，碰上皇帝大赦天下、赐官民饮酒燕宴，诏书中有"致仕高年，各赐束帛"的话，意思是赐给退休的高官束帛一份。当时国史馆修撰胡旦（955—1034）住在襄阳，已经失明，夏竦按诏书旨意，选了十匹上好的细绢送给胡旦。胡旦用手摸着绢帛，笑着说："告诉知州大人，为何如此缺少见识！我还回五匹。请知州大人查一下《韩诗外传》及服虔、贾谊等人所解说的'束帛戋戋，贲于秋园'的意思，自可明白。"夏竦查了书，才知道三代之时束脩束帛之制的详细：束脩是十条干肉捆为一束，束帛则是将帛折起来，一匹帛为两端，五匹帛便为十端，以此表达王者对隐逸的尊崇之意。夏竦明白了此意，有些沮丧。

评点

夏竦此时是想当然了！他觉得，束脩是十条干肉，束帛也应该是十匹帛，因此被胡旦讥笑。胡旦曾做过夏竦的老师，但夏竦此时已经是高官，在敬老的礼节上出了纰漏，又被胡旦指教了，怎能不沮丧？不过通过这则笔记，我们学到了束脩和束帛的具体含义，也有意义。我们在治学处世时，也要避免"想当然"，少犯将"七月流火"理解为天气炎热之类的错误。

文盲掉文

原文

【北宋】 文莹《玉壶清话·卷八》

党进者，朔州人，本出奚戎，不识一字。一岁，朝廷遣进防秋于高阳。朝辞日，须欲致词叙别天陛，阁门使吏谓进曰："太尉边臣，不须如此。"进性强很，坚欲之。知班不免写其词于笏，俾进于庭，教令熟诵。进抱笏前跪，移时不能道一字，忽仰面瞻圣容，厉声曰："臣闻上古，其风朴略，愿官家好将息。"仗卫掩口，几至失容。后左右问之曰："太尉何故忽念此二句？"进曰："我尝见措大们爱掉书袋，我亦掉一两句，也要官家知道我读书来。"

译述

党进（927—978）是朔州人，行伍出身，祖先是奚族之
人，一个字也不认识。有一年，皇上命党进赴高阳镇守，防止
外族抢粮。朝廷辞行之时，按惯例须向皇上致辞告别，但有关
礼仪官知道他不识字，对他说："太尉是边防大臣，就不必致
辞了。"党进性格执拗，偏要向皇上致辞，以表忠心。领班大
臣无奈，只好替他拟好呈辞，写在笏板上，陪他来到皇廷，并
让他背熟。然而陛见时，党进双手握着笏板，上前跪下，半
天不吭声，忽然抬头看着皇上，厉声说道："臣闻上古其风朴
略，愿官家好将息。"（我听说上古帝王崇尚简朴，希望皇上
能够调整休息。）满朝大臣与护卫听了，无不掩口失笑，忍俊
不禁。出来之后，随从问他："太尉怎么想到说这两句话。"
党进说道："我见那些穷书生都爱掉书袋，我也要掉两句书
袋，让陛下知道我也读书了。"

评点

本是粗人，却非要掉书袋。党进在赵匡胤面前说的那两句
话与朝见辞行完全不搭，他还洋洋得意，说是总算让皇上知道
他读书了。宋代重文轻武，所以行伍出身的文盲也要掉文，以
表明自己非无学之人，世风影响人心大哉！然而需要真学，不
然出乖露丑，丢人的是自己。事情就是如此可笑，越是书读得
不多的人，却偏偏想给人留下知识渊博的印象。我们今天多见
各路"学者专家"不注意藏拙，在各种场合发声，又不先下功
夫，所以往往贻笑于人，得无慎乎？

徽宗年号含义

原文

【南宋】 蔡绦《铁围山丛谈·卷一》

太上即位之明年改元建中靖国者，盖垂帘之际，患熙、丰、元祐之臣为党，故曰建中靖国。实兄弟为继，故踵太平兴国之故事也。明年亲政，则改元崇宁。崇宁者，崇熙宁也。崇宁至五年正月慧出，乃改明年为大观。大观者，取《易》"大观在上"，但美名也。大观至四年夏五月慧出，因又改明年为政和。政和者，取"庶政惟和"之义也。政和尽八年，时方士援汉武故事，谓黄帝得宝鼎神策，是岁己酉朔旦冬至，为得天之纪，而汉武但辛巳朔旦冬至，然今岁适己酉朔旦冬至，真得天之纪矣。又太宗皇帝以在位二十年，因大赦天下。是时上在位已有十有九年，明年当二十年。举是二者，乃下赦改十一月冬至朔旦为重合元年。重合者，谓"和之又和"也。改元未几，会左丞范致虚言犯北朝年号。盖北先有重熙年号，时后主名熙，其国中因避"重熙"，凡称"重熙"则为"重和"，朝廷不乐。是年三月遽改重和二年为宣和元年。宣和改，上自以常所处殿名其年，然实欲掩前误也。自号宣和，人又谓一家有二日为不祥，及方腊起，连陷二浙数郡，上意弥欲易之，独难得美名。会寇甫平而止，七年冬遂内禅云。

译述

此则笔记讲北宋徽宗时年号拟定的背景。徽宗即位，次年改元建中靖国，是太后垂帘听政，以熙宁、元丰、元祐年间大臣结党为患，故名。徽宗哲宗兄弟为继，也是仿太宗太平兴国之故事。第二年徽宗亲政，改元崇宁，是尊崇神宗熙宁年号的意思。崇宁五年正月出现彗星，乃改第二年为大观，取自《易》"大观在上"，就是个好听的名字。大观四年五月又出现彗星，故又改次年为政和元年，意思是"庶政惟和"。政和八年，听从方士意见，援汉武帝和太宗时故事，改元为重和，意思是"和之又和"。改元没多久，左丞相范致虚称此年号与辽国年号相犯。辽国先有重熙年号，当时其国主名耶律熙，国中需避"熙"字之讳，"重熙"改为"重和"。皇上不高兴，所以这年三月急忙改重和为宣和。徽宗称改元为宣和，是以自己所处的宫殿为年号，其实是为了掩盖之前的错误。用了宣和之后，又有人认为"宣"乃"家有二日"，不祥，后来又有方腊之乱，浙江数郡失陷，徽宗因此很想再次改名，但难以找到好名字。后来方腊之乱被平定，才不再改，宣和七年冬禅位于钦宗。

评点

叙述这些改元背景之后，作者蔡絛评论说，徽宗改元频繁，原因在于年号之名不应袭用前代的，当时又忌讳太多，所以难以切合。这方面前人已经是过于穿凿，比如我们介绍过的仁宗时的改元。这方面有十几个说法，大概出于宦官女子的见识吧。宋朝历史上数次太后垂帘听政，所以年号方面内廷的议论多也是当然的。不过治国要靠帝王雄才大略、文武百官的开拓经营、军队的能征惯战，这些方面不成，光是在年号上计较，终是不能成事。治理国家，不能只靠美好愿望。像宋徽宗这样，年号一个比一个吉祥，国家的状况却一天不如一天，最终导致"靖康之耻"，酿成了北宋的灭亡。

宋代上朝进退之法

原文

【南宋】 蔡绦《铁围山丛谈·卷二》

国朝垂拱殿常朝班有定制，故庭下皆著名位。日日引班，则各有行缀，首尾而趋就位。既谒罢，必直身立，俟本班之班首先行，因以次迤逦而去，谓之卷班。常朝官者，皆将相近臣与执事者而已，故仪矩便习。脱在外侍从尝为守帅，因事过阙还朝，若带学士、待制职名，则便当入缀本班。然帅守在外，以尊大自惯，乍入行缀，又况清禁严肃，率多周章失次。故在内从臣共指目之，每曰："此下土官人又来也。"

译述

宋代大臣在垂拱殿上朝行列有定制，大庭之下都写着名称位次，每日上朝，前后都有常例，首尾相衔而就位。朝见完毕，直身立定，待本班之首先行，之后依次退下，称作卷班。朝见的官员，都是将相近臣与六部首脑，对朝仪规矩都熟悉。在外的郡守将帅因事进京入朝，若有学士、待制之类职名的，就要进入本班行列。然而将帅郡守们长期在外，惯于以己为尊，乍入行列，又兼朝堂气氛严肃，往往进退失据，因而内廷众臣往往都指着他说："这是外地官员又来啦。"

评点

刘邦当了皇帝，叔孙通训练诸将相朝堂上的礼仪，所以有了"汉官威仪"这个成语。看此记载，北宋朝廷上的官员上朝时，站立的地方是有名位的，这样才不会乱，而且学士、待制、各部皆有自己的行列，时间长了，自然整齐，此时插入个外官，找不准位置也正常。看电视剧《清平乐》，这方面表现得很到位。我们今天了解古代礼仪很重要。尤其是在电影电视剧中，除了服装化装道具外，背景时代的礼制也应重视。穿着宋朝的衣服，行着清代的礼节，说着当代的话，多么别扭！

宋朝宰相待遇

原文

【南宋】　蔡绦《铁围山丛谈·卷二》

宰相堂食，必一吏味味呼其名，听索而后供。此礼旧矣。独"菜羹"以其音颇类鲁公姓讳，故回避而曰"羹菜"，至今为故事。

国朝礼大臣故事，亦与唐五季相踵。宰相遇诞日，必差官具口宣押赐礼物。其中有涂金镂花银盆四，此盛礼也。独文潞公自庆历八年入拜，厥后至绍圣岁丁丑，凡五十年，所谓镀金镂花银盆固在。遇其庆诞，必罗列百数于座右，以侈君赐。当时衣冠传以为盛事。

译述

这是两则有关宋代宰相待遇的笔记。其一：宰相的公署膳食，是有一小吏先报出每道菜的名称，宰相要吃才送上。这一礼仪沿用很久，到蔡京（1047—1126，赠鲁国公）任宰相，因为"菜羹"的发音与"蔡京"相近，故回避而称为"羹菜"，并沿用下来。其二：宋朝礼待大臣，继承唐五代时做法，到了宰相的生日，必定派官员传达皇上问候，并押送所赐礼物。礼物中最盛大的，是四件涂金镂花银盆。文彦博（1006—1097，封潞国公）自庆历八年（1048）拜相，直到绍圣丁丑之年（1097），前后五十年的银盆都保存着，到了他的诞辰日，必定把上百的银盆罗列摆放出来，以宣传君主的厚赐，当时士人相传，以为盛事。

评点

为了避蔡京名讳，菜羹要改为羹菜；文彦博在相位五十年，光皇帝所赐的银盆就有上百，所以，宰相历来被称为"位极人臣"，不是虚的。宋朝又尤其重文士，到了明代以后，宰相就不那么尊崇了，后来更取消了此职，而代之以大学士，地位更往下了。宋朝，文官地位高，武官地位低。到蔡京这儿，已经是高出界了。作为太师宰相，朝堂工作餐为了避免与他的姓名犯冲，"菜羹"要改为"羹菜"，意思是菜汤不是菜汤，而是汤菜。这待遇，已经无限接近赵官家了！

不设大臣座位

原文

【南宋】　邵博《邵氏闻见后录·卷一》

自唐以来，大臣见君，则列坐殿上，然后议所进呈事，盖坐而论道之义。艺祖即位之一日，宰执范质等犹坐，艺祖曰："吾目昏，可自持文书来看。"质等起进呈罢，欲复位，已密令中使去其坐矣。遂为故事。

译述

唐代的时候，大臣朝见君主，都是坐在殿上，商议各自所进呈之事，这大概就是"坐而论道"的意思。宋太祖赵匡胤即位之时，宰相范质（911—964）等人还是坐着的，但有一天赵匡胤说："我眼睛不好，你们把文书拿过来我看。"范质等起身呈上文书，想要坐回去，太祖已密令宦官把座位撤掉了。以后沿用此例，再也不为大臣们设座位了。

评点

说起来，还是春秋时期国君与臣下更平等一些，大家席地而坐讨论事情，外国使臣来了，也只是主客之分而已。不过也是，那时没有大一统啊！皇帝，还是派头大！帝王的威权都是一步步培养起来的。宋太祖赵匡胤当皇帝前，官位低于范质等，如今当了皇帝，当然要建立高高在上的感觉，所以不能容忍群臣坐着。赵匡胤抑武重文，又多才多艺，所以被宋代人称为艺祖，看他不动声色，就把大臣的座位撤去了，也确实够艺术的！历史越往后，君权越至高无上，到清朝，大臣们只能跪着回皇上的话了。

世传《论语》错字

原文

【南宋】 邵博《邵氏闻见后录·卷四》

张籍《祭退之》诗云："《鲁论》未讫注，手迹今微茫。"是退之尝有《论语》传未成也。今世所传，如"宰予昼寝"，以"昼"作"画"字；"子在齐闻《韶》，三月不知肉味"，以"三月"作"音"字；"浴乎沂"，以"浴"作"沿"字，至为浅陋，程伊川皆取之，何耶？又"子畏于匡，颜渊后。曰：'吾以尔为死矣。'曰：'子在，回何敢死？'"死字自有意义。伊川之门人改云："子在，回何敢先？"学者类不服也。

译述

张籍《祭退之》诗有句"鲁论未讫注，手迹今微茫"，是说韩愈（字退之）曾作《论语》传，但未完成。今世传《论语》别字，如"宰予昼寝"，"昼"字应为"書"字之误；"子在齐闻《韶》，三月不知肉味"，"三月"应为"音"字之误，此句应断为"子在齐闻《韶》音，不知肉味"；"浴乎沂"，"浴"字应为"沿"字之误，意思都很浅显，程颢认为有道理，为什么呢？另外，对于"子畏于匡，颜渊后。曰：'吾以尔为死矣。'曰：'子在，回何敢死？'"这里的死字另有意义。程颢的学生认为是"子在，回何敢先？"学者们却认为不对。

评点

古人做学问，自有独到之处。关于《论语》，我们今天所读的，还是一般的注本，但细品之，这里的几处改动还是很有道理的，比如"三月不知肉味"显然太夸张，"浴乎沂"，在沂河里洗澡显然不如在沂河边散步更贴切。确实啊！读起来，"子在齐闻《韶》音，不知肉味"和"莫春者，春服既成，冠者五六人，童子六七人，沿乎沂，风乎舞雩，咏而归"更通顺合理些，您觉得呢？

二百年之名对

原文

【南宋】 庄绰《鸡肋编·卷下》

世以浙人孱懦，每指钱氏为戏云。俶时有宰相姓沈者，倚为谋臣，号沈念二相公。方中朝加兵江湖，俶大恐，尽集群臣问计，云："若移兵此来，谁可为御？"三问无敢应者。久之，沈相出班奏事，皆倾耳以为必有奇谋。乃云："臣是第一个不敢去底！"朝廷渡江，时人呼诸将，皆以第行加于官称。刘三、张七、韩五、王三十，皆神武五军大将。王三十者名燮，官承宣带四厢都使，人以太尉呼之。然所至辄负败，未尝成功。时谓"沈念二相公"二百年后始得"王三十太尉"，遂为名对也。

译述

世人因浙江人孱弱，经常拿钱氏朝廷开玩笑。钱俶为吴越皇帝时，有个姓沈的宰相，钱俶很倚重其谋划，号"沈念二相公"。后北宋攻伐吴越，钱俶很害怕，召集群臣问计，说："宋军打来，谁可去防守？"问了三次，无人敢应，过了半天，沈相出班上奏，众人侧耳倾听，以为他必有奇谋，不料他说："臣是第一个不敢去的！"宋室南渡后，当时的人称呼各将领，都是以排行加在官称之上。刘三、张七、韩五、王三十都是神武五军大将。王三十名叫王燮，官职是承宣带四厢都使，时人都呼为太尉，然而他不管到哪里都打败仗，从未成功过。当时人说，"沈念二相公"过了两百年才又有"王三十太尉"，因而成为名对。

评点

吴越乃地方政权，面对宋朝大兵压境，宜乎无人敢战；而南宋承北宋之余绪，仍是武备孱弱，武将打不了胜仗。这里妙的是两个人名成为绝对，念（廿）二对三十，相公对太尉，前后隔了两百年，首尾北宋，实可发一笑。沈念二相公应该说是明智，北宋大兵压境，武力抵抗肯定无法取胜，所以尽管他受钱俶重视，仍是不敢出头。怕的是，有的人表面上气壮如牛，实际半分无用，打得山河破碎，最后是百姓遭殃。

韩世忠轻薄儒士

原文

【南宋】 庄绰《鸡肋编·卷下》

韩世忠轻薄儒士，常目之为"子曰"。主上闻之，因登对问曰："闻卿呼文士为子曰，是否？"世忠应曰："臣今已改。"上喜，以为其能崇儒。乃曰："今呼为萌儿矣。"上为之一笑。后镇江帅沈晦因敌退锡宴，自为致辞，其末云："饮罢三军应击楫，渡江金鼓响如雷。"韩闻之，即悟其旨，云："给事，世忠非不敢过淮！"已而自起，以大觥劝之。继而使诸将竞献。沈不胜杯酌，屡致呕吐。后至参佐僚属，斟既不满，又容其倾泻。韩怒曰："萌儿辈终是相护！"又戏沈云："向道教给事休引惹边事。"盖指其词为引惹也。

译述

韩世忠（1090—1151）看不起儒士，常称其为"子曰"。高宗听说，在见面时问他："听说你称文士为子曰，是真的吗？"韩世忠回答说："臣现已改正。"高宗很高兴，以为他能尊崇儒士，韩世忠却又说："我现今称他们为萌儿了。"高宗为之一笑。后来镇江知府沈晦因金国退兵，宴请诸将，亲自致辞，最后说："饮罢三军应击楫，渡江金鼓响如雷。"韩世忠听了，知道其话中之意，说："大人，我韩世忠可不是不敢过淮河！"说完起身，以大杯向沈晦敬酒，又令手下众将都上前敬酒。沈晦不胜酒力，几次呕吐。后来各文官向沈晦敬酒，杯子没斟满，又泼洒甚多，韩世忠生气地说："萌儿辈终是互相保护！"又戏弄沈晦说："我和大人说过，不要与边事发生牵扯！"意思是沈晦的诗句扯上了边事。

评点

北宋时武将地位低，南宋虽然好一点，但文臣仍瞧不起武将。然防守金兵，又离不开武将，因此给武将的报复提供了机会，比如这里的韩世忠。沈晦宴请韩及手下，致词中让他们酒宴后立刻渡江北上，韩不买账，把沈灌醉，且警告他不要干涉军队之事。文武不和，安能成事？宜乎南宋积弱也！看笔记之中所记，韩世忠虽是武夫，却极敏感，人家诗中的意思，只是为军人鼓劲，希望他们早日收复失地而已，哪里就是要求他们立刻过江了！但他立刻反击，无法在语言上占上风，便是灌酒，结果把个沈晦折腾得够呛。所以说，应该注意不去惹粗人的忌讳，他们犯起浑来，你还真难得好！

吉祥话

原文

【南宋】 叶梦得《石林燕语·卷四》

林文节连为开封府南省第一，廷试皆属以魁选。仁宗亦遣近珰伺其程文毕，先进呈。时试《民监赋》，破题云："天监不远，民心可知。"比至上前，一近侍旁观，忽吐舌，盖恶其语忌也。仁宗由是不乐，亟付考官，依格考校。考官之意，不敢置之上等，入第三甲；而得章子平卷子，破题云："运启元圣，天临兆民。"上幸详定幕次，即以进呈，上曰："此祖宗之事，朕何足以当之？"遂擢为第一。

译述

宋仁宗时，开封府有个叫林文节的考生，府省考试已连中两元，人们都认为他殿试时也会夺得第一。皇帝也派出身边的太监，等他考完，就把他的卷子拿来先瞧瞧。殿试的题目是《民监赋》，林文节破题的话是"天监不远，民心可知"。拿到皇帝面前，一个近侍看到了，直吐舌头，觉得这话犯了忌讳。皇帝看了也不高兴，立即交给考官，让考官按规矩考评。考官知道了皇帝的意思，就不敢把他放在一等，而判为第三甲。一个叫章衡（字子平）的考生破题的话是"运启元圣，天临兆民"，皇帝问起具体的名次，考官就把这篇文章呈给皇帝看。仁宗说："这是讲祖宗传下来的事业，我怎么敢当呢？"考官领会了皇帝的意思，于是判章衡为第一。

评点

章衡（1025—1099）确非等闲之辈，苏轼曾称赞他的才能"百年无人望其项背"。这里讲的是他中状元的事，他凭"老祖宗开启了鸿运，代表上天统治万民"一句话，就成了状元，而林文节说"天监不远"，"天监"就是天鉴，这肯定不是好话啊！殿试的程文，开头不讨喜，后面再精彩也没用了。古往今来，不管多大的人物，还是爱听恭维话、奉承话、吉祥话。他口头上可能不表赞同，心里却是喜滋滋的。认识到这一点，跟人家聊天就要注意了！谁都不愿意把天聊死啊，所以如何妥帖地说好吉祥话实在是艺术。

王审琦饮酒

原文

【南宋】　叶梦得《石林燕语·卷七》

王审琦微时，与太祖相善，后以佐命功，尤为亲近。性不能饮。太祖每燕，近臣常尽欢，而审琦但持空杯，太祖意不满。一日酒酣，举杯祝曰："审琦布衣之旧，方共享富贵；酒者，天之美禄，可惜不令饮之。"祝毕，顾审琦曰："天必赐汝酒量，可试饮。"审琦受诏，不得已饮，辄连数大杯，无苦。自是每侍燕，辄能与众同饮，退还私第，则如初。

译述

王审琦（925—974）在没发达的时候，与太祖赵匡胤关系好，后来以拥立之功，更为亲近。王生性不能饮酒。太祖每次宴会，近臣们都饮酒尽欢，王审琦却只拿个空杯子，令太祖不能尽兴。一天，酒到酣处，太祖举酒杯祝告说："王审琦是我在平民时的旧交，而今共享富贵。酒，是天赐的美好之物，可惜他不能饮啊！"祝告完毕，回头对王审琦说："上天必定会赐给你酒量，你可试着饮一点。"皇命之下，王审琦不得已，只好开喝，连饮数大杯，也不觉得是苦事。从此以后，每次陪太祖饮酒，都能与大家同饮，回到自己家中，就同以前一样，不饮酒。

评点

这个故事很有意思！王审琦是善饮呢，还是不善饮呢？看来他还是善饮的，只不过以前不自知而已。赵匡胤命令之下，他在皇上面前不装了，回到家，还是要保持以前形象。话说回来，酒桌之上，有人能装，开始时总是推三阻四，佯为不饮；待他人酒至半酣，他才发力，以别人喝高、自己完胜而得意。有人则见酒如见命，每巡必干，且不待人让，自斟自饮，必至酩酊大醉才罢干休。这样的表现均不大得体，须知酒场之上，以诚悃要旨，以尽兴为依归，弄倒别人和弄倒自己，均是煞风景之举。

优语

原文

【南宋】 周密《齐东野语·卷十三》

当史丞相弥远用事，选人改官，多出其门。制阃大宴，有优为衣冠者数辈，皆称为孔门弟子。相与言，吾侪皆选人，遂各言其姓曰：吾为常从事，吾为于从政，吾为吾将仕，吾为路文学。别有二人出曰："吾宰予也。夫子曰：'于予与改。'可谓侥幸。"其一曰："吾颜回也。夫子曰：'回也不改。'吾为四科之首而不改，汝何为独改？"曰："吾钻故改，汝何不钻？"回曰："吾非不钻，而钻弥坚耳。"曰："汝之不改宜也，何不钻弥远乎？"

译述

史弥远（1164—1233）为丞相，把持朝政，选官升职的都是他的门人。一天某帅府宴会，请戏班演戏。几个戏子穿着官服，称自己是孔门弟子，聊起来大家都是中选当官之人，互通姓名，道是常从事、于从政、吾将仕、路文学。这时又有二人出来，一人说："我是宰予。夫子说宰予可升职（于予与改），真的是侥幸！"另一个说："我是颜回。夫子说颜回不升职（回也不改）。我各科成绩优秀都不能升官，你为何能升官？"那个人说："我钻营了，才能升官，你为何不钻营？"这个说："我不是不钻，钻不动啊！"那个人回说："所以你不能升官！为何不去钻史弥远呢？"

评点

这几名优伶以诙谐的形式讽刺了当朝宰相选官多出自家之门。地位低贱的戏子敢取笑南宋当朝宰相，说改不改官（升不升职）的关键在于钻营，而钻营必须去"钻弥远"（史弥远），其大胆令人难以想象！确实，文学艺术，不管是什么形式，都应该把批评不良现象作为题中应有之义。不对现实生活中的丑恶现象加以讽刺，社会就不能健康进步。

连架

原文

【南宋】　周密《癸辛杂识·后集》

今农家打稻之连架，古之所谓拂也。《王莽传》："东巡载耒南载褥。"注：鉬也，薅去草。"西载铚，北载拂。"注：音佛，以击治禾，今谓之连架。庆历初，知并州杨偕伏所制鏺连枷，鏺简藏秘府。狄武襄以鏺连枷破侬智高，非特治禾也。按《天官书》棓亦作桴及棒，又连枷也，见《玉篇》。此棓杖之棓，其字从木、音，非止于击禾。又以铁为之，短兵之利便也。

译述

现在农家用于打下稻粒的连架，就是古代的拂。《汉书·王莽传》有"东巡载耒南载褥"，注"音锄也，薅去草"；"西载铚，北载拂"，注"音佛，以击治禾，今谓之连枷"。庆历初年，并州知州杨偕伏制造鏺连枷，曾被收入宫中秘府。狄青曾以鏺连枷击破侬智高之乱，可见其不单用于打稻子。《天官书》中有"棓"，又作"桴""棒"，其实就是连枷，见于《玉篇》。这里的棓是棓杖，其字从木，音声，不单纯用于打稻子。还有用铁做成的，是便利的短兵器。

评点

看到此条记载，很是亲切，因为连枷是当代农村常用的农具，东北农村就用以为豆类、高粱等脱粒。其形制为长木柄，粗端开孔，连接用树枝编连的长条形拍子，人用力举起、旋转、拍下，可提高脱粒效率。观此条记载，则此农具汉代已经出现，不过一般人不知道的是，连枷还曾被用作兵器，在战争中派上用场了。

"犇""麤"字说

原文

【南宋】　岳珂《桯史·卷二》

王荆公在熙宁中，作《字说》，行之天下。东坡在馆，一日因见而及之，曰："丞相睿微育穷，制作某不敢知，独恐每每牵附，学者承风，有不胜其凿者。姑以犇、麤二字言之，牛之体壮于鹿，鹿之行速于牛，今积三为字而其义皆反之，何也？"荆公无以答，迄不为变。党伐之论，于是浸阎，黄冈之贬，盖不特坐诗祸也。

译述

王安石在熙宁年间著《字说》一书，流行天下。苏东坡在国史馆，有一天见到王安石，谈到这本书时说："丞相您见识深远，大作我不敢称了解，却唯恐其中常常牵强附会，后学继承此风，就更加穿凿了。就以犇、麤这两个字来说吧，牛之体壮于鹿，鹿的奔跑快于牛，而今三个字合起来，其义全是反的，为什么呢？"王安石无法回答，却终生未作改变。说苏东坡结党之言论则从此渐盛，苏东坡被贬黄冈，应该不只是以诗招祸。

评点

汉字之造作，博大精深。常见有以一己之见大肆解说汉字的，其中难免有王安石式的穿凿，这时就需要有苏东坡式的人物为之猛击一掌。犇发音为 ben（奔），义为快速；麤发音为 cu（粗），义为粗蠢，所以苏东坡有上述之论。关于苏王论字，还有“波乃水之皮”“滑乃水之骨”之说，亦是讲苏东坡批评王安石说字之穿凿。这传说还有其他版本，不过岳珂在这里还是用以批评王安石挟私报复苏东坡的。王安石是否真如文中所说，从此忌恨苏东坡，不得而知，但见于时人笔记的记载还真有不少。

贤已图

原文

【南宋】 岳珂《桯史·卷二》

元祐间，黄、秦诸君子在馆。暇日观画，山谷出李龙眠所作《贤已图》，博奕、樗蒲之俦咸列焉。博者六七人，方据一局，投进盆中，五皆玈，而一犹旋转不已，一人俯盆疾呼，旁观皆变色起立，纤秾态度，曲尽其妙，相与叹赏，以为卓绝。适东坡从外来，睨之曰：“李龙眠天下士，顾乃效闽人语耶！"众咸怪，请其故，东坡曰："四海语音言六皆合口，惟闽音则张口，今盆中皆六，一犹未定，法当呼六，而疾呼者乃张口，何也？"龙眠闻之，亦笑而服。

译述

哲宗元祐年间（1086—1094），黄庭坚、秦观等人都在国史馆任职，在空闲时赏画。黄庭坚拿出李公麟（1049—1100，号龙眠居士）所作的《贤已图》，上面画的是各色下棋、赌博的人。六七个赌博的人正在赌局，投骰子于盆中，五只骰子已停，另一个正旋转不已，一人趴在盆上急呼着什么，旁观各人都脸上变色，站了起来，各人的胖瘦、姿态皆曲尽其妙。大家对画都赞赏不已，认为是画工卓绝之作。这时苏东坡从外面进来，瞟了一眼，说："李公麟大才，竟能学福建人说话啊！"众人感到奇怪，问是什么缘故。苏东坡说："各地之人说'六'字都是闭口，只有福建人是张口。画面上盆中骰子都是六，只有一个未定，按道理应喊六，那个疾呼的人是张着嘴的，为什么呢？"李公麟听到此事，也笑而服气。

评点

东坡大才，一瞥之下，就能发现画面细节的问题。按说李公麟是不可能学福建人说话的，但他的画中那个喊"六"的人是张着口的，细节上不到位，偏偏被苏东坡一眼看出来。李公麟是大画家，但也不能不佩服苏东坡的眼光。由此可知，细节决定成败啊！

朝士留刺

原文

【南宋】 岳珂《桯史·卷七》

秦桧为相，久擅威福。士大夫一言合意，立取显美，至以选阶一二年为执政。人怀速化之望，故仕于朝者，多不肯求外迁，重内轻外之弊，颇见于时。有王仲荀者，以滑稽游公卿间。一日，坐于秦府宾次，朝士云集，待见稍久。仲荀在隅席，辄前白曰："今日公相未出堂，众官久俟，某有一小话愿资醒困。"众知其善谑，争竦听之。乃抗声曰："昔有一朝士，出谒未归，有客投刺于门，阍者告之以某官不在，留门状，俟归呈禀。客忽勃然发怒，叱阍曰：'汝何敢尔！凡人之死者，乃称不在，我与某官厚，故来相见，某官独无讳忌乎！而敢以此言目之耶！我必俟其来，面白以治汝罪。'阍拱谢曰：'小人诚不晓讳忌，愿官人宽之。但今朝士留谒者，例告以如此，若以为不可，当复作何语以谢客。'客曰：'汝官既出谒未回，第云某官出去可也。'阍愀然蹙頞曰：'我官人宁死，却是讳出去二字。'"满坐皆大笑。

译述

秦桧为相，独擅威福，士大夫说话合其意，他就安排显要官职，以至于刚进入仕途一两年就当宰相的。在朝为官的都想升官，不肯外放，重京官轻外官的弊病已很明显。当时有个叫王仲荀的人，以善幽默而周旋于公卿之间。一天，朝士们云集秦府，等待接见，王仲荀也在场，看众人时间长了，等得无聊，就说："今天秦相这么久没有上堂，大家久等，我给大家讲个笑话解除困倦如何？"大家知道他善于讽刺，都立起耳朵倾听。他便讲道：从前一位朝士出门未归，有客人来访，看门的告诉他官人不在，请那人留下他的名片，官人回来后立刻禀报。这人勃然大怒，斥责看门人说："你竟敢如此！人死了才称为不在，我与你的主人有交情才来相见，你的主人难道不忌讳你这样说吗？等他回来，我定让他治你的罪！"看门人拱手道歉说："我确实不知这个忌讳，望官人原谅！但我主人从来都是这样吩咐告诉来访的客人的，如您以为不对，应该怎么说呢？"客人说："你主人既是出访未归，直接说官人出去了就可以了。"看门人皱着眉头，严肃地说："我家官人宁死，却是忌讳'出去'这两个字。"满座大笑。

评点

官场生态是由上位者决定的。秦桧弄权，在京之人走他的门路升官迅速，所以众官都不愿到京外任职，故此王仲荀讽刺那位官员宁死也不说"出去"二字。在权力高压之下，幽默其实也是黑色的。在这里，王中荀也是只敢讽刺众官，不敢讽刺秦桧啊！

宋人名刺

原文

【南宋】　张世南《游宦记闻·卷一》

　　士大夫谒见刺字，古制莫详。世南家藏石本元祐十六君子墨迹。其间有"观，敬贺子允学士尊兄。正旦，高邮秦观手状。""庭坚奉谢子允学士同舍。正月、日，江南黄庭坚手状。""耒谨候谢子允学士兄。二月、日，著作郎兼国史院检讨张耒状。""补之谨谒谢子允同舍尊兄。正月、日，昭德晁补之状。""汝砺参候子允校书同舍。"以次凡十六人，皆元祐四年时。惟彭公为中书舍人，余皆馆职也。刺字，或书官职，或书郡里，或称姓名，或只称名；既手书之，又称主人字；且有同舍、尊兄之目。风流气味，将之以诚。今人观之，宜忸颗矣。

译述

　　士大夫谒见时的名刺〈略同于今之名片〉格式，古代是怎样的我不知道，但我家藏有元祐年间（1086—1094）十六君子的名刺（名词内容见上引笔记），包括秦观、黄庭坚、张耒、晁补之、彭汝励等人，均书于元祐四年（1089）。其中只有彭汝励的官职是中书舍人，其他人均在国史馆任职。名刺内容，或书官职，或书籍贯，或只称自己之名，都是手书，又称主人之表字，同时又有同舍、尊兄等名目，既风流蕴藉，又显得热诚。后人观之，应感到羞愧。

评点

北宋时人名刺的文雅热诚，已可令南宋人羞愧惶恐，进化到而今的名片，就更等而下之了。看宋朝文士的名片，讲究交谊文雅，所以越私人化越显得亲近。而今的名片讲究身份地位，赤裸裸地列出职称职位，所以名片上一大排冷冰冰的官位，可一叹也！常见到正反面印满自己头衔的名片，炫耀之意溢出纸外，看到这样的名片，你是羡慕呢？还是自卑呢？还是可乐呢？

字义

原文

【南宋】 罗大经《鹤林玉露·甲编·卷三》

寿皇问王季海曰："'聋'字何以从'龙耳'？"对曰："《山海经》云：'龙听以角，不以耳。'"荆公解"蔗"字，不得其义。一日行圃，见畦丁莳蔗横瘗之，曰："它时节节皆生。"公悟曰："蔗，草之庶生者也。"字义固有可得而解者，如"一而大谓之天"，是诚妙矣，然不可强通者甚多。世传东坡问荆公："何以谓之波？"曰："波者，水之皮。"坡曰："然则滑者，水之骨也？"荆公《字说》成，以为可亚六经。作诗云："鼎湖龙去字书存，开辟神机有圣孙。湖海老臣无四目，漫将糟粕污修门。正名百物自轩辕，野老何知强讨论。但可与人漫酱瓿，岂能令鬼哭黄昏。"盖苍颉四目，其制字成，天雨粟，鬼夜哭。漫瓿之句，言知者少也。

译述

宋高宗问王季海，"聋"字造字，为何是龙加耳字，王回答说龙用角听，不用耳。王安石（封荆国公）曾解"蔗"字，却总是不得其义。一天他去种植瓜果的园地，见农夫把甘蔗横着埋起来，说："过一阵子便节节横生。"受到启发，认为"蔗，乃是庶生的草类"。有些字的字义确实可以加以解释，比如一加大就是"天"，但也有许多是不可以强加解释的。传说苏东坡问王安石怎么解释"波"字，王答"波就是水的表皮"，苏东坡接着说："那么滑字就应是水的骨头的意思了？"王安石写了一本字书，名《字说》，认为此书可位列六经之后，还写了一首诗，诗中谦虚地说自己的书只可用来盖酱缸，却将其与仓颉造字并提，显然自视甚高。

评点

王安石的解字，多有望字生义之讥。其实包括那个"聋"字和"蔗"字，都是形声字，根本不必强索其义。近人也多有解字之书面世，此举固可普及文化，但如强作解人，反有误人子弟之虞。关于汉字构造这个事，历史上一直有各种讨论。许慎《说文解字》创六书说，然其中有不少牵强的解释，后来的治小学者在其基础上有各种丰富，但有关指事、会意、假借、转注的定义和字例仍有争论。即使是形声字，因为有意符在，就有了望字生义的解释，比如像王安石那样，把波字解释成水之皮。

大人

原文

【南宋】　罗大经《鹤林玉露·甲编卷一》

古今称大人，其义不一。《左氏传》：子服昭子曰："夫必多有是说，而后及其大人。"《孟子》曰："有大人之事，有小入之事。"此以位言也，所谓王公大人是也。《孟子》曰："养其大者为大人。"昌黎《王适墓志》曰："翁大人不疑。"此以德望言也，所谓大人君子是也。若《易》之"利见大人"，则兼德位而言之。今人自称其父曰"大人"。然疏受对疏广曰："从大人议。"则叔父亦可称大人。范滂将就诛，与母诀曰："大人割不忍之爱。"则母亦可称大人。

译述

"大人"一词古今意义有不同。《左传》子服昭子曰"夫必多有是说，而后及其大人"，《孟子》曰"有大人之事，有小人之事"，这是说的官位，即所谓王公大人。《孟子》曰"养其大者为大人"，韩愈《王适墓志》曰"翁大人不疑"，说的是德行、威望，即所谓的大人君子。而《易经》中的"利见大人"是兼有官位、品德而言。今天的人称自己的父亲为"大人"，然而疏受对疏广说"从大人议"，则叔父亦可称大人；范滂在被处死前与母亲诀别，说"大人割不忍之爱"，则母亲也可称大人。

评点

这里的"大人"都是尊称，不是"大人小孩"里的大人，亦非"上大人，孔乙己"中的大人。古人读书特讲求文字的训诂，就是要探求其中的深意，不了解字词在特定语句中的特定含义，就会导致对全文的意旨理解出现错误。这篇笔记讲大人一词的古今意义，就是一例。文中提到的疏广、疏受为叔侄关系，是汉代大臣，也是有名的经学家；范滂是东汉官员，以正直闻名，党锢之祸中，他告别母亲，主动投案，死时年仅三十三岁。

觞客欢洽

原文

【南宋】　周辉《清波杂志·卷三》

合堂同席以觞客，客非其人，则四座欢不洽，而饮易醉，返以应接为苦。《选》诗："从军有苦乐，但问所从谁。"或欲易"从军"为"饮酒"。饮酒欲欢，无由自醉，得劝则沉湎，劝尤在乎劝侑辞逊之间。五十年前，宴客止一劝。今则巡杯止三，劝则无算，颠仆者相属，不但沉湎而已，亦见风俗随时奢俭之不侔。然一席欢洽，全在致劝辞受之际，若杯行到手不留残，气固豪矣，于留连光景，似欠从容。是皆少年态度，老去夫何能为！

译述

大家同处一堂、在酒席上招待客人，如客人不对，就会四座不欢，喝酒就容易醉，招待别人就成为苦差事。《文选》中有诗曰："从军有苦乐，但问所从谁。""从军"或可改为"饮酒"。酒要喝得畅快，不应该自行喝醉，有人劝酒就会喝得尽兴。劝酒的关键在于劝饮与推辞的过程。五十年前，宴客时只敬一次酒，而今则是巡杯要三次，劝酒则没个完，喝醉的人头脚相属，不止是一般的沉湎其中了，由此也可见风俗之不同、奢俭之不可比。然而一桌人饮酒欢乐融洽，全在于劝酒与辞谢的过程，如果杯行到手，一饮而尽，固然是豪爽了，对于酒桌的气氛上就显得不够从容。这样的都是少年作派，老了之后，就无法如此豪爽了！

评点

这里讲的是宋代的文人饮酒文化。本书作者周辉周游各地，交游广泛，博闻强识，颇有见地，比如这篇谈饮酒的笔记就甚有趣。他在这里强调的是饮酒时要满桌皆欢，要讲求劝酒与逊谢的从容有度。常见酒桌上有两类人，一是见好酒而舍身，似乎不喝醉对不起自己；另一种是酒话太多，光说不练。这两者都嫌不够有文化。喝酒要须挚友，谦敬揖让中喝出友情、喝出文化，如笔记中宋人文士，才是有味、才是欢洽。

唾砚

原文

【南宋】 周辉《清波杂志·卷五》

曾祖殿撰，与元章交契无间，凡有书画，随其好即与之。一日，元章言："得一砚，非世间物，殆天地秘藏，待我而识之。"答曰："公虽名博识，所得之物真赝居半，特善夸耳。得见乎？"元章起，取于笥。曾祖亦随起，索巾涤手者再，若欲敬观状，元章顾而喜。砚出，曾祖称赏不已，且云："诚为尤物，未知发墨如何？"命取水。水未至，亟以唾点磨研。元章变色而言曰："公何先恭而后倨？砚污矣，不可用，为公赠。"初，但以其好洁，欲资戏笑，继归之，竟不纳。

译述

我的曾祖周穜任集贤殿修撰时，与米芾（1051—1107，字元章）交谊深厚，但凡有书画，对方喜欢就送给他。有一天，米芾说："我得到一个砚台，不是世间之物，简直就是天地秘藏起来，等待我去发现的。"曾祖回答说："你虽有博识之名，所得到的品物却真假参半，只是善于夸耀罢了。能让我看看吗？"米芾起身从箱子中取砚。曾祖也随之起身，要来毛巾，洗了两次手，做出准备敬观的架势，米芾回头看到，十分高兴。拿出砚来，曾祖称赞不已，说："确是好东西！不知发墨情况如何？"命取水来试，水未到，曾祖就急忙以唾液点墨磨研。米芾着急变脸，说："你为何先前恭敬而后傲慢？砚脏了，不能用了，送你吧！"曾祖开始是因为其爱干净，以此开玩笑，之后把砚还给米芾，他还真就不要了。

评点

录此段米芾趣事，以观古人性情。米芾素有"米颠"之号，是说其对艺术有一股痴狂劲。看此笔记，他对艺术品的钟爱，可见一斑。这也给后人以启发：你要从艺术家手中得到作品，弄脏一点也许有戏。这个当然是玩笑，不过有话说："人无癖不可与交。"这个"癖"当然是良性的爱好。你看米芾，他不仅痴于书法，还有种洁癖，这是对真正的艺术品的爱敬之心，值得我们尊敬。

资 戒

资戒者

以史为镜

引为今鉴也

宇文士及

原文

【唐】 刘餗《隋唐嘉话·卷上》

太宗尝止一树下，曰："此嘉树。"宇文士及从而美之不容口，帝正色曰："魏公常劝我远佞人，我不悟佞人为谁，意常疑汝而未明也，今日果然。"士及叩头谢曰："南衙群官，面折廷争，陛下尝不得举手，今臣幸在左右，若不少有顺从，陛下虽贵为天子，复何聊乎？"帝意复解。

译述

唐太宗在一棵树下说："这是一棵嘉树。"宇文士及（？—642）跟着附和，赞不绝口，于是唐太宗表情严肃地说："魏徵常劝我远离小人，我不知道他说的是谁，心中常常怀疑是指你，但不明确，今天我终于明白了。"宇文士及马上跪下谢罪道："朝廷诸臣每天当面批驳您、在朝堂上同您争论，使得陛下您手足无措。而今幸亏有我在左右陪伴，如果不顺着皇上的意思行事，陛下虽然贵为天子，哪里还有一丝欢乐可言！"唐太宗便不再发怒。

评点

这则笔记说明了两个问题：一个是宇文士及以前就总在唐太宗面前拍马屁，以至于魏徵要提醒李世民提防小人。其次，宇文士及确实是马屁大师，你看他为自己拍马屁辩解，也能说得这么冠冕堂皇，令李世民听了感到舒服，再也不疾言厉色。不过，宇文士及确是关系学大师，他事奉高祖、太宗两代皇帝，不仅娶了公主，贵为宰相，死后还陪葬昭陵，大概唐太宗希望另一个世界也有他相陪吧？

里行御史

原文

【唐】　刘餗《隋唐嘉话·卷下》

武后初称周，恐下心不安，乃令人自举供奉官，正员外多置里行、拾遗、补阙、御史等，至有"车载斗量"之咏。有御史台令史将入台，值里行御史数人聚立门内，令史不下驴，冲过其间。诸御史大怒，将杖之。令史云："今日之过，实在此驴，乞先数之，然后受罚。"御史许之。谓驴曰："汝技艺可知，精神极钝，何物驴畜，敢于御史里行！"于是羞而止。

译述

武则天改唐为周，自己为大周皇帝，担心众大臣心中不安，就让他们自己任命为其服务的供奉官，正员外之下多置里行官（资历浅者的加衔）。以此之故，当时补阙、拾遗、御史等官员极多，被形容为车载斗量。一天，一位御史台令史（主簿之下的吏员，不是朝廷官员）骑驴过来，准备进入台内，正赶上多位里行御史站立在门洞内，令史也没有下驴，便从里行中间冲了过去。这些里行御史非常愤怒，准备对其施加杖刑。那个令史说："今天的过错其实是在驴身上，请让我先教训它，然后我再受罚。"里行们答应了他。于是令史对驴子说："你的本领大家都知道，头脑反应又迟钝。你是什么东西？你个毛驴畜生，竟敢在御史里行走！"那些里行御史听后大惭，不再要给这个令史施加杖刑。

评点

所谓的里行御史，就是为拉拢人心而增加的冗官冗员。他们没有本事，还占着官员的名额、领着俸禄，以此之故，御史台的小吏都看不起他们，指着驴子骂他们，他们也只能自惭而已。武则天篡夺了大唐的江山，心中不踏实，便大肆设官。想一想，一个部门的官吏竟至"车载斗量"，是个什么场景？

武后时选官腐败

原文

【唐】 张鷟《朝野佥载·卷一》

郑愔为吏部侍郎掌选，赃污狼藉。引铨有选人系百钱于靴带上，愔问其故，答曰："当今之选，非钱不行。"愔默而不言。时崔湜亦为吏部侍郎掌选，有铨人引过，分疏云："某能翘关负米。"湜曰："君壮，何不兵部选？"

答曰："外边人皆云'崔侍郎下，有气力者即存'。"

译述

郑愔（？—710）担任吏部侍郎，掌管选官之事，贪污受贿严重。有参加选官者在鞋带上系了一百文钱，郑愔问他为何如此，他回答说："当今选官，非钱不行。"郑愔无话可说。当时崔湜（671—713）也任吏部侍郎，掌管选官之事，有被选者过来，说自己力气很大，能翘关（武举科目，举起长木杆）、负米。崔湜问他："你这么壮实，为何不参加兵部的考试？"那人回答说："外面的人都说崔侍郎这儿有气力的人就可当官。"

评点

武则天为邀买人心，大肆封官。据说当时"贿货纵横，赃污狼藉。流外行署，钱多即留，或帖司助曹，或员外行案。更有挽郎、辇脚、营田、当屯，无尺寸工夫，并优与处分。皆不事学问，惟求财货。是以选人冗冗，甚于羊群，吏部喧哗，多于蚁聚。若铨实用，百无一人"。高宗时选任官员每年不过数千，武则天掌权的垂拱年后每年新选任官员达五万，其中真正合格的十不过一二，有"手不把笔，即送东司；眼不识文，被举南馆"之讥。这样的吏治腐败，几十年后唐朝国力大衰，是必然的。笔记中提到的郑愔、崔湜靠巴结武则天，后来都做了宰相，但前者因谋反被杀，后者又依附太平公主，被唐玄宗赐死。

盛唐吝啬鬼

原文

【唐】 张鷟《朝野金载·卷一》

夏侯处信为荆州长史，有宾过之，处信命仆作食。仆附耳语曰："溲几许面？"信曰："两人二升即可矣。"仆入，久不出，宾以事告去。信遽呼仆，仆曰："已溲讫。"信鸣指曰："大异事。"良久乃曰："可总燔作饼，吾公退食之。"信又尝以一小瓶贮醯一升自食，家人不沾余沥。仆云："醋尽。"信取瓶合于掌上，余数滴，因以口吸之。凡市易，必经手乃授直。识者鄙之。

韦庄颇读书，数米而炊，秤薪而爨，炙少一脔而觉之。一子八岁而卒，妻敛以时服，庄剥取，以故席裹尸，殡讫，擎其席而归。其忆念也，呜咽不自胜，惟悭吝耳。

译述

有人到荆州长史夏侯处信家做客，处信命仆人准备饭。仆人附耳小声问处信："和多少面？"处信说："两个人，二升即可。"仆人入内很久也不出来。来客因为有事离开了，处信赶忙呼唤仆人，让他不要和面了，仆人告诉他面已和好，他打着响指说："太奇怪了！动作这么快！"过了许久才说："可做一张饼，我办完公事回来吃。"处信平时以一个小瓶，装醋一升，自己吃，家人都吃不到。仆人告诉他醋没有了，处信将瓶扣在手掌上，还有几滴，他马上用嘴吸干净。凡是到市场上买东西，他必定亲自数钱给仆人，知道他的人都很鄙视他。

文人韦庄（836—910）平时数米粒做饭，称柴草烧火，菜肉少了一口他都能发觉。他的儿子八岁时死了，妻子给穿上新衣服，韦庄却都给剥了下来，用旧席裹尸，出殡后又把席子收了回来。他后来想起亡子，呜咽不止，十分伤心，就是太吝啬！

评点

这两位官员吝啬至此，殊难令人不笑！尤其是讲夏侯处信的那一则，他与仆人的表演太好玩：仆人知他吝啬，所以先低声问和多少面，他答两个人的份，是没有准备仆人的；客人离开，仆人告诉他面和好了，明显是要与他共享；他想了半天，却安排仆人只打一张饼，还是没仆人的份！唐时一升约合今600克，按说两升面也不少了，他却决不给仆人吃一口，真的是可恶！至于韦庄，他是晚唐诗人，是花间派代表作家。他又是诗人韦应物的四世孙，五代前蜀时贵为宰相，然而谁也不会想到他是如此吝啬，儿子死了，他都不肯给其穿身新衣服入葬。节俭是美德，但吝啬如此，应该就是天憎人厌了吧？

卖饼人做御史

原文

【唐】　张鷟《朝野佥载·卷二》

周侍御史侯思止，醴泉卖饼食人也，罗告准例酬五品。于上前索御史，上曰："卿不识字。"对曰："獬豸岂

识字，但为国触罪人而已。"遂授之。凡推勘，杀戮甚
众，更无余语，但谓囚徒曰："不用你书言笔语，但还我
白司马。若不肯来俊，即与你孟青。"横遭苦楚非命者，
不可胜数。白司马者，北邙山白司马坂也；来俊者，中丞
来俊臣也；孟青者，将军孟青棒也。后坐私蓄锦，朝堂决
杀之。

译述

武周时的一个侍御史，名叫侯思止，本是个乡下卖饼的，
因告密被赐五品官。他在武则天面前要求做御史，武则天说
他不识字，他却理直气壮地说："獬豸也不识字，却能以角为
国家触罪人！"当上御史后，他审案时杀戮甚多，也不说别
的，只告诉囚犯："不用你书言笔语，但还我白司马。若不肯
来俊，即与你孟青。"这句话要解释一下。白司马其实指白司
马坂，来俊是指来俊臣，孟青是朝中将军孟青棒。因这侯思止
既不识字、也不识人，把坂认作叛，把来俊臣记为向他臣服，
把孟青棒当成打人的棒子，那句话的意思是，我不用你说话笔
录，只要你承认谋叛。你若不肯服我，我就揍你一通大棒。后
来这家伙因为私藏彩锦，而被武则天判死。

评点

在这样一个文盲御史手下，挨打送命的人不知有多少！
在告密盛行、只向武则天表忠心的时代，这样的荒唐事还真
多！在古代，御史之职掌管纠弹、监察、审案，品级不高、权
力很大，他们可"以卑察尊"，很有威慑力，一般应以饱学之
士为之。然而武则天奖励告密，只要表示对她的忠心，哪怕文

盲也能当御史。周兴、来俊臣之流不说了，一个普通的御史也如此残暴，刑具之下出成绩，死人身后俱铁案。刑狱如此，天下怎能不黑暗！

姜师度的过与功

原文

【唐】　张鷟《朝野佥载·卷二》

姜师度好奇诡，为沧州刺史兼按察，造抢车运粮，开河筑堰，州县鼎沸。于鲁城界内种稻置屯，穗蟹食尽，又差夫打蟹。苦之，歌曰："卤地抑种稻，一概被水沫。年年索蟹夫，百姓不可活。"又为陕州刺史，以永丰仓米运将别征三钱，计以为费。一夕忽云得计，立注楼，从仓建槽，直至于河，长数千丈，而令放米。其不快处，具大杷推之，米皆损耗，多为粉末。兼风激扬，凡一函失米百石，而动即千万数。遣典庾者偿之，家产皆竭；复遣输户自量，至有偿数十斛者。甚害人，方停之。

译述

武周时期，姜师度（653—723）为沧州刺史兼按察，他爱弄些奇思妙想，比如造抢车运粮、开河筑堰、兴修水利，所在州县议论纷纷。他在鲁城界内屯田种水稻，稻穗被螃蟹食尽，又发动民夫抓螃蟹。民众苦之，作歌说："卤地抑种稻，一概被水沫。年年索蟹夫，百姓不可活。"后来他当陕州刺史，认为永丰仓贮米运费要加征三钱，过于耗费，便想了一个方法，从永丰仓开始，建起高楼，置大木槽，直至于黄河岸边，长数千丈。在高楼上倒米入木槽，顺流到码头，米运行不通畅处，就用大木耙往下推，木耙之下，米皆损耗，多为粉末。加上被风吹走的，放米一次要失米百石，损耗达千万之数。这些损耗他要管此事的人赔偿，那些人的家产都赔光了；他又派运输者自行量度，有人要赔偿数十斛。由于这个方法太害人，后来只好停止。

评点

姜师度在地方郡守任上，热心为百姓办实事，开河渠引水，发展灌溉，使百姓和国家双受益，为开元时期生产力发展作了贡献。《旧唐书》赞扬他："师度既好沟洫，所在必发众穿凿，虽时有不利，而成功亦多。先是，太史令傅孝忠善占星纬，时人为之语曰：'傅孝忠两眼看天，姜师度一心穿地。'"《朝野金载》记他的这两件事可以看出，他的发明很有些超前，比如引水在盐碱地种水稻，比如自动运输，尽管功在国家，但治下之民有不满是肯定的。同书另记此人事。玄宗先天（712—713）年间，姜师度在长安城中修渠，朝堂街市无所不至，玄宗在皇宫楼上能看到木筏顺渠而下，于是升姜为司农卿，但其后水涨则成灾、水枯则干涸。看来此人与当今某些今朝修路、明天挖沟、后天种树的官员也差不多，工程里头出政绩，出 GDP。

所谓祥瑞

原文

【唐】 张鷟《朝野佥载·卷三》

河东孝子王燧家猫犬互乳其子，州县上言，遂蒙旌表。乃是猫犬同时产子，取猫儿置狗窠中，狗子置猫窠内，惯食其乳，遂以为常，殆不可以异论也。自连理木、合欢瓜、麦分歧、禾同穗，触类而长，实繁有徒，并是人作，不足怪也。

唐同泰于洛水得白石紫文，云"圣母临水，永昌帝业"，进之，授五品果毅，置永昌县。乃是白石凿作字，以紫石末和药嵌之。后并州文水县于谷中得一石还如此，有"武兴"字，改文水为武兴县。自是往往作之。后知其伪，不复采用，乃止。

则天好祯祥，拾遗朱前疑说梦云，则天发白更黑，齿落更生，即授都官郎中。司刑寺囚三百余人，秋分后无计可作，乃于圜狱外罗墙角边作圣人迹，长五尺。至夜半，三百人一时大叫。内使推问，云："昨夜有圣人见，身长三丈，面作金色，云'汝等并冤枉，不须怕惧。天子万年，即有恩赦放汝'。"把火照之，见有巨迹，即大赦天下，改为大足元年。

译述

河东孝子王燧家猫犬互乳其子，州县上报，受到朝廷旌表。其实是猫犬同时产子，取猫儿置狗窝中，狗子置猫窝内，惯食其乳，遂以为常。这类事情根本不是什么祥瑞，其他如连理木、合欢瓜、麦分歧、禾同穗之类，都是人弄出来的，不足为怪。

一个叫唐同泰的人在洛水上得白石紫文，上写"圣母临水，永昌帝业"。他进献给武后，被授五品果毅官衔，朝廷新设永昌县。这东西其实是在白石上凿字，以紫石末和药嵌之而成。后来并州文水县于山谷中得一石，与前相同，石上有"武兴"字样，武则天因此改文水为武兴县。此后这类事渐多，武后也知其伪，不复奖励，乃止息下来。

武则天好祥瑞，一个叫朱前疑的小官说自己梦到武则天白发变黑，齿落更生，即被提拔为都官郎中。司刑寺的狱中有待决囚犯三百余人，秋分后没有事做，就在狱中墙角造了一个大脚印，长五尺。至半夜，三百人突然一起大叫。内使审问，他们都说："昨夜见有圣人，身长三丈，面作金色，说'你们都是冤枉的，无须害怕。天子万年，马上就有恩赦放你们回家'。"点火照明，见到有巨大脚印。武则天信以为真，即大赦天下，改年号为大足元年。

评点

祥瑞之事本就乌有，但做假者捣鬼有术，官员们以此邀宠，就是为了让一人满意，所以明知是假，也不戳穿。秦汉以后，多有皇帝喜欢这个调调，因为有祥瑞出现，便说明自己是贤明之君，岂不知那制造祥瑞之人正在偷着乐呢！祥瑞这个东西，都是上启其端、下承上意弄出来的，别的不说，首先干这个的升了官就具有太强的导向性。后来者更要弄得像、弄得夸张，目的不外是证明主上承天应命、圣君再世，进而为自己谋利益。

造神为惑众

原文

【唐】 张鷟《朝野佥载·卷三》

白铁余者,延州稽胡也,左道惑众。先于深山中埋一金铜像于柏树之下,经数年,草生其上。给乡人曰:"吾昨夜山下过,每见佛光。"大设斋,卜吉日以出圣佛。及期,集数百人,命于非所藏处剷,不得。乃劝曰:"诸公不至诚布施,佛不可见。"由是男女争布施者百余万。更于埋处剷之,得金铜像。乡人以为圣,远近传之,莫不欲见。乃宣言曰:"见圣佛者,百病即愈。"左侧数百里,老小士女皆就之。乃以绯紫红黄绫为袋数十重盛像,人聚观者,去一重一回布施,收千端乃见像。如此矫伪一二年,乡人归伏,遂作乱,自号光王,署置官职,杀长吏,数年为患。命将军程务挺斩之。

译述

白铁余是居住在延州的稽胡族人。他以左道惑众,先埋一金铜像于深山中的柏树之下,数年之后,其上长满了杂草。他骗乡民说:"我昨夜在山下经过,几次见到佛光。"又大设斋席,选定吉日,预备迎接圣佛出现。到了日期,召集数百人,让他们在别处搜寻挖掘,没有找到。于是他对众人说:"你们各位没有至诚布施,所以佛不可见。"于是众男女争着布施,达百余万钱。他指导众人在他埋像处挖掘,终于掘得金铜像。乡民认为是奇事,远近传说,都要来观看。白铁余于是宣称:"见圣佛者,百病可治。"方圆数百里的男女老少都来观看。白铁余又以绯紫红黄诸色绫罗将佛像重重包裹起来，观看的人，去掉一重包裹就要先布施一回，费尽钱物才能看见佛像。这样做伪骗人，一二年后乡民都归服于他，于是他兴兵作乱，自号光王，设置官职，杀地方官吏，为患数年，最后被将军程务挺斩杀。

评点

邪教之类，古今一理，就是制造神迹、蛊惑无知民众。初期还以传道为招徕，最后往往称圣称王，走上与社会为敌的道路。看了上面的故事，再看韩国的、美国的邪教，其手法其实都差不多。假如有人不知道什么是神棍，看这白铁余就明白了。说读史可以使人明智，就在这里！当你身边有白铁余这样的人或行为，你就要小心了！他要么是盯上了你的财物，要么是看准了你的盲从。

死姚崇能算活张说

原文

【唐】 郑处诲《明皇杂录·卷上》

姚元崇与张说同为宰辅，颇怀疑阻，屡以事相侵，张衔之颇切。姚既病，诫诸子曰："张丞相与我不叶，衅隙甚深。然其人少怀奢侈，尤好服玩。吾身殁之后，以吾尝同寮，当来吊。汝其盛陈吾平生服玩宝带重器，罗列于帐

前。若不顾，汝速计家事，举族无类矣；目此，吾属无所
虞，便当录其玩用，致于张公，仍以神道碑为请。既获其
文，登时便写进，仍先砻石以待之，便令镌刻。张丞相见
事迟于我，数日之后必当悔，若却征碑文，以刊削为辞，
当引使视其镌刻，仍告以闻上讫。"姚既殁，张果至，
目其玩服三四，姚氏诸孤悉如教诫。不数日文成，叙述该
详，时为极笔。其略曰："八柱承天，高明之位，列四时
成岁，亭毒之功存。"后数日，果使使取文本，以为词未
周密，欲重为删改。姚氏诸子乃引使者示其碑，且告以奏
御。使者复命，悔恨拊膺，曰："死姚崇犹能算生张说，
吾今日方知才之不及也远矣。"

译述

姚崇（650—721，本名元崇）和张说（667—731）同在
朝中做宰相，姚对张心怀猜疑，办事的时候常常欺凌张说，张怀
恨甚深。姚崇病重，告诫儿子们说："张丞相和我不和，裂痕很
深。他年轻时就很奢侈，尤其喜爱服饰珍玩。我死以后，因为我
们是同事，他会来吊唁。你们把我平生置办的服饰珍宝、玉带古
玩、各种重器都排列在帷帐前。如果他看都不看，你们就要赶快
安排后事，估计整个家族将被杀戮了；如果他看这些东西，我们
就不用担心了。你们可以选一些珍玩送给张公，顺便请他撰写神
道碑。得到他撰写的碑文后，立刻誊清，进呈皇上，家里预先磨
好碑石等待着，拿回碑文后，马上就刻在碑上。张丞相对事情反
应比我慢，几天以后一定会反悔。如果他借口修改，索回碑文，
可领着他看刻好的碑，并告诉他已经请皇上看过了。"姚崇死
后，张说果然来吊唁。他见到那些珍玩，反复看了三四次，姚崇

之子按照父亲所教的，送上珍玩，并求张说为父亲写碑文。没有几天，张说的碑文就写好了，叙述姚崇事迹详尽完备，一时被推崇为绝笔。文中有"八柱承天，高明之位，列四时成岁，亭毒之功存"的句子，对姚崇的功业极为推重。过了几天，张说果然派人来要文稿，说是文辞不周密，想加以修改。姚崇的儿子领来人看刻好的碑，并告知已经请皇上看过了。使者回复张说，张说悔恨万分，拍着胸口说："死姚崇还能算计活张说！我今天才知道自己的才能远远不及姚崇啊！"

评点

死姚崇之所以能算计生张说，就在于姚崇抓住了张说喜好奢侈、贪图珍玩的弱点。张说自认"才不及"姚崇，实际上并没有认识到根本。封建时代，官场倾轧，就算是姚崇这样的名臣，还要防着死后被人报复，奚论草民？张说和姚崇都算名相，然姚崇不能免于霸凌，张说不能免于被算。比较起来，后者更不堪一些。教训是什么？不觊觎、不贪心而已！

宠臣王毛仲

原文

【唐】 郑处诲《明皇杂录·卷上》

王毛仲，本高丽人，玄宗在藩邸，与李宜得服勤左右，帝皆爱之。每侍宴，与姜皎同榻坐于帝前。既而贵，倨恃旧，益为不法。帝常优容之，每遣中官问讯。毛仲受命之后，稍不如意，必恣其凌辱，而后遣还。高力士、杨思勖忌之颇深，而未尝敢言于帝。毛仲妻李氏既诞育三日，帝命力士赐以酒食、金帛甚厚，仍命其子为五品官。力士既还，帝曰："毛仲喜否，复有何词？"力士曰："出其儿以示臣，熟眡褓中曰：'此儿岂不消三品官！'"帝大怒曰："往诛韦氏，此贼尚持两端，避事不入，我未尝言之。今敢以赤子恨我邪！"由是恩义益衰。帝自先天在位，后十五年至开府者惟四人：后父王仁皎、姚崇、宋璟、王毛仲而已。

译述

　　王毛仲（？—731）本是高丽人，玄宗还是藩王的时候，他与李宜得服侍左右，玄宗很宠爱他们。每当侍奉玄宗宴饮，王毛仲都与姜皎同榻，坐于玄宗之前。后来王毛仲地位尊贵，依仗自己是玄宗的旧臣，经常做些不法之事，玄宗也不加过问。玄宗经常派宫中宦官去问候王毛仲，毛仲接受旨意之后，稍不如意，就把这些人凌辱一通，再打发他们回去。高力士、杨思勖等人很忌惮他，却不敢同玄宗说明。王毛仲的妻子李氏生孩子，三日后玄宗命高力士去看望，赐酒食、金帛甚丰厚，还封其子为五品官。高力士回到宫中，玄宗问："毛仲高兴不？说了什么？"力士回答说："王毛仲抱新生儿给我看，还对褓褓中的婴儿说：'这孩子难道当不了三品官？'"玄宗大怒，说道："从前诛杀韦氏的时候，这贼子心持两端，怕事不入宫，我没有说什么，如今敢以小孩子怀恨我吗！"从此以后恩义越来越衰微。玄宗自先天元年（712）登大位，十五年后，有开府仪同三司资格的只有四人：皇后的父亲王仁皎、姚崇、宋璟、王毛仲。

评点

王毛仲本是临淄王李隆基的家奴。李隆基成为太子后，负责东宫的马驼鹰狗等坊，后参与平定韦后、太平公主之乱。李隆基继位后，授为大将军；因为诛杀萧至忠等有功，升为辅国大将军；开元九年（721），为朔方道防御讨击大使。因为有大功，所以玄宗对他很照顾，然而这人恃功而骄，不知进退，所以在高力士进言下，玄宗很快下了处理他的决心。开元十九年，他被流放到零陵，在永州被赐死。人啊，得意永远不要忘形，不管在什么时候。

唐玄宗如何享乐

原文

【唐】 张鷟《明皇杂录·卷下》

唐玄宗在东洛，大酺于五凤楼下，命三百里内县令、刺史率其声乐来赴阙者，或谓令较其胜负而赏罚焉。时河内郡守令乐工数百人于车上，皆衣以锦绣，伏厢之牛，蒙以虎皮，及为犀象形状，观者骇日。时元鲁山遣乐工数十人，联袂歌《于蒍》。《于蒍》，鲁山之文也。玄宗闻而异之，征其词，乃叹曰："贤人之言也。"其后上谓宰臣曰："河内之人，其在涂炭乎？"促命征还，而授以散秩。每赐宴设酺会，则上御勤政楼。金吾及四军兵士未明陈仗，盛列旗帜，皆被黄金甲，衣短后绣袍。太常陈乐，卫尉张幕后，诸蕃酋长就食。府县教坊，大陈山车旱船，寻橦走索，丸剑角抵，戏马斗鸡。又令宫女数百，饰以珠翠，衣以锦绣，自帷中出，击雷鼓为《破阵乐》《太平乐》《上元乐》。又引大象、犀牛入场，或拜舞，动中音律。每正月望夜，又御勤政楼，观作乐。贵臣戚里，官设看楼。夜阑，即遣宫女于楼前歌舞以娱之。

译述

唐玄宗在洛阳五凤楼下大开宴席，命令三百里之内的县令、刺史都要率领本地的声乐班子来演出，据说是要排出优劣而加以赏罚。河内郡的郡守让数百名乐工在车上表演，驾车的牛身上蒙着虎皮，或装扮成犀牛、大象的样子，观者惊骇不已。当时元德秀（他德行高尚，世人称他为元鲁山）派了几十名乐工合唱《于蒍》。《于蒍》这首歌是元德秀作词，玄宗听到后十分惊奇，要来歌词，看后赞叹说："这都是贤德之人的话啊！"之后对宰相说："河内郡的百姓是生活在苦难中吧？"并催促将元德秀调回京城，授给他闲散的官职。每当玄宗摆设筵席，他都登上勤政楼，执金吾和禁军士兵天不亮就摆开仪仗，披黄金甲、穿绣花短袍，大张旗帜。太常奏乐、卫尉拉开大幕后，各藩国的酋长开始饮宴。各府县的歌舞班子大规模排列出过山车、跑旱船，表演杂技、马戏、斗鸡，又命令数百名宫女饰以珠翠、穿锦绣衣，从帷幕中走出，敲起雷鼓，演出《破阵乐》《太平乐》《上元乐》。又牵引大象、犀牛入场，或下拜、或起舞，动作都合于音律。每年正月十五日玄宗都登上勤政楼，观看歌舞。大臣和贵戚的门前都由官府搭设看台，夜阑之时就派出宫女在台前歌舞给他们观看。

评点

唐玄宗执政的前几十年，励精图治，任用贤人，所开创的开元盛世，是中国封建王朝历史上屈指可数的巅峰时刻，然而此后，他逐渐升起了骄奢之心，宫廷生活穷奢极欲，我们从上面的笔记就可以看出其奢靡的程度。上行下效，唐玄宗如此，整个社会的风气也迅速转向奢靡，最终形成杜甫诗句中"朱门酒肉臭，路有冻死骨"的社会现象。所以，唐朝的国运从烈火烹油的盛世，一夜之间变为"渔阳鼙鼓动地来"的乱世，唐玄宗的作为，有着无可推卸的责任。

华清池

原文

【唐】　张鷟《明皇杂录·卷下》

玄宗幸华清宫，新广汤池，制作宏丽。安禄山于范阳以白玉石为鱼龙凫雁，仍为石梁及石莲花以献，雕镌巧妙，殆非人功。上大悦，命陈于汤中，又以石梁横亘汤上，而莲花才出于水际。上因幸华清宫，至其所，解衣将入，而鱼龙凫雁皆若奋鳞举翼，状欲飞动。上甚恐，遽命撤去，其莲花至今犹存。又尝于宫中置长汤屋数十间，环回砌以文石，为银镂漆船及白香木船置于其中，至于楫橹，皆饰以珠玉。又于汤中垒瑟瑟及丁香为山，以状瀛洲方丈。上将幸华清宫，贵妃姊妹竞车服，为一犊车，饰以金翠、间以珠玉，一车之费，不下数十万贯。既而重甚，牛不能引，因复上闻，请各乘马。于是竞购名马，以黄金为衔笼、组绣为障泥，共会于国忠宅，将同入禁中，炳炳照灼，观者如堵。自国忠宅至于城东南隅，仆御车马，纷纭其间。国忠方与客坐于门下，指而谓客曰："某家起于细微，因缘椒房之亲，以至于是。吾今未知税驾之所，念终不能致令名，要当取乐于富贵耳。"由是骄奢僭侈之态纷然，而昧处满持盈之道矣。

译述

玄宗驾临华清宫，新扩建温泉，工程宏丽。安禄山从范阳献白玉雕刻的鱼龙凫雁，以及石梁及石莲花，作品雕镌巧妙，巧夺天工。玄宗十分高兴，命令把鱼龙凫雁放入温泉之中，又把石梁横亘在温泉上，那些莲花刚露出水面。玄宗驾临华清宫，到了温泉，解衣将要进入，那些鱼龙凫雁奋鳞举翼，看上去像要飞起来一样。玄宗很惊恐，急忙命令撤去了，然而石莲花至今犹存。玄宗还曾在宫中置温泉长屋数十间，周围泉壁以美石装饰，又造银镂漆船及白香木船，放在温泉中，船的楫橹皆饰以珠玉。又于温泉中用绿色美玉及丁香垒成假山，代表仙山瀛洲、方丈。玄宗将驾临华清宫，杨贵妃姊妹也比赛车马服饰的奢华，她们曾造一牛车，以金翠、珠玉装饰，一车的费用不下数十万贯。造成之后因为太重，牛拉不动，只好上报玄宗，说她们将各自乘马。于是又竞购名马，以黄金为衔笼、组绣为障泥，在杨国忠的宅第会合，之后同入禁中。那些装饰闪闪发光，观者如堵。自杨国忠宅第到长安城东南角，全是杨家姐妹的仆御车马。杨国忠当时正同来客坐于门下，他指着这些对客人说："我家起于细微，因为椒房之亲，以至于此。我如今也不知何时休止，想着最终也不能得到个好名声，就只好以富贵为乐了。"从此以后他的骄奢僭侈之态越发明显，更违背处满持盈之道了。

评点

史言唐玄宗后期宠爱杨贵妃，穷奢极欲，一般人无法想象到何种程度，看了这段记载，应该有个大概印象了。唐玄宗和杨贵妃在华清池洗浴的专用浴池近年已经发掘出土，玄宗专用的池子真是莲花之状，可见史籍所载不虚。杨国忠依仗杨贵妃得玄宗宠爱，穷奢极欲，最后的下场也很悲惨。所以富贵时，能够处满持盈，为今后留有余地，太关键了！处满持盈，用今天的话说，就是持满戒盈，其本义是端盛满之水而留心不外溢，比喻居于高位而能警诫自己，不骄傲自满。回看杨国忠，不是正相反吗？

虢国夫人豪奢

原文

【唐】 张鷟《明皇杂录·卷下》

杨贵妃姊号虢国夫人，恩宠一时，大治宅第。栋宇之华盛，举无与比。所居韦嗣立旧宅，韦氏诸子方午偃息于堂庑间，忽见妇人衣黄罗帔衫，降自步辇，有侍婢数十人，笑语自若，谓韦氏诸子曰："闻此宅欲货，其价几何？"韦氏降阶曰："先人旧庐，所未忍舍。"语未毕，有工数百人，登东西厢，撤其瓦木。韦氏诸子乃率家童，挈其琴书，委于路中，而授韦氏隙地十数亩，其宅一无所酬。虢国中堂既成，召匠圬镘，授二百万偿其值，而复以金盏瑟瑟三斗为赏。后复归韦氏。曾有暴风拔树，委其堂上。已而视之，略无所伤。既撤瓦以观之，皆承以木瓦，其制作精致，皆此类也。虢国每入禁中，常乘骢马，使小黄门御，紫骢之骏健，黄门之端秀，皆冠绝一时。

译述

杨贵妃的姐姐虢国夫人，在极受恩宠之时，大肆修造宅第。其房屋栋宇之华盛，举世无比。她居住的府第原是武后时丞相韦嗣立的旧宅，韦氏诸子中午正在堂庑间休息，忽然见有一穿着黄罗帔衫的妇女从步辇上下来，旁边有数十名侍女。这妇女笑语自若，对韦氏诸子说："听说此宅欲出售，不知要价多少？"韦氏众人迎至阶前，说："这是先人旧屋，我们没打算卖。"话还没说完，数百名工匠已登上东西厢房，开始拆除瓦片和木构了。韦氏诸子只好率领家童，搬出琴和书籍，放在路旁。虢国夫人只给了他们十几亩空地，买宅子的钱一文都没给。虢国夫人修好中堂，召来工匠装修，给工匠二百万钱，又赏给他们金盏及三斗绿宝石。杨家倒台后，这宅子又还给了韦家。一天暴风来袭，拔起大树，压在中堂之上。搬开大树，屋顶却没有一点损坏。他们揭开瓦片观察，发现屋瓦之下还有木瓦承托。整座宅院，制作之精致大体如此。虢国夫人每次入宫中，常乘青白毛相间的骢马，令年轻宦官驾驭，紫花骢之骏健、驭马黄门之端秀，都冠绝一时。

评点

虢国夫人是唐玄宗李隆基宠妃杨玉环的三姐，早年随父居住在蜀中。初嫁裴氏男，夫早亡。杨贵妃得宠于唐玄宗以后，虢国夫人和杨贵妃的另两个姐姐一起被迎入京师。唐玄宗称杨贵妃的三个姐姐为姨，并赐以住宅。安史之乱时，她在出逃中被迫自杀。此人生平骄奢淫逸，在杨贵妃的庇佑下显赫一时。展子虔有《虢国夫人游春图》画作，可见其鲜衣怒马，气势之盛。而从此则记事，更可见其豪横与奢华。现实生活中，高官自己横一点或是贪一点，对普通百姓其实影响不大，因为他看不到或体会不到；但高官的家人或身边人豪横、贪渎，那影响就极坏。比如这虢国夫人，当年的长安百姓肯定人人侧目。

李龟年兄弟

原文

【唐】 张鷟《明皇杂录·卷下》

唐开元中，乐工李龟年、彭年、鹤年兄弟三人，皆有才学盛名。彭年善舞，鹤年、龟年能歌，尤妙制《渭川》，特承顾遇。于东都大起第宅，僭侈之制，逾于公侯。宅在东都通远里，中堂制度甲于都下。其后龟年流落江南，每遇良辰胜赏，为人歌数阕，座中闻之，莫不掩泣罢酒。则杜甫尝赠诗所谓："岐王宅里寻常见，崔九堂前几度闻。正值江南好风景，落花时节又逢君。"崔九，殿中监涤，中书令湜之弟也。

译述

开元年间，乐工李龟年、李彭年、李鹤年兄弟三人都有才学，名气很大。李彭年善舞，李鹤年、李龟年能歌，他们创作的《渭川》之曲很受唐玄宗赞赏。他们在东都洛阳建起高大的宅第，奢侈僭越的程度超过公侯。他们的住宅位于东都通远里，庭院的规模名列都城甲等。安史之乱后李龟年流落到江南，每逢良辰胜景，都为人唱几首歌，在座之人听了，都掩面哭泣，停杯不饮。杜甫曾经赠诗与他："岐王宅里寻常见，崔九堂前几度闻。正值江南好风景，落花时节又逢君。"崔九，名崔涤，是中书令崔湜之弟，当年担任殿中监之职。

评点

宫廷里的乐工，其实就是一个为宫廷服务的小吏，然而由于皇帝喜欢、欣赏，他的身份、气派就不一样了。你看李龟年兄弟，他们因为一首曲子得到唐玄宗的欣赏，日常为皇帝表演，就可以在京城盖起规模与大臣贵戚相媲美的豪宅，这里没有提到的，是他们的做派也不会太低调。然而，乱世来到，玄宗自己逃命，就没人管他们的死活了，李龟年流落到江南，靠在宴会上为人唱曲维持生计。他当年高踞人上的时候，一定不会想到后来的遭遇吧？

康辩望相位

原文

【唐】 张鷟《明皇杂录·补遗》

唐玄宗既用牛仙客为相，颇忧时议不叶，因访于高力士："用仙客相，外议以为如何？"力士曰："仙客出于胥吏，非宰相器。"上大怒曰："即当康辩。"盖上一时恚怒之词，举其极不可者。或有窃报辩，以为上之于辩恩渥颇深，行当为相矣。辩闻之，以为信然。翌日，盛服趋朝，既就列，延颈北望，冀有成命，观之者无不掩口。然时论亦以长者目焉。辩为将作大匠，多巧思，尤能知地，常谓人曰："我居是宅中，不为宰相耶？"闻之者益为嗤笑。

译述

唐玄宗已经任命牛仙客（675—742）为宰相，又有些担心外面议论他不合适，故此问高力士："让牛仙客为宰相，外面有什么议论？"高力士说："牛仙客出身于基层小吏，不是当宰相的材料。"玄宗大怒，说："那我就让康辩做宰相了！"唐玄宗一时盛怒之下如此说，本是提出一个最不可能当宰相的人，不料有人以为玄宗对康辩恩宠很深，康辩马上就要做宰相，因而偷偷告诉给康辩。康辩听说后，信以为真，第二天盛装上朝，站在朝官的行列中，伸着脖子向北望，希望有任命下来，看到的人无不掩口而笑。不过当时的舆论还是把康辩作为长者看待的。康辩当时任将作大匠，很有巧思，尤其是能够善用地形，常常对人说："我住在这个宅子里，还能当不上宰相吗？"听到的人更嗤笑他了。

评点

"人贵有自知之明"，这个话可是太对了！没有自知之明，就会产生出各种各样的欲望。比如这位康辩，他本是将作大匠，是掌管宫室修造的官员，心里却一直巴望着宰相的位置。须知唐代的宰相可不是一般的人就能随便做上去的，必须要有相当的政治才能和文学修养。宰相的选拔有相当严格的程序。首先，宰相要是科举出身；其次，要得到朝廷重臣和皇帝的批准；最后在选定候选人后，还要进行考察，看其是否称职。牛仙客在被任命为宰相之前，已经是任朔方行军大总管的高官，且有封爵。即使如此，朝臣们还是认为牛出身胥吏，不是宰相之器，就这样康辩还每天想着做宰相，不是痴心妄想吗？受人耻笑，真是自找的啊！

唐宣宗微行得人

原文

【唐】 裴庭裕《东观奏记》附录三引《中朝故事》

大中皇帝多微行坊曲间，跨驴重载，纵目四顾，往往及暮方回大内。近臣多谏："陛下不合频出。"上曰："吾要采民间风俗事，只如明皇帝未平内难已前，在藩邸间出游城南韦杜之曲，间行村落之舍，遇王琚闲话，果赞成大事，吾是以要访人物焉。"一日，到天街中，道旁见一人，状若军将，坐槐树下石上。见上来，遽起，鞠躬而立。上诘之，云："姓赵，淮南人也。"问之，云："闻杜悰相公出镇淮南，欲往谒耳。"上问："旧识耶？"对曰："非旧识，始往投诚。"上曰："公闻杜公何如人也？"对曰："杜是累朝元老，圣上英明，复委用之，非偶然也。"上悦之，诘曰："怀中何有？"乃一牍，述行止也。上留之，戒曰："但留邸中伺候，杜公必来奉召。"翌日，上以状授邠公，乃批云："授淮南别敕押衙。"终身获厚禄焉。其人感遇，人皆称之。

译述

唐宣宗（大中是唐宣宗年号）经常去里坊之间微行私访，骑着毛驴，四处观看，往往天黑才回到大内。近臣多劝他不应该经常出外，他说："我要收集民间风俗，就像玄宗皇帝在安史之乱以前一样。当时他在藩邸，出游城南，在村落间闲行，遇到王琚，闲聊中定下了大计。我也是要访求有才能的人啊！"有一天，宣宗在长安城的天街旁见到一个人，那人坐在槐树下的石头上，面貌像个将军。见宣宗到来，那人立刻起身，行礼后站立。宣宗问起来，他说自己姓赵，是淮南人，听说杜悰将要出镇淮南，打算去谒见。宣宗问他："你认识杜悰？"他回答不认识，正打算去投奔。宣宗问他："你知道杜悰是什么样的人？"那人回答："他乃是几朝元老。而今圣上英明，又重用他，这不是偶然啊！"宣宗很高兴，问他怀里装着什么，拿出来看，是一个记述其经历的文牍，宣宗留下文牍，叮嘱他不要离开住处，之后会有人来找他。第二天，宣宗给杜悰下旨，写明授给那个人"淮南别敕押衙"的官职，那人从此获得高官厚禄。那人感激恩遇，周围的人也都很羡慕他。

评点

唐宣宗微服私访，目的是想找到大才，但只遇到一个投奔杜悰求职的，从没有下文来看，是求虎得犬了。从谈话经过看，这个人也算是有眼力见的，看到宣宗，便行礼致意、站立答话，且言语合度，故此得到宣宗欢心，可见为人处世，礼貌很重要！不过这个事也难说，也许是他知道消息，专门在那里等候唐宣宗的，如果是这样，唐宣宗便是被算计了。古往今来，下属设局蒙混上级的事多了去了！唐宣宗以为自己是微服私访，其实大臣内官们怎敢让他独行？所以这场面很有可能是预先安排好的，让宣宗满足一下发掘人才的心愿。

唐宣宗斥责令狐绹

原文

【唐】　裴庭裕《东观奏记》附录三引《金华子杂编》

令狐公绹，文公楚之子也。自翰林入相，最承恩泽。先是上亲握庶政之后，即诏诸郡刺史，秩满不得径赴别郡，须归阙朝对后，方许之任。绹以随、房邻州，许其便即之任。上览谢表，因问绹曰："此人缘何得便之任？"

对曰："缘地近授守，庶其便于迎送。"上曰："朕以比来二千石，多因循官业，莫念治民，故令其到京，亲问所施设理道优劣，国家在明行黜陟，以苏我赤子耳。德音既行，岂又逾越？宰相可谓有权！"绹尝以承遇恩顾，故擅移授。及闻上言，时方严凝，而汗流浃洽，重裘皆透。

译述

唐宣宗时的宰相令狐绹（795—879）是太尉令狐楚（谥文）的儿子，由翰林学士升官为宰相，最受皇帝信任。唐宣宗即位之后，即颁下诏书，要求诸郡刺史任期届满后，不得径直往别处上任，必须要回朝接受皇帝问话，才许可到任新职。后来，随州刺史任满，转任房州刺史，由于房州和随州是近邻，令狐绹便准许那刺史直接到任。刺史到任，上表谢恩，宣宗才得知此事，问令狐绹说："这人为何能够直接到任？"令狐绹回答说："主要是因为地方相邻，便于迎送。"宣宗说："长期以来，州刺史多是只想当官，不想着为民众办事，所以我即位后，命令他们到京，亲自问他们做了哪些事，道理在哪里，政绩是优还是劣。其目的在于明确其升级或降职的原因，最终是令百姓好过。这个制度已经实行了，怎可又违背？宰相可是太有权了！"令狐绹以为自己得到皇帝的恩遇，因此擅作主张、授官任职，此刻听到宣宗的话，尽管当时天气寒冷，他却汗流浃背，以至湿透了厚棉衣。

评点

令狐绹的行为，可为擅权自为者戒。一个人，不管是在体制之内，还是在职场之中，都要知道自己的位置，明白什么事情能做，什么事情不能做。像令狐绚那样，汗透重裘的后果已是最轻的了。越权行事，自作主张，是一些官场人的通病。究其原因，或是恃宠而骄，觉得有人撑腰；或是高看自己，蔑视上官；或是做事粗心，考虑不周；或是山高地僻，事情紧急，等等。无论如何，这个习惯不可长，不然，倒霉是必然的。像唐宣宗这样，当头棒喝，算是厚道人了。

李治如何当上太子

原文

【唐】 刘肃《大唐新语·卷一》

太子承乾既废，魏王泰因入侍，太宗面许立为太子，乃谓侍臣曰："青雀入见，自投我怀中，云：'臣今日始得与陛下为子，更生之日；臣有一孽子，百年之后，当为陛下杀之，传国晋王。'父子之道，固当天性。我见其意，甚矜之。"青雀，泰小字也。褚遂良进曰："失言！伏愿审思，无令错误。安有陛下万岁之后，魏王持国执权为天子，而肯杀其爱子，传国晋王者乎？陛下顷立承乾，后宠魏王，爱之逾嫡，故至于此。今若立魏王，须先措置晋王，始得安全耳。"太宗涕泗交下，曰："我不能也。"因起入内。翌日，御两仪殿，群臣尽出，诏留长孙无忌、房玄龄、李绩、褚遂良，谓之曰："我有三子一弟，所为如此，我心无憀。"因自投于床。无忌争趋持，上抽佩刀，无忌等惊惧。遂良于手争取佩刀，以授晋王。因请所欲立，太宗曰："欲立晋王。"无忌等曰："谨奉诏。异议者请斩之。"太宗谓晋王曰："汝舅许汝也，宜拜谢之。"晋王因下拜。移御太极殿，召百寮，立晋王为皇太子。群臣皆称万岁。

译述

唐太宗废掉李承乾的太子之位，魏王李泰得以入侍，太宗当着他的面承诺立他为太子，又对身边大臣说："有青雀飞到我怀中，说'臣今天才得以给陛下当儿子，是我重生之日。臣有一个儿子，百年之后当为陛下杀死他，传国于晋王'。父子之道是天性，我很怜悯他的心意。"青雀其实就是李泰的小名；晋王便是嫡子李治。褚遂良上前说道："陛下失言了。希望陛下深思熟虑，不要犯错。陛下百年之后，魏王贵为天子，怎么可能杀死自己的爱子而把国家交给晋王？陛下先立承乾为太子，后来又宠爱魏王，喜爱的程度超过了嫡子，故此有这样的想法。今天如果要立魏王为太子，就必须先安置好晋王，这才是万全之计。"太宗涕泪横流，表示无法办到，起身回到内宫。第二天，太宗出至两仪殿，让群臣都出去，只留下长孙无忌、房玄龄、李勣、褚遂良，对他们说："我有三个儿子、一个弟弟搅和进争储君的事情中，到这地步，我心里也没有主见了。"后伤心地栽倒在床上。长孙无忌上前扶持，太宗抽出佩刀，打算自杀，无忌等人又惊又怕，褚遂良从太宗手里夺下佩刀，交给晋王，又问唐太宗打算立谁为太子，太宗说打算立晋王。长孙无忌等人都说："我等听皇上的。有异议者请斩之。"太宗对晋王说："你舅舅让你当上太子，你要拜谢他。"晋王向长孙无忌下拜。此后太宗移驾太极殿，召集百官，正式立晋王李治为皇太子，群臣都山呼万岁。

评点

李承乾、李泰、李治都是长孙皇后所生。唐太宗晚年，宠爱魏王李泰，而导致太子李承乾与魏王争夺储位。贞观十七年（643），李承乾打算起兵逼宫，事情败露被废。唐太宗拟立李泰为储君，李泰向唐太宗承诺将"杀子传弟"，由此引出上面的一系列事情。可见，为争皇位，即使是亲兄弟，也充满刀光剑影、阴谋诡计。但李世民即使是选定了李治为太子，最后仍不免江山被武则天所篡夺。历史当然无法假设，但假如当初李泰当皇帝，也许李唐可免去一劫吧？官场险恶，人人都是戏精。何况最高权力之争，相关之人都在局中，都在谋划最大利益。

唐玄宗纵容安禄山

原文

【唐】　刘肃《大唐新语·卷二》

安禄山，天宝末请以蕃将三十人代汉将。玄宗宣付中书令即日进呈，韦见素谓杨国忠曰："安禄山有不臣之心，暴于天下。今又以蕃将代汉，其反明矣。"遽请对。玄宗曰："卿有疑禄山之意耶！"见素趋下殿，涕泗且陈禄山反状。诏令复位，因以禄山表留上前而出。俄又宣诏曰：

"此之一奏,姑容之,朕徐为图矣。"见素自此后,每对见,每言其事,曰:"臣有一策,可销其难,请以平章事追之。"玄宗许为草诏,讫,中留之,遣中使辅璆琳送甘子,且观其变。璆琳受赂而还,因言无反状。玄宗谓宰臣曰:"必无二心,诏本朕已焚矣。"后璆琳纳赂事泄,因祭龙堂,托事扑杀之。十四年,遣中使马承威赍玺书召禄山曰:"朕与卿修得一汤,故召卿。至十月,朕待卿于华清宫。"承威复命,泣曰:"臣几不得生还。禄山见臣宣进旨,踞床不起。但云:'圣体安稳否?'遽令送臣于别馆。数日,然后免难。"至十月九日,反于范阳,以诛国忠为名,荡覆二京,窃弄神器,迄今五十余年而兵未戢。

译述

天宝末年,安禄山(703—757)提出要以三十名蕃将代替汉将。玄宗让中书令即日提出答复意见,韦见素(697—762)对杨国忠说:"安禄山不臣之心,已显露于天下。如今又要求以蕃将代汉,其反意很明显了。"急忙请见玄宗。玄宗问他:"你有怀疑安禄山的意思吗!"见素趋身下殿,涕泗横流,陈述安禄山谋反的证据。玄宗不置可否,他只好把安禄山的上表留在玄宗面前而退出。没过多久,玄宗下诏说:"安禄山的这个奏章,姑且听从,朕以后要认真考虑处理。"此后,韦见素每次进见,都要与玄宗提及此事,又说:"臣有一策,可平定此事带来的祸害,请任命安禄山为宰相。"玄宗听从了韦见素的意见,但诏书拟定后,他却不肯发出,又派遣宦官璆琳给安禄山送柑橘,同时让他观察安禄山有无反状。璆琳收受安禄山的贿赂,回京后报称安禄山无反状。玄宗对宰臣说:"安禄山必无二心，诏书朕已烧掉了。"后来璆琳纳赂的事情泄露，玄宗另找个理由将他杀掉了。天宝十四年（755），玄宗又派遣宦官马承威带着玺印诏书去召安禄山："朕给你修了一处汤池，故此请你来京。十月，朕在华清宫等你。"马承威从安禄山处回京复命，哭着说："臣几乎不得生还。安禄山见臣宣读圣旨，踞坐在那里，并不起身，只是说：'圣体安稳否？'之后就下令送臣到外面的馆舍。过了数日，才放我回来。"十月九日，安禄山在范阳造反，以诛讨杨国忠为旗号，攻下长安洛阳二京，倾覆大唐朝廷，迄今五十余年，兵戈未息。

评点

安史之乱，本就是唐玄宗贪图安乐、养虎为患，自己弄出来的。古人说："履霜坚冰，所由者渐。"意思是看到霜冻，就应该知道结冰时节渐渐来临。无论何时，糟糕的局面都不是一朝一夕形成的，聪明人应见微知著、防微杜渐，如此才能长治久安。中国古史讲明君要明察秋毫。如安禄山者，其得势与坐大，正是由于唐玄宗后期之昏庸。

阎立本戒子

原文

【唐】 刘肃《大唐新语·卷十一》

太宗尝与侍臣泛舟春苑，池中有异鸟随波容与，太宗击赏数四，诏坐者为咏，召阎立本写之。阁外传呼云："画师阎立本。"立本时为主爵郎中，奔走流汗，俯伏池侧，手挥丹青，不堪愧赧。既而戒其子曰："吾少好读书，幸免面墙。缘情染翰，颇及侪流。唯以丹青见知，躬厮养之务，辱莫大焉！汝宜深戒，勿习此也。"

译述

唐太宗与随侍大臣泛舟于春天的池水之上，池中有异鸟随波浪起伏飘荡，太宗看了，几次击节而赞，让在座者吟诗为记，又传召阎立本来作画。阁外传呼的人喊道："召画师阎立本。"阎立本当时任职主爵郎中，应召而至，奔走流汗，俯伏在水池旁边作画，感到十分愧赧。事后告诫他的儿子说："我少时喜好读书，不至于因为不学而见识浅陋，诗文也不比别人差。只是如今以绘画被皇上欣赏，以至于成为作画的仆役，真是莫大的耻辱！你应深深地以此为戒，不要学画。"

评点

阎立本以本是读书人、却成为皇家画师而耻辱，让儿子以后不要学画。放到今天，他一定不做此想。如今读书人茫茫多，但讲到养家，较以书画知名之人远矣！然"学而优则仕"，真当了官，又在某一重要位置，或其心黑、其德败，那又当别论。主爵郎中，算是司级官员，然而太监们大喊"画师阎立本"，令阎立本大感屈辱。封建时代，"万般皆下品，惟有读书高"，所以，阎立本的儿子后来在绘画上一定是不如乃父了！

玄宗拒身边人求官

原文

【北宋】 王谠《唐语林·政事》

玄宗宴蕃客。唐崇句当音声，先述国家盛德，次序朝廷欢娱，又赞扬四方慕义，言甚明辨。上极欢。崇因长入人许小客求教坊判官。久之，未敢奏。一日，过崇曰："今日崔公甚蚬斗，欲为弟奏请，沈吟未敢。"崇谓小客有所欲，乃赠绢两束。后数日，上凭小客肩，行永巷中。小客曰："臣请奏事。"上乃推去之，问曰："何事？"对曰："臣所奏，坊中事耳。"小客方言唐崇，上遽曰："欲得教坊判官也？"小客蹈舞曰："真圣明，未奏即知。"上曰："前宴蕃客日，崇辞气分明，我固赏之，判官何虑不得？汝出报，令明日玄武门来。"小客归以语崇，崇蹈舞欢跃。上密敕北军曰："唐崇来，可驰马践杀之。"明日，不果杀。乃敕教坊使范安及曰："唐崇何等，敢干请小客奏事？可决杖，递出五百里外。小客更不须令来。"

译述

一个名叫唐崇的伎人在唐玄宗宴请外族客人时，唱曲时先叙述国家的圣德，次讲述朝廷的欢乐，又赞扬四方属国的向慕恩义，表现很好。玄宗很高兴。唐崇见状，便通过宦官许小客谋求教坊判官之职。许小客过了好久也没敢跟皇上提，一天对唐崇说："今天皇上高兴，我打算开口，犹豫未定。"唐崇认为许是想要报酬，就送给他两匹绢。过了几天，许小客陪玄宗在宫里散步，对玄宗说："臣有事上奏。"玄宗问何事，许说是教坊的事，刚提到唐崇，玄宗就说："他想当教坊判官？"许小客乐得手舞足蹈，称赞玄宗真是圣明。玄宗说："上次宴请外客，他表现极好，我很欣赏，做个判官乃是小事。你出去告诉他，让他明日到玄武门来。"许告诉了唐，唐乐坏了。这边唐玄宗秘密吩咐守门卫军："唐崇如来，乱马踩死他！"第二天，唐崇没有被踩死，玄宗于是吩咐教坊使范安及说："唐崇是什么人？敢通过许小客要官！可处以杖刑，发配五百里外。许小客也赶出宫去。"

评点

唐玄宗时，散乐之人呼天子为"崖公"，称天子欢乐为"蚬斗"，把每日在天子左右的人称为"长入"。这个叫唐崇的，本来表现挺好，却向玄宗身边的人行贿，要求个教坊判官的职位。玄宗也真绝！当即把他流放五百里外，身边人也再不令其靠近。领导的身边人很关键啊！多少人都是通过领导的妻子儿女、亲友秘书来为自己谋利益，多少领导习焉不察，助长了腐败之风。这样的领导，应该学学唐玄宗，不过是执政前期的唐玄宗。

《谪仙怨》之曲

原文

【北宋】　王谠《唐语林·伤逝》

天宝十五载正月，安禄山反，陷洛阳。王师败绩，关门不守。车驾幸蜀，次马嵬驿，六军不发，赐贵妃死，然后驾发。行至骆谷，上登高平，马上谓力士曰："吾仓皇出狩，不及辞宗庙。此山绝高，望见秦川。吾今遥辞陵庙。"下马东向再拜，呜咽流涕，左右皆泣。又谓力士曰："吾取张九龄之言，不至于此。"乃命中使往韶州，以太牢祭之。既而取长笛吹自制曲，曲成复流涕，诏乐工录其谱。至成都，乃进谱而请名，上已不记，顾左右曰："何也？"左右以骆谷望长安索长笛吹出对之。良久，上曰："吾省矣。吾因思九龄，可号为《谪仙怨》。"有人自西川传者，无由知其本末，但呼为《剑南神曲》。其音怨切动人。大历中，江南人盛传。随州刺史刘长卿左迁睦州司马，祖筵闻之，长卿随撰其词，意颇自得，盖亦不知事之始。词云："晴川落日初低，惆怅孤舟解携。鸟去平芜远近，人随流水东西。白云千里万里，明月前溪后溪。独恨长沙谪去，江潭春草萋萋。"其后，台州刺史窦宏余以长卿之词虽美，而与本曲意兴不同，复作词以广不知者，其词曰："胡尘犯阙冲关，金辂提携玉颜。云雨此时消散，君王何日归还？　伤心朝恨暮恨，回首千山万山。独望天边初月，蛾眉独自弯弯。"

译述

天宝十五载正月，安禄山造反，攻陷洛阳。唐军败仗，唐玄宗逃往四川。途中宿马嵬驿，六军不肯前行，玄宗赐死杨贵妃，才得以前行。走到骆谷，玄宗登高，在马上对高力士说："我仓皇出来，来不及到宗庙辞行。这座山很高，可以望见秦川，我在这里遥辞宗庙吧！"下马向东而拜，痛哭流涕，左右之人也跟着哭。玄宗又对高力士说："我如果听张九龄的话，不致如此！"于是命令宦官到韶州，用太牢的规格祭祀张九龄。此后玄宗取出长笛，吹奏自己做的曲子，吹完又哭，命随行的乐工把乐谱抄录下来。到了成都，乐工献上乐谱，请玄宗定名，玄宗却不记得了，问这是什么，左右告诉他是骆谷望长安时所吹奏之曲，过了好久玄宗才说："我想起来了！我因为思念张九龄所作，可名为《谪仙怨》。"后来有人在西川传吹此曲，因为不了解创作始末，只称为《剑南神曲》。大历年间刘长卿度曲作词，已经不知道此曲的来历，后来是台州刺史窦宏余又作新词，加以纠正。

评点

人老了得服老。唐玄宗自己做的曲子，时过境迁，自己都记不得。传到宫外，四川人已经不知始末。后来传到江南，刘长卿以曲度词，因为不了解背景，意境虽美，但失之空洞。而窦宏余的词便切近多了。唐玄宗马嵬坡事在 755 年，但到刘长卿当随州刺史时（781—788），二十来年的工夫，唐玄宗作的曲子，连刘长卿都不了解背景了！看来人们是很容易忘记历史的。这里提到的张九龄（673—740）是玄宗开元时宰相。他最早看出安禄山的奸诈，劝唐玄宗杀掉安禄山，唐玄宗当时不肯听从，此时后悔。

张果老

原文

【北宋】 王谠《唐语林·补遗》

玄宗好神仙，往往诏郡国征奇异之士。有张果者，则天时闻其名，不能致，上亟召之，乃与使俱来。其所为，变怪不测。有邢和璞者，善算术；视人投算，而究其善恶夭寿。上使算果，懵然莫知其甲子。又有师夜光者，善视鬼。后召果与坐，密令夜光视之，夜光奏曰："果今安在？臣愿见之。"而果坐于上前久矣，夜光终莫能见。上谓力士曰："吾闻奇士至人，外物不足以败其中。试饮以堇汁，无苦者，真奇士也。"会天寒方甚，便以汁进果，果遂引饮三卮，醺然如醉，顾侍者曰："非佳酒也。"乃寝。顷之，引镜视其齿，尽焦且黧。命左右取铁如意，击齿尽堕，藏之于带。乃于怀中出神膏，色微红，傅诸堕齿空中，复寝。久之，视镜，齿皆生，粲然洁白。上方信其不诬也。

译述

唐玄宗喜好神仙之说，经常让各地征召奇异之人。有个叫张果的人，武则天时就很有名，但请不到，唐玄宗多次召请，张果遂同使者来到长安。他的行为变幻莫测。玄宗身边有个叫邢和璞的方士，善于算命，不同的人他都能算出其善恶及是否长寿。玄宗让邢和璞算张果，却算不出他的年纪。又有个叫师夜光的，善能见鬼。玄宗让张果与自己同坐，秘密地命令师夜光观看。师夜光上奏说："张果而今在哪里？臣愿意见他。"张果坐在玄宗面前很久，师夜光最终也没看见。玄宗对高力士说："我听说真正的奇人是不能被外物所败坏的。可以让他喝堇菜的汁，不觉得苦的，才是真奇士。"当时天气寒冷，给张果拿来堇汁，张果喝了三大杯，醺醺然像醉了一样，对侍者说："这不是好酒。"之后就睡了。一会儿，拿来镜子看自己的牙齿，已经是焦黑之色，于是命人取来铁如意，把牙齿都敲掉了，藏到衣带里，又从怀里取出带点红色的神膏，抹在掉牙的位置上，又睡下了。睡了一觉后，再看镜子，牙齿已经重生，且洁白光亮。玄宗因此相信这是个真正的神仙。

评点

装神弄鬼的人历来皆有，如果上位之人喜好这个，这样的人就更多。这个关于张果老的笔记中，想来那邢和璞和师夜光二人与他是一伙的，目的就是突出他的神秘；而牙齿重生，应该就是魔术了。张果老是八仙传说中渊源最久的，唐代已经有传，说他是神仙，但看此则记述，也就是装神弄鬼的方士而已。

帝王之好应慎

原文

【北宋】 范镇《东斋记事·卷一》

仁宗皇帝好雅乐，又严天地宗庙祭祀之事及崇奉神御，故中外言乐者不可胜计，置局而修制亦屡焉，其费不赀。宦侍建言修饰神御，岁月不绝，然为之终身不衰。庆历中，陕西用兵后，有建请出田猎以耀武功，四方以鹰犬来献，惟恐居后。然出猎者一再而止。帝王之好岂可以不慎哉！好雅乐祭祀之事，人争以雅乐祭祀之事奉之，未必皆得其当，然好之终身不衰不害也。方下令校猎，而人争以田猎鹰犬来奉，乃一再而遂止。仁皇帝诚知所好矣，不然者，何以庙号曰"仁"哉！

译述

仁宗皇帝喜欢雅乐，又对宗庙祭祀之事和先帝肖像要求很高，故此朝廷内外讲论音乐的人很多，还屡次设立官署、修改制度，费用不小。官员侍从建言修饰先帝肖像，每年每月都有，仁宗对此事终生不止。用兵西夏后，有人提议请皇上出宫打猎以宣示武功，之后马上各地就进献鹰犬，惟恐落后，但出猎这事只有一两次就叫停了。帝王之喜好要很慎重啊！仁宗雅好音乐祭祀之事，人们就争着以雅乐祭祀之事来讨好，虽然未必都得当，但也没有大的害处。这边刚下令准备田猎，各地就争着以打猎的鹰犬来献，还好只有一两次就停止了。仁宗是真知道自己的爱好啊，不然为何庙号称"仁"呢？

评点

楚王好细腰，宫人多饿死。上有所好，下必甚焉！此事古今一理。上位之人应小心，不要轻易暴露自己的爱好，否则，会有一大群与你同好的围上来呢！仁宗的雅好，导致内外官员争相言事，希望给皇帝留下好印象，以便早日升官。而今又不一样了，各色官员有的好名，有的好书法，有的好古玩玉器，有的好美女，有的好打球，等等，只要他表现出来，便有商人或下属满足他，至于所求，已不单只升官一事了！

状元之后

原文

【北宋】　范镇《东斋记事·卷三》

韩持国知颍川府，时彦以状元及第，每称状元，持国怒曰："状元无官耶！"自此呼为签判。彦终身衔之。马涓巨济亦以状元及第，为秦签，亦呼状元。秦帅吕晋伯曰："状元者，及第未除也。既为判官，不可曰状元。"巨济愧谢。

译述

韩持国为颍川知府，一名叫时彦的人状元及第，此后总是自称状元，韩持国生气地说："状元没有官职吗？"此后都称时彦为签判，时彦终生以此为恨。马涓（字巨济）同样是状元及第，在秦帅吕晋伯手下当判官，也自称状元。吕晋伯告诉他："状元是会试及第、未授官职的人。你已经当了判官，就不可再称状元。"马涓惭愧地向吕晋伯致谢。

评点

以上二人是将自己某一段高光时刻总挂在嘴边的典型，所以受到上官的指点。状元，在中国历史上是一个特殊的存在。每次科举只能有一个状元，一千几百年下来，加上地方政权的，也要上千吧？但细究之，状元当上宰相的，其实并不多。比如这里提到的时彦，后来就是默默无闻的。这则笔记有意思的是，韩持国厉声而斥，其人则恨；吕晋伯平心以告，则其人悦；另一方面恨人的人寂寂无闻，谢人之人则成就仕途。可见帮助人要态度好，听人劝则有进步。

效小谨不察大过

原文

【北宋】　范镇《东斋记事·卷三》

王景彝与予同在《唐书》局，十余年如一日，春夏秋冬各有衣服，岁岁未尝更，而常若新置。至绵衣，则皆有分两帖子缀于其上，视其轻重厚薄，而以时换易。有仆曰王用，呼即在前，冬月往往立睡于幄后，其不敢懈如此。一日，送食于其家，官中器具用悉典解使之，督索旬日而后得，景彝卒不知。是则效小谨者，不可不察其大过。严之蔽，惟小谨之悦，至于大过则不闻。可不监哉！

译述

范镇与王景彝一起编《唐书》，王景彝四季各有衣服，十余年里，未置新装，但身上穿的就同新的一样。他的丝绵衣服上系有重量标志，视轻重厚薄随时换装。他有个仆人，名叫王用，一声招呼，马上会出现在他面前，冬天往往在他的床后站着睡觉，一点都不敢懈怠到这个地步。然而有一天，范镇去他家送吃的，发现其家里有许多官家的器具，向仆人索要，十多天才送回来。这个事王景彝根本不知道。所以在小事上谨慎的人，应明察其大事上的过失。像王景彝这样，在严厉的表象下，满足于仆人小的谨慎，却不了解其大的过失。真值得警惕啊！

评点

如王景彝仆人王用这样的行为，今天已是小巫见大巫了。有多少"公仆"表面上勤恳且清廉，背后却干着各种贪腐的勾当。黄河何时能变清呢？效小谨，不察大过，这事在当今的人事关系上亦不少见。比如有的领导或老板喜欢一天到晚在身边献殷勤的人，觉得这样的人用着顺手，却不考察其大节、不看其正派与否，这样下去，总有一天会出事的。

置习须慎

原文

【北宋】 范镇《东斋记事·卷四》

黄筌、黄居寀，蜀之名画手也，尤善为翎毛。其家多养鹰鹘，观其神俊以模写之，故得其妙。其后，子孙有弃其画业，而事田猎飞放者。既多养鹰鹘，则买鼠或捕鼠以饲之，又其后世有捕鼠为业者。其所置习不可不慎。人家置博弈之具者，子孙无不为博弈。藏书者，子孙无不读书。置习岂可以不慎哉！予尝为梅圣俞言，圣俞作诗以记其事。

译述

四川的名画家黄筌（903—965）、黄居寀（933—993）善画翎毛，也就是鸟类，为此在家中养了不少鹰鹘之类猛禽，以摹写其神俊形象，故此能表现其妙处。其后，他们的子孙便有放弃画业而去从事飞鹰打猎的。由于要饲养鹰鹘，就要买鼠或捕鼠来喂它们，其后世便又有以捕鼠为业的。由此，家中的所置所习不可不慎！家中置备博弈用具，子孙没有不熟悉下棋赌博之事的；家中富于藏书，子孙便没有不读书的。家中所置所习真的要慎重啊！我曾对梅圣俞作诗记此事。

评点

老话有"龙生龙凤生凤"之说，也有"一代龙、二代蛇、三代虫"之论。由黄筌家人从业的变化，我们可以明白，为后代创造什么样的环境，对他们的成长和志向选择影响极大。从今天的现实看，还是家中多藏书吧！画家的子孙变成打猎和捕鼠的，这个有点讽刺。一般来说，诗书传家久，是古今共识。要想让子孙后代懂礼仪、有知识，成为正派人、体面人，为他们建立书香环境绝对必要。

游僧变罗汉

原文

【北宋】 王辟之《渑水燕谈录·杂录》

江南一县郊外古寺，地僻山险，邑人罕至，僧徒久苦不足。一日，有僧游方至其寺，告于主僧，且将与之谋所以惊人耳目者。寺有五百罗汉，择一貌类己，衣其衣、顶其笠、策其杖，入县削发，误为刀伤其顶，解衣带、白药传之。留杖为质，约至寺，将遗千钱。削者如期而往，方入寺，阍者殴之曰："罗汉亡杖已半年，乃尔盗耶！"削者述所以得杖貌，相与见主僧，更异之。共开罗汉堂，门锁生涩，尘凝坐榻，如久不开者。视亡杖罗汉，衣笠皆所见者，顶有伤处，血渍药傅如昔。前有一千皆古钱，贯且朽。因共叹异之。传闻远近，施者日至，寺因大盛。数年，其徒有争财者，其谋稍泄。

译述

江南某县郊野有个古庙，因地僻山险、人烟稀少，僧徒生活十分困苦。一次，有位游方和尚到那古庙，对主持说，他有吸引香客的妙法。庙里有五百罗汉，他选择一个面貌与自己相像的罗汉，穿戴上那个罗汉的衣服、笠帽，拄着那罗汉的禅杖，下山到县城去剃头。剃时有意乱动，被割破了头顶，这时他就解下衣带，敷上白药，并留下那禅杖作为抵押，约好日期叫剃头匠到庙里去，说将要送他一千钱相酬。剃头匠按照约定的日期去了，刚进寺庙，看门人就揪住他殴打起来，说："庙里罗汉丢失禅杖已半年了，原来是你偷的啊！"剃头匠说明他得杖的经过，与看门的人一起去见方丈，大家感到很奇怪，于是一起去到罗汉堂。只见门上的锁已生锈，罗汉的座榻上布满了灰尘，好像很久没有打开门的样子。剃头匠审视那丢禅杖的罗汉，衣服、笠帽都是他所见到过的，头顶上还有割伤的地方，血渍和药敷的情况也和原先一样。罗汉座前有一千钱放在那里，都是些古钱，穿钱的绳子都快朽烂了。大家都惊叹起来。这件事传扬出去，于是天天都有施舍钱财的人来，古庙也大大地兴旺起来。几年后，和尚中有人为钱财争吵，这骗人的把戏才泄露出来。

评点

不法僧道利用信众的愚昧骗钱，古往今来，手法多样，比如这则笔记所记，便是一例。为什么这类人如此之多？无他，骗钱方便而已！

何谓朋党

原文

【北宋】　欧阳修《归田录·佚文》

景祐中，王沂公曾、吕许公夷简为相，宋绶、盛度、蔡齐为参知政事。沂公素喜蔡文忠，吕公喜宋公垂，惟盛文肃不得志于二公。晚年王吕相失，交章奏退，一日，盛文肃致斋于中书，仁宗召问曰："王曾吕夷简乞出甚坚，其意安在？"文肃对曰："二人腹心之事，臣亦不能知，但陛下各询以谁可为代者，即其请可察矣。"仁宗果以此问沂公，公以文忠荐。一日，又问许公，公以公垂荐。仁宗察其朋党，於是四人者俱罢政事，而文肃独留焉。

译述

景祐年间，王曾（978—1038，封沂国公）、吕夷简（979—1044，封许国公）为宰相，宋绶（字公垂）、盛度（谥文肃）、蔡齐（谥文忠）为参知政事（副相）。王曾一直很喜欢蔡齐，而吕夷简喜欢宋绶，二人都不大喜欢盛度。王曾和吕夷简年老之后不和，两人都上奏章要求退休。一天盛度在中书省吃饭，仁宗召见他，问道："王曾和吕夷简退休之意很坚决，他们是什么意思呢？"盛度回答说："他们二人如何想的我不可能知道，但陛下可以分别问他们，谁可以顶替他们的位置，他们的请求就可以清楚了。"仁宗便以此问王曾，王曾推荐蔡齐；又问了吕夷简，吕推荐宋绶。仁宗认为他们是在搞朋党，就把四人都免了职，只有盛度留在中书省。

评点

当领导的，肯定有自己更喜欢的部下，但这种喜爱不能影响到其他人才的使用。吕夷简和王曾也算是名相了，但在这方面还是栽了跟头。盛度长期受冷落，找准机会，暗地上一点眼药，四个人就全部丢了官。宋朝的朋党问题始终存在，这一方面说明宋朝学术发达，文人勇于表达观点，由学术而政见、而人事，难免党同伐异；另一方面，宋朝武官没地位，朝臣都是文官，便只好窝里斗了。朋党，就是提拔使用自己人，在人人视朋党为仇寇的现实下，即使是人才，也难免被归入朋党了。

契丹来议和亲

原文

【北宋】　苏辙《龙川略志·卷四》

予从张安道判南都，闻契丹遣汎使求河东界上地，宰相王安石谓咫尺地不足惜，朝廷方置河北诸将，后取之不难。及北使至，上亲临轩，喻之曰："此小事，即指挥边吏分画。"使者出，告人曰："上许我矣。"有司欲与之辨，卒莫能得。予闻之，以问安道，安道曰："昔庆历中，契丹遣刘六符等来议和亲，未许。燕人有梁济世为雄州谍者，尝以诗书教契丹公卿子弟，先得其国书本以献。仁宗性畏慎，时吕许公为相，奏曰：'蕃国求和亲，汉、唐所不免，当徐议以答之者耳，无深忧也。'仁宗深以为然。及六符至殿，上读书如平日，无所问。六符失色咨嗟，出至殿外幄次，曰：'事已漏矣。'由此有司与之评议，无甚难也。今两朝地界犬牙相入，本非朝廷所详。若以实答之，以付边臣议定以闻，边臣以疆场为职，谁敢不尽力？而其可否尚在朝廷，事莫便于此。何乃面与之决？"

译述

我在南京留守张方平（1007—1091，字安道）部下任南京判官，听闻契丹派使者来朝廷，索要河东界上（在河北、山西北部）的土地，宰相王安石称，一点土地不足惜，而今朝廷正分置河北诸将，以后不难取回。等到契丹使者来到，皇上亲自接见，对他说："这是小事，马上安排边地官吏划分。"契丹使者出得皇宫，告诉别人说："皇帝已经答应我了。"相关的官署同他争辩，最终没有成功。我就此向张方平请教。张方平说："过去，在庆历年间，契丹派使者刘六符等人来我朝商量和亲之事，皇上不答应。当时燕地有个叫梁济世的人，是雄州派出的间谍，他曾经教授契丹大臣子弟诗书，预先得到了契丹国书的文本，送到我朝。仁宗性格谨慎，当时吕夷简（封许国公）为相，对仁宗说：'番邦来求和亲，是汉、唐时都有的事，我们慢慢商量后回答他就行了，不必担忧。'"仁宗认为吕夷简说得很对。等到刘六符上殿拜见，仁宗像往常一样读书，也不问他什么。刘六符失色叹息，出到殿外休息处，说：'事情已经败露了。'此后相关官署同他讨论就不困难了。而今两国土地边界犬牙交错，朝廷本来不清楚具体情况，如果以实际情况回答，令边地臣子讨论决定上报，边地臣子的本职就是边疆之事，谁敢不尽心尽力？而最后的决定权在朝廷，这是最便捷的事了。为何当面与之敲定？"

评点

这则笔记讲了两件外交事项，一件是契丹向宋朝索要土地，皇帝当场答应；一件契丹要求和亲，仁宗听取吕夷简的建议，让使者同具体官员商量。两件事方式不同，结果也不一样。日常工作，最忌主官在不了解情况之下大包大揽、夸下海口，这样会给部下带来很多困扰。外交的场合就更是如此，尤其是涉及土地归属这样的事情。历史上的疆界问题比较模糊，没有雄心的帝王很容易以土地换和平，所以王安石也不拿土地当回事。当今世界，领土为主权最重要者，所以世界各国无不把领土完整作为外交最重要事项。

劝立刘氏庙

原文

【北宋】　苏辙《龙川别志·卷上》

章献垂箔，有方仲弓者，上书乞依武氏故事立刘氏庙，章献览其疏，曰："吾不作此负祖宗事。"裂而掷之于地。仁宗在侧，曰："此亦出于忠孝，宜有以旌之。"乃以为开封司录。及章献崩，黜为汀州司马。程琳亦尝有此请，而人莫知之也。仁宗一日在迩英谓讲官曰："程琳心行不忠,在章献朝尝请立刘氏庙,且献七庙图。"时王洙侍读闻之。仁宗性宽厚,琳竟至宰相,盖无宿怒也。

译述

宋仁宗即位时年幼,章献太后(刘太后)垂帘听政,有个叫方仲弓的人上书,请求按武则天的旧例建立刘家的宗庙。太后看了他的上书后说:"我不做这种背叛祖宗的事!"撕碎上书,扔在地上。仁宗在旁边说:"这人也是出于忠孝之心,应该予以表彰。"于是任命他为开封司录。后来刘太后去世,他被贬为汀州司马。程琳也有过立刘氏庙的请求,只不过外人不知道。一天,仁宗在迩英殿对侍读官说:"程琳内心和行动都不忠,章献太后时曾请求立刘氏庙,还献上七庙的图纸。"当时侍读王洙听到了。仁宗性格宽厚,即使发怒也不过夜,程琳后来官职做到宰相。

评点

抬轿子之人什么时候都不会缺席!刘太后垂帘听政,便有人以为她会像武则天那样,变换了赵家的江山,因而急不可待地要为刘太后的父祖立庙,其内心所企望的就是要为自己谋利益。仁宗当时年纪小,也能看出其用心,所以给了那姓方的一个小官,但刘太后一死,马上贬了他的官。仁宗虽仁,这方面却无法不恼怒!程琳是仁宗朝名臣,有才气、能断大事,但也曾提出过为刘氏立庙的建议,因此被时人所鄙视。古今一理。今天那些热衷于给领导表忠心、摆功劳、拍马屁的,其用心都是一样的。抬轿子、拍马屁,急于劝进,其心则一,就是要做从龙之人,使自己早点得到更大的权势。

陶谷进禅文

原文

【北宋】 司马光《涑水记闻·卷一》

太祖将受禅，未有禅文。翰林学士承旨陶谷在旁，出诸怀中而进之，曰："已成矣。"太祖由是薄其为人。

译述

宋太祖赵匡胤在接受后周恭帝禅让之礼前，还没有起草禅让文书。这时候，旁边后周的翰林学士承旨陶谷（903—970）走上前，从怀中取出禅让文书，进呈上去，说："已写成了。"赵匡胤从此很鄙视陶谷的为人。

评点

从龙之臣固然可以获得荣宠，但过于急切，也会令主子瞧不起。陶谷历仕后唐、后汉、后周，还当着后周的翰林学士承旨，就代逼后周恭帝退位的赵匡胤拟好了"禅让"诏书，人格十分卑下。与陶谷相对，曾当面责备赵匡胤政变行为的后周宰相范质，就始终得到赵匡胤的尊敬。由此可见，即使是高官大员，也难以改变大势，但个人的节操还是要坚守的。

怒贬赵逢

原文

【北宋】 司马光《涑水记闻·卷一》

太祖亲征泽、潞，中书舍人赵逢惮涉山险，称坠马伤足，止于怀州。及师还，当草制，复称疾。上怒，谓宰相曰："逢人臣，乃敢如此！"遂贬房州司户。

译述

赵匡胤亲征泽州、潞州（均在今山西），中书舍人赵逢害怕山岭险峻，称自己落马摔伤了脚，住在怀州（今河南焦作、济源一带）不走了。赵匡胤收兵回来，需要他草拟旨令，他仍称病不履行职责。赵匡胤大怒，对宰相说："作为臣子，竟敢如此！"将其贬为房州司户。

评点

中书舍人为中央官职，掌管诏命起草之类；州司户，则成为地方上管一州民户钱粮之类的小官了。看来消极怠工的人古今都不少见啊！宋太祖还是宽厚，只将这赵逢贬官，换一个后代的皇帝，只怕要一撸到底了。看今天，在重要工作中被认为是没尽职的，都要被撤职，何况是在两军对垒之时呢！

宋白知贡举

原文

【北宋】　司马光《涑水记闻·卷一》

太祖时，宋白知举，多受金银，取舍不公，恐榜出群意沸腾，乃先具姓名以白上，欲托上指以自重。上怒曰："吾委汝知举，取舍汝当自决，何为白我？我安能知其可否？若榜出别致人言，当斫汝头以谢众。"白大惧而悉改其榜，使协公议而出之。

译述

宋太祖赵匡胤让宋白掌管贡举，他收受贿赂、取舍不公，怕公布结果引发非议，就把取录人名先告诉赵匡胤，希望得到他的认可，借以自重，图谋蒙混过关。赵匡胤大怒，说："我委任你负责贡举，取不取谁应该由你决定，为什么告诉我？我哪里知道某人合格与否？如果公布出来，导致大家议论，我就砍你的头，以平息众怒。"宋白十分害怕，全面修改录取榜，使之合乎公议，才公布出来。

评点

有人就是这样，自己得了好处，却拉着上司为其背书。宋太祖是明白人，直接告诉宋白，出了事就要砍他的头，所以宋白只好依规行事。所以，当领导的，真不能事事都大包大揽！据说，在这件事情上，宋白是收了陶谷的钱，才有徇私之举。陶谷，我们前面已经提到过，是个人格很不咋地的人。这个事如果按最初的结果，可能真的要有人被砍头的，因为赵匡胤本就不喜欢陶谷。官场也好，职场也罢，人算计人免不了，只不过有人胆子大，敢算计上司。碰到这样的人，做头儿的要小心了！

张洎与张佖

原文

【北宋】　司马光《涑水记闻·卷三》

张洎为举人时，张佖在江南已通贵，洎每奉谒求见，称从表侄孙；既及第，称侄；稍贵，称弟；及秉政，不复论中表，以庶僚遇之。佖怨洎入骨髓。国亡，俱仕中国。洎作《钱俶谥议》云："亢而无悔。"佖奏驳之，洎广引经传自辨，乃得解。

译述

张洎（934—997）还是举人的时候，张佖（928—996）在南唐已经是高官了，他每次去谒见张佖，都自称从表侄孙；等到考中进士，就改称侄了；稍升了官，又改称弟；到当了宰相，就不再论亲了，只以一般下属对待张佖，所以张佖对张洎的怨恨深入骨髓。南唐亡国，二人都仕于宋朝，张洎作《钱俶谥议》，讨论吴越国王钱俶的谥号，其中有"亢而有悔"的话。张佖上奏，认为用语不当，张洎引用各种经传为自己辩解，才过了关。

评点

这段笔记显示了张洎这个人的小人嘴脸。古往今来，装孙子的不少，然而张洎这样的人，手中一旦有了点管人的权力，马上就变成大爷了！所谓"人一阔，脸就变"，古今例证颇多，但张洎的这个尤为形象。你看他，从当人家的表侄孙、到侄子、到弟弟、到凌驾于人头上，变得多快！人处世上，见到这样的人，真的要离他远点。

编次中书总例

原文

【北宋】　司马光《涑水记闻·卷三》

吕相在中书，奏令参知政事宋绶编次《中书总例》，谓人曰："自吾有此例，使一庸夫执之，皆可以为相矣。"

译述

吕夷简担任宰相，奏请皇帝批准，令参知政事（副宰相）宋绶（991—1041）编定《中书总例》，对别人说："我编成这个总例，就是让一个庸人拿着，都可以当好宰相。"

评点

《中书总例》，大概是宰相的职责及日常工作条例吧？吕夷简称，有了它，一个庸夫都能当宰相。这就是过分夸大条例的重要性了。须知，官员，尤其是高级官员，其机变、创意、临场发挥的能力十分关键，靠记住条条、一切按本本行事，必定是尸位素餐的庸官。以这样的模式用人、执政，一定要出大漏子！那么，是庸才造就了条条框框，还是条条框框制造出庸才呢？

王钦若谮赵安仁

原文

【北宋】 司马光《涑水记闻·卷五》

真宗将立刘后，参知政事赵安仁以为刘后寒微，不可以母天下，不若沈德妃出于相门。上虽不乐，而以其守正，无以罪也。他日，上从容与王冀公论方今大臣谁最为长者，冀公欲挤安仁，乃誉之曰："无若赵安仁。"上曰："何以言之？"冀公曰："安仁昔为故相沈义伦所知，至今不忘旧德，常欲报之。"上默然。明日，安仁遂罢政事。

译述

宋真宗想立刘氏为皇后，副宰相赵安仁（958—1018）认为刘氏出身寒微，不能母仪天下，不如沈德妃（前宰相沈义伦的女儿）。真宗心里不高兴，但因为赵安仁立身正直，也没法加罪于他。有一天，真宗问王钦若（963—1026，封冀国公），满朝文武大臣当中谁最厚道。王钦若意图排挤赵安仁，就赞扬说："赵安仁最厚道。当年沈义伦宰相帮过他，他至今不忘这份恩情，常想着报答。"真宗当时没说什么，第二天就罢了赵安仁的官。

评点

王钦若不愧为官场使绊子的高手。赵安仁还蒙在鼓里，就被他算计了！官场也好，职场也罢，小人是防不胜防的。许多在官场或职场上打拼的人，往往不是输在正当的竞争，而是倒在别人的暗箭之下。一些心术不正的人，精力往往不是用在工作上，而是搞关系、搞钻营，靠挤掉他心目中的对手让自己上位。一个正直的人，在他的成长过程中，难免会受到暗中的算计，别管他，勇敢前行就是！

宋太祖不用陶谷

原文

【北宋】　魏泰《东轩笔录·卷一》

陶谷，自五代至国初，文翰为一时之冠。然其为人倾险狠媚，自汉初始得用，即致李崧赤族之祸，由是缙绅莫不畏而忌之。太祖虽不喜，然藉其词章足用，故尚真于翰苑。谷自以久次旧人，意希大用。建隆以后，为宰相者往往不由文翰，而闻望皆出谷下。谷不能平，乃俾其党与，因事荐引，以为久在词禁，宣力实多，亦以微伺上旨。太祖笑曰："颇闻翰林草制，皆捡前人旧本，改换词语，此乃俗所谓依样画葫芦耳，何宣力之有？"谷闻之，乃作诗，书于玉堂之壁，曰："官职须由生处有，才能不管用时无。堪笑翰林陶学士，年年依样画葫芦。"太祖益薄其怨望，遂决意不用矣。

译述

陶谷的文名在五代至宋初为一时之冠，但为人很阴险狠毒。后汉初年刚受重用，就导致李崧被灭族，故此官场上人都很怕他。宋初，太祖赵匡胤也不喜欢他，但因他有文名，还是放在翰林院。陶谷却觉得自己是累朝旧人，应受重用。建隆年间，当宰相的都不是文人，且名望都不如陶谷，陶谷心中不平，就指使党羽向宋太祖举荐他，说他久在翰林院，有很大功劳。赵匡胤笑着说："翰林起草诏书都是在前人旧本上改换词语，就是俗话所说的依样画葫芦，有什么功？"陶谷听说了，就在翰林院的墙壁上写了首诗："官职须由生处有，才能不管用时无。堪笑翰林陶学士，年年依样画葫芦。"以此发泄心中怨气，赵匡胤见他如此怨恨，更加鄙视，决心不重用他了。

评点

陶谷有文名，但人品极坏，看文中对他"倾险狠媚"的评语，就可知这人有多么差劲。然而越是这样的人，越想当大官，所以上位者了解其下属、不让这样的人得逞，十分重要。文中提到陶谷"倾险狠媚"，值得解释一下。倾，是不正、奸；险，是存心狠毒；狠，是凶恶、残忍；媚，是谄媚、蛊惑。试想，这样的人有多可怕！

陆东改刺字

原文

【北宋】　魏泰《东轩笔录·卷十》

　　有朝士陆东，通判苏州而权州事，因断流罪，命黥其面，曰："特刺配某州牢城。"黥毕，幕中相与白曰："凡言特者，罪不至是，而出于朝廷一时之旨。今此人应配矣，又特者，非有司所得行。"东大恐，即改"特刺"字为"准条"字，再黥之，颇为人所笑。后有荐东之才于两府者，石参政闻之，曰："吾知其人矣，得非权苏州日，于人面上起草者乎？"

译述

　　有个叫陆东的朝中官员被任命为苏州通判、代理知州，判一个人流放罪，命人在其脸上刺字"特刺配某州牢城"。字刺完了，有关系好的幕僚对他说："凡称'特'的，都是罪不到那个程度、而出于皇上的旨意。今天这人就应该判为发配，却又称'特'，不是地方官所能做的。"陆东很害怕，立刻让人把"特刺"改成"准条"，重新刺字。这事很为别人所讥笑。后来有人把陆东作为人才推荐给宰相副宰相，参知政事石中立听到后说："我知道这个人！不就是代理苏州知州时，在人脸上起草发配文书的人吗？"

评点

在人家脸上刺的字还能修改，这位陆东也真够可以的！法律判案，关乎人命，重者送命、轻者坐牢，所以不仅应尊重事实、罪责相当，还应熟悉法条、本乎人情，如陆东者，当为古今执法者戒。这是一个朝中官员不了解地方政事、因而闹出笑话的例子，只是那个囚犯倒霉，自己的脸成了官员的练习本。其实，历朝历代，枉法的事比这个严重多了，我们看到的这个，只是黑幕的一角罢了。

皇甫泌意外得官

原文

【北宋】　吴处厚《青箱杂记·卷八》

毕文简公之婿曰皇甫泌，少时不羁，唯事摴博。时毕公作相，累谕不悛，欲面奏其事，使加贬斥。方启口云"臣有女婿皇甫泌"，适值边庭有急报，不暇敷陈。他日又欲面奏，亦如之，若是者三。值上内逼，遽引袖起，遥语毕曰："卿累言婿皇甫泌，得非欲转官耶？可与转一资。"毕公不敢辩，唯而退。泌即转殿中丞，后累典大郡，以尚书右丞致仕，年八十五卒。

译述

毕士安（938—1005，谥文简）为真宗时宰相，他有个女婿叫皇甫泌，不务正业，唯好赌博。毕士安管不了他，希望让皇上训导贬斥他，但刚开口说"臣有女婿皇甫泌"，就被边境急报打断。第二次又是这样，连续三次，都没有说清。这时赶上真宗内急，急忙起身，远远地对毕士安说："你说了好几次女婿皇甫泌，是打算为他升官吗？可给他升一级。"毕士安不敢辩解，答应着退了下来。此后皇甫泌转官殿中丞，后又做了几个大郡的太守，在尚书右丞任上退休，活到八十五岁才死。

评点

这皇甫泌也算是个有福之人！本来他岳父如果话说完整了，他的仕途也就完了，却赶上皇上要上厕所，就白捡了个高官，从此仕途大顺。与之相反，有多少臣子因为皇帝心情不好而丢官，甚至送命！皇权体制下，上位者的喜怒就是千万人的命运改变，所以，机制的改变很重要。古语有"一言兴邦、一言丧邦"之说，更有一言丢官、一言得官之实，端视这"一言"是谁发出的。

种放为权贵所陷

原文

【北宋】 文莹《湘山野录·卷上》

种司谏既以"三不便"之奏谏真宗长安之幸，惟大臣深忌之，必知车辂还阙不久须召，先布所陷之基，使其里旧雷有终讽之曰："非久朝旨必召，明逸慎忽轻起，当自存隐节。徐宜特削一奏请觐，以问銮驾还阙之良苦。乃君臣之厚诚也。"种深然之。上还京，已渴伫与执政议召种之事，大臣奏曰："种某必辞免。乞陛下记臣语，久而不召，往往自乞觐。"试召之，诏果不至，辞曰："臣父幼亡，伯氏鞠育，誓持三年之丧，以报其德。止有数月，乞终其制。"上已微惑。后半年，知河阳孙阁果奏入，具言种某乞诣阙请觐。上大骇，召执政曰："率如卿料，何邪？"大臣曰："臣素知放之所为，视彼山林若桎梏，盖强隐节以沽誉，岂嘉遁之人耶？请此一觐，亦妄心狂动，知鼎席将虚，有大用之觊，陛下宜察之。"盖王文正旦累章求退之时也。由此宠待遂解，札付河阳，赐种买山银一百两，所请宜不允。

译述

宋真宗祭祀西岳，回京途中，许多长安父老请他去长安巡幸。大臣们都没有异议，唯有种放告诉真宗，去长安有三不便。真宗听从了他的意见，还告诉他回京后将召见他。真宗身边的大臣心中不安，他们唯恐种放到朝廷后妨碍他们，便设计让种放的同乡雷有终告诉种放："不久朝廷会有诏旨来到，但你不要轻易答应，应该坚持隐逸的志节，稍后再上一奏折，请求朝见，并问候皇上风尘之苦，这才是君臣之间的至诚之义。"种放深以为是。真宗回到都城后，就与执政大臣商量召见种放的事，大臣上奏说："种某人肯定不会来的。请陛下记住我的话，时间长了，他自己就会请求朝觐。"真宗下诏召种放，他果然以伯父之丧为辞，皇帝便有些疑惑。过了半年，河阳知县孙爽上奏，说种放要求入京进觐。皇帝十分震惊，问执政大臣："果然如你所说！为什么呢？"执政大臣回答说："我太了解种放了。他不是真隐居，而是把山林当作枷锁一样；隐居不仕的目的是沽名钓誉。他这时要求入觐，是由于知道相位将有空缺，觉得自己将得到重用。希望陛下明察。"此时恰好是宰相王旦屡次提出辞职之时，这位大臣这么一说，真宗对种放的好感便全没了，再不提让他入朝，而是让河阳县赐给种放一百两银子买山隐居。

评点

官僚集团的利益是一致的，他们看到宋真宗欣赏种放，深怕触动他们的利益，就施计让种放到不了皇帝身边。人心，太深了啊！笔记中的执政大臣一方面让种放的同乡指点他对皇上的邀请要谦辞；另一方面又对真宗说种放虚伪，必定先假意推辞、之后主动要求面君。种放本是隐逸之士，哪里明白其中的弯弯绕儿，按照别人的设计做事，被卖了还不知咋回事呢！

夏竦讥胡旦

原文

【北宋】 文莹《湘山野录·卷上》

夏英公竦每作诗，举笔无虚致。镇襄阳时，胡秘监旦丧明，居襄，性多猖躁，讥毁郡政。英公昔尝师焉，至贵达，尚以青衿待之，而不免时一造焉。一日，谓公曰："读书乎？"曰："郡事鲜暇，但时得意则为绝句。"胡曰："试诵之。"公曰："近有《燕雀》诗，云：'燕雀纷纷出乱麻，汉江西畔使君家。空堂自恨无金弹，任尔啾啾到日斜。'"胡颇觉，因少戢。

译述

夏竦（985—1051，封英国公）作诗从无虚言。他任襄阳太守时，秘书监胡旦因为眼盲也住襄阳，心情不好，言行狂躁，对襄阳的政事也时常议论攻击。夏竦以前曾拜胡旦为师，而今夏竦已成为高官，胡旦仍把他看成弟子，经常到太守府上叨扰。一天，胡旦问夏竦："你而今还读书吗？"夏竦回答："郡中事务繁忙，难有时间读书，不过时有雅兴，也作几句诗。"胡旦说："读一首我听听。"夏竦说："近日作了一首《燕雀》诗。诗为：'燕雀纷纷出乱麻，汉江西畔使君家。空堂自恨无金弹，任尔啾啾到日斜。'"胡旦听了诗的内容，心中明白夏竦是在借燕雀讽刺他像一只多嘴多舌的燕雀，整天叽叽喳喳，此后言行上收敛多了。

评点

夏竦是宋朝的有名的政治家。在电视剧《清平乐》中,是
一个老谋深算的形象。这则笔记中可以看出,他很不给别人留
面子,即使是他的老师,他仍然骂为燕雀,恨没有弹弓将其赶
走。做人,还是应厚道一些。夏竦讥讽老师固然有欠厚道,从
另一方面说,胡旦也应自省。自己住在襄阳养病,又目盲无法
见人,怎可对郡中的事务随意评论呢?人老了,退出权力圈子
了,就应该少去指指点点,那样会少去很多烦恼。这个道理,
到今天仍有很多人不明白。

择臣僚伴虏使

原文

【北宋】 文莹《湘山野录·卷中》

真宗欲择臣僚中善弓矢、美仪彩,伴虏使射弓,时双
备者惟陈康肃公尧咨可焉,陈方以词职进用。时以晏元献
为翰林学士、太子左庶子,事无巨细皆咨访之。上谓晏
曰:"陈某若肯换武,当授与节钺,卿可谕之。"时康肃
母燕国冯太夫人尚在,门范严毅。陈曰:"当白老母,不
敢自辄。"既白之,燕国命杖挞之,曰:"汝策名第一,
父子以文章立朝为名臣。汝欲叨窃厚禄,贻羞于阀阅,忍
乎?"因而无报。

译述

宋真宗打算在大臣中挑选一个善骑射、美姿容的人陪同辽使射箭，当时具备这两条的大臣唯有陈尧咨（970—1034，谥康肃）一人，此时陈尧咨正担任文学侍从的官职。当时，晏殊（991—1055，谥元献）任翰林学士、太子左庶子，真宗事无巨细都征求他的意见。真宗对晏殊说："陈某人如果愿意换成武职，朕可以授他符节和斧钺，为一方将帅，你可以告诉他。"此时陈尧咨的母亲尚健在，家教很严。陈尧咨对晏殊说："此事要禀告母亲，我不敢自己决定。"陈禀告母亲后，其母燕国冯太夫人把儿子揍了一顿，说："你金殿对策名列第一，父子以文章立世，是朝中名臣。你想要高官厚禄，可忍心令家族蒙羞吗？"故此陈尧咨没有去做这个武官。

评点

这位陈尧咨是北宋宰相陈省华（939—1006）第三子，陈尧叟、陈尧佐之弟，算是一门皆名臣。其射技超群，曾以钱币为的，一箭穿孔而过。尽管如此，皇帝让他以武将的身份陪一下辽国使臣，竟被其母阻止，可见世风对个体的影响！宋代的世风是重文轻武，陈尧咨之母认为儿子去担任武职，哪怕是将帅之位，都是令家族蒙羞。朝廷上层如此鄙视武人，所以宋朝武备薄弱、将熊兵弱，被辽、西夏、金欺侮，也是正常的。世道的风气对个体的影响巨大，全社会只认钱，道德就沦丧了；举世皆浊，清的又能清到哪里！

抚人饶陳

原文

【北宋】 文莹《湘山野录·卷下》

抚人饶陳者，驰辨逞才，素掉闉于都下。熙宁初，免解到阙，因又失意。当朝廷始立青苗，方沮议交上，大丞相闭门不视事之际，生将出关，以诗投相阁，曰："又还垂翅下烟霄，归指临川去路遥。二亩荒田须卖却，要钱准备纳青苗。"丞相亦以十金赆之。生少与刘史馆相公冲之有素，时刘相馆职知衡州，生假道封下，因谒之。公睹名纸，已蹙额不悦。生趋前亟曰："某此行有少急干，不可暂缓，行李已出南关，又不敢望旌麾潜过，须一拜见，但乞一饭而去。"公既闻不肯少留，遂开怀待之。问曰："途中无阙否？"生曰："并无，惟乏好酒尔。"遂赠佳酝一担。拜别，鞭马遂行，公颇幸其去。至耒阳，密觇其令誉不甚谨，遽谒之曰："知郡学士甚托致意，有双壶，乃兵厨精酝，仗某携至奉赠，请具书谢之。"其令闻以书为谢，必非诳诈；又幸其以酒令故人送至，其势可持，大喜之。急戒刻木，数刻间，酿金半锾赆之，瞥然遂去。后数日，刘公得谢酝书方窹，窹已噬脐矣。

译述

抚州（在今江西）人饶陳能言善辩，在京城游说牟利。熙宁（1068—1078）初，他于京城科举落第。当时刚颁布青苗法，反对意见甚多，丞相王安石闭门不理政事。饶将回乡，写了首诗交给相府，诗的大意是路上缺钱，同是抚州人的王安石读后，送了他十两黄金。饶小时候与直集贤院刘沆（字冲之）有交往，此时刘沆以馆职兼衡州知州，饶经过衡州，就去拜访。刘沆见到饶的名帖，已不痛快，饶急忙上前说道："我此行有急事，行李已出南关，知道您在此，又不敢偷偷过去，心须拜见，只吃顿饭就走。"刘沆听了，就高兴地招待了他。问他路上缺什么，他说缺酒，刘沆就送了他一担好酒。饭后他上马便走，刘沆也乐得他离开。饶经过耒阳县，探听到县令声誉不佳，立即去谒见，说："知州刘沆大人托我致意，并让我顺路捎来两壶好酒，你应回信道谢。"县令听说让他写信致谢，想来不是诳骗，又见是知州大人令熟人送酒，以后可借其之势，与上司搞好关系，于是立即凑钱，短时便凑了三两黄金。饶餗拿着黄金翩然离去。几天后，刘沆收到耒阳县令的致谢书信，才发觉上当，但已悔之无及了。

评点

这个饶餗骗钱的手段了得！他专捡官员的软肋下手，令对方痛快掏钱。趋炎附势，打秋风、占便宜，行径也有高下之分。下等者如蝇逐臭，挥之不去，抱定大树不放松。如饶餗这样的，可算捣鬼有术，他能抓准官员的"软肋"，让他们痛快掏钱。"软肋"人人皆有，以此达到目的，不是鬼蜮又是什么？人就是这样，空手套白狼，心越来越大，最终总会触犯刑律，受到惩处；值得警惕的，是官员、是韭菜，要守住大节，防止被套被割。

宋徽宗不得南还

原文

【南宋】 蔡绦《铁围山丛谈·卷一》

太上皇既北狩，久不得中原音问，以宗社为念。久之，一旦命皇族之从行者食，御手亲将调羹，呼左右俾出市茴香。左右偶持一黄纸以包茴香来。太上就视之，乃中兴赦书也。始知其事，于是天意大喜，又谓："夫茴香者，回乡也。岂非天意？"于是从行者咸拜舞称庆。其后虽八骏忘返，然鸾舆竟还矣。

译述

宋徽宗被金人掠到北方，长期得不到中原音讯，心中还挂念大宋社稷。有一天，他请跟他一起的皇族吃饭，自己下厨，让陪伴的人出去买茴香。那人捡了张黄纸，用它包着茴香送过来。徽宗看那黄纸，乃是高宗即位、大赦天下的诏书，才知宋室南迁的事，因而十分高兴，又说："茴香，就是回乡啊！这不是天意吗？"周围的人也都向徽宗表示祝贺。后来徽宗虽未能回南，其灵柩却是回来了。

评点

此则笔记讲宋徽宗被金人掠至东北，自己做饭招待同行皇族，还是在包茴香的废纸上得知宋高宗在临安即位之事，十分凄惨！他一直盼望着能回南方，却至死也没有回来。皇帝做不好，沦为阶下囚，徽宗算是彻头彻尾的昏君。南宋人讲面子，徽、钦二宗被金人掳到北方，不明说，只说"二帝北狩"。有人问，宋徽宗有此遭遇，为何不自杀？须知千古艰难唯一死，何况如徽宗这样的只知享乐的昏君！与宋徽宗相比，明朝的崇祯皇帝要更刚烈些。

宋太宗弄权

原文

【南宋】　蔡绦《铁围山丛谈·卷一》

太宗始嗣位，思有以帖服中外。一日，辇下诸肆有为丐者不得乞，因倚门大骂为无赖者。主人逊谢，久不得解。即有数十百众，方拥门聚观，中忽一人跃出，以刀刺丐者死，且遗其刀而去。会日已暮，追捕莫获。翌日奏闻，太宗大怒，谓是犹习五季乱，乃敢中都白昼杀人。即严索捕，期在必得。有司惧罪，久之，迹其事，是乃主人不胜其忿而杀之耳。狱将具，太宗喜曰："卿能用心若是！虽然，第为朕更一覆，毋枉焉。且携其刀来。"不数日，尹再登对，以狱词并刀上。太宗问："审乎？"曰："审矣。"于是太宗顾旁小内侍："取吾鞘来。"小内侍唯命，即奉刀内鞘中。因拂袖而起，入曰："如此，宁不妄杀人。"

译述

宋太宗即位之初，琢磨着如何让朝野驯服。一天，京城店铺有乞丐因不得行乞而倚门大骂，主人道歉也没用，时间长了，招来好多看热闹的人，当中突然冲出一人，用刀刺死乞丐，之后扔下刀逃走了。太宗闻知大怒，称京中白日杀人，是效法五代时的乱象，严令追捕。京兆尹害怕降罪，过了好久才破案，认为是店主不能忍受乞丐骚扰，所以杀了他。将要判决，太宗高兴地说："你能如此用心办案甚好！不过你还要为我再审一次，一定不能枉法，并且要把刀拿来。"没过几天，京兆尹又来报告，呈上供词及刀。太宗问："确实了吗？"京兆尹答："确实。"于是太宗对身边的小太监说："把我的刀鞘拿来。"太监取来刀鞘，太宗把刀插进刀鞘，拂袖而起，进入内殿才说："这样才不致枉杀了人！"

评点

这则关于执法的记载让人不寒而栗：宋太宗赵光义为了专权而杀人、制造案件，京官惧怕无法破案　因而制造冤狱，店主无端入狱　成为杀人犯。当然，在赵光义看来，乞丐并不算人。最后他还赚了"不枉法"的名声，利用此事达到了目的。赵光义在没事的时候弄出事来，这种无头案京城官员肯定破不了，只有屈打成招。赵光义以此辖制官员，哪管乞丐之死、店主之冤？由此看，赵光义比他哥哥赵匡胤差得太多了！

遍地祥瑞

原文

【南宋】　蔡绦《铁围山丛谈·卷一》

政和初，中国势隆治极之际，地不爱宝。所在奏芝草者动三二万本，蕲黄间至有论一铺在二十五里，徧野而出。汝海诸近县，山石皆变玛瑙，动千百块，而致诸辇下。伊阳太和山崩，奏至，上与鲁公皆有惭色。及复上奏，山崩者，出水晶也。以木匣贮之进，匣可五十斤，而多至数十百匣来上。又长沙益阳县山溪流出生金，重十余斤。后又出一块，至重四十九斤。他多称是。

译述

徽宗政和（1111—1118）初年，国势兴隆，境内太平，大地也不吝啬其宝藏。各地发现芝草的奏章动不动就两三万件，蕲州黄州（今湖北黄冈地区）之地竟有报告，说在二十五里方圆遍地生出芝草的。汝州（今属河南平顶山市）、海州（今江苏连云港）各县山石都变为玛瑙，动辄有千百块，都送到京城。伊阳（今河南汝阳）太和山山崩，收到奏章，徽宗和蔡京（封鲁国公）都感羞愧。后来又收到上奏，原来山崩是出了水晶，还用木匣装着送进宫，每匣五十斤，装了上百匣。长沙益阳县山间溪水流出生金，重十余斤，后又流出一块，重达四十九斤。还有很多这样的事。

评点

皇帝好大喜功，官员便凑趣抬轿。宋徽宗政和年间，由于过了几天安生日子，上下就折腾起来了！各地发现祥瑞的报告连绵而至，而且一个比一个重大，甚至能把山崩这样的灾害都变成祥瑞！中国历史，让今人学到太多的东西了。报喜不报忧是官场通例，而报喜者升官晋爵更会鼓励其他人效仿，这就是古代祥瑞不断的原因。人们相信祥瑞的产生是由于圣君的出现，所以，归根结底，还是颂圣有用。

王安石与蔡京论人才

原文

【南宋】　蔡绦《铁围山丛谈·卷三》

王舒公介甫，熙宁末复坐政事堂，每语叔父文正公曰："天不生才且奈何！是孰可继吾执国柄者乎？"乃举手作屈指状，数之曰："独儿子也。"盖谓元泽。因下一指，又曰："次贤也。"又下一指，即又曰："贤兄如何？"谓鲁公。则又下一指，沈吟者久之，始再曰："吉甫如何？且作一人。"遂更下一指，则曰："无矣。"当是时，元泽未病，吉甫则已隙云。及鲁公久位公台，厌机务劳，自政和后益数悔叹，亦患才难，网罗者未尽善，常曰："相门出相，将门出将。我阅人多矣，罔敢不力，且

327

略无可继我者，天下事将奈何！"既莫肯为之计，至叩方
士王老志，苦求人物。

译述

　　王安石（死后封舒王）在熙宁（1068—1078）末年复相
位，常同蔡卞（蔡绦的叔父，谥文正）说："没有人才怎么办
呢？谁能接着替我执掌国柄呢？"还扳着手指，依次点了三个
人，先后为王雱（安石之子，字元泽）、蔡卞（安石之婿）、
蔡京，之后琢磨了半天，才又说："吕惠卿（字吉甫）如何？
先算上他。"之后说："没了。"当时王雱尚未生病，王安石
与吕惠卿已有嫌隙。后来鲁国公（蔡京，蔡绦之父）当宰相时
间久了，觉政务烦劳，从政和（1111—1118）年后多次后悔感
叹，也担忧人才难求，入眼者多不理想，常说："相门出相，
将门出将。我见过的人太多了，不敢不尽力，但真没有可接我
班的，天下事可怎么办呢？"实在没办法，还曾去拜访方士王
老志，求他推荐人才。

评点

　　王安石以变法闻名，但心胸难称开阔。看此记载，他论人
才，把儿子放在第一，蔡京的上位也与他有很大关系。蔡京结
党营私，却称没有人才，去找方士推荐人才，真是可笑！当然
这里也有蔡绦美化其父的原因。王安石固然为政尽力，然而论
人才先儿子，再女婿，再女婿之兄，以前极爱重的吕惠卿此时
因政见分歧已大大靠后了，不是小圈子又是什么？蔡京更甚，
私党之外无人才，还要找方士求人才，岂非笑话！上位者心胸
狭窄，武大郎开店，目中怎么可能有高人？

恶医两例

原文

【南宋】 方勺《泊宅编·卷五》

古之贤人，或在医卜之中。今之医者，急于声利，率用诡道以劫流俗，殆与穴坏挟刃之徒无异。予目击二事，今书之以为世警。王居安秀才久苦痔，闻萧山有善工，力不能招致，遂命舟自乌墩走钱塘，舍于静邸中，使人迎医。医绝江至杭，既见，欣然为治药饵，且云："请以五日为期，可以除根本。"初以一药放下大肠数寸，又以一药洗之，徐用药线结痔。信宿痔脱，其大如桃，复以药饵调养，数日遂安。此工初无难色，但放下大肠了，方议报谢之物，病者知命悬其手，尽许行橐所有为酬，方肯治疗。又玉山周仅调官京师，旧患膀胱气，外肾偏坠。有货药人云，只立谈间可使之正。约以万钱及三缣报之。相次入室中，施一针，所苦果平。周大喜，即如数负金帛而去。后半月，其疾如旧，使人访医者，已不见矣。

译述

古代的贤人也可能出现在医卜之辈当中。今天的医生急于求名求利，都用些诡秘的方式去抢劫普通百姓，几乎同小偷强盗一个样。我见过两件事，写在这里以警醒世人。秀才王居安长期苦于痔疮，听说萧山有善治者，因财力有限，无法请到家中治疗，便坐船从乌墩到钱塘，住在僻静之处，让人请医生来。医生过江到杭州，见到病人，愉快地为其准备药饵，并且说："给我五天时间就可根除。"开始用药使大肠坠下数寸长，用药洗过，再慢慢地用药线扎紧痔疮，两三日之后，痔疮脱落，有桃子般大小，之后又以药饵调养，数日后病愈。此人开始治疗时没有为难的意思，但大肠落下之后，才说起报酬。病人知道此时性命在人家手里，答应以身边全部钱财作为报酬，那人才肯继续治疗。又有玉山人周仅选调官职到京城，他有膀胱气的毛病，睾丸偏于一侧。有个卖药的人说可以在谈笑间就给他正过来。谈好的报酬是一万钱及三匹缣帛。二人进入屋内，那人扎了一针，果然正了过来。周仅大喜，马上付清报酬。过了半个月，病又犯了，让人找那个医生，已不见踪影。

评点

都说医者仁心，此二人不然：一个治到一半才谈报酬，无异于勒索；一个收了重金，只半月有效，真是害人不浅！历史发展到今天，医者之中，会有真正的医生，也会有假医者之名、实为自身牟利的恶医。所以，看此笔记，知恶医之行径，也是有意义的。

周曼的官威

原文

【南宋】 庄绰《鸡肋编·卷上》

周曼，衢州开化县孔家步人，绍兴二年，以特奏名补右迪功郎，授潭州善化县尉，待阙。有人以柬与之，往寻周官人家。曼怒曰："我是宣教，甚唤作官人？看汝主人面，不欲送汝县中吃棒。"又尝夜至邑中灵山寺，以知事不出参，呼而捶之曰："我是国家命官，怎敢恁地无去就？"欲作状解官，群僧祷之，且令其仆取赂而已。曾乾曜有《丑收儿》词十三首，皆咏外州风物。其一云："蓦地厮看时。赤帕那，迪功郎儿。气岸昂昂因权县，厅子叫道，宣教清后，有无限威仪。先自不相知。取奉着，划地胡挥。甚时得归京里去？两省八座，横行正任，却会嫌卑。"今观周所为，则曾词模写，已大奈富贵矣。

译述

衢州开化县孔家埠人周曼以特奏名的方式在绍兴二年（1132）被补官右迪功郎（宋代文官职最末一阶），授官潭州善化县尉，但要等待出缺才能上任。有人给他送信，找周官人家，他愤怒地说："我是宣教，怎么叫我官人？看你主人的面子，不送你到县里吃棍棒了。"他曾在晚上去本县的灵山寺，由于寺中住持没来见他，他就把住持喊来，揍了一顿，说："我是国家命官，你怎敢如此不懂道理？"还要把人家送官府治罪，众和尚求情，又送上贿赂，他才罢休。词人曾乾曜有一首词，讽刺迪功郎在外地擅作威福，今看周曼的做派，词中的描写已是大富贵之相了。

评点

迪功郎为宋代文官中最低的级别，从九品下，具体职务应属县衙里的文书，相当于今天的科员或办事员，这个与一般所称"官人"的布衣百姓其实无甚差别。周曼屡试不中，靠皇帝恩准，才得了这个名义，却一定要人家称他为从八品的"宣教"，甚至大闹佛寺，只因主持忽略了他的身份，未以官礼相迎。可见此人官衔虽比芝麻还小，抖起威风来却了不得。今天很多时候，我们也会见到一些小官，威风特大、派头十足，此种做派与这周曼也差不多了。

宋辉简在帝心

原文

【南宋】　庄绰《鸡肋编·卷中》

宋辉字元实，春明坊宣献公之族子也。脂伟而黑色，无它才能。在扬州尝掖高宗登舟渡江，故被记录，历登运使，以殿撰知临安府，士民皆诋恶之，目为"油浇石佛"，甚者呼为"乌贼鱼"，谓其色黑、其政残、其性愚也。又作赋云："身衣紫袍，则容服之相称；坐乘乌马，因人畜以无殊。"仍谜以詈之曰："临安府城里两个活畜生：一个上面坐，一个下面行。"以其尝乘乌马故也。尝有舟人杀士子一家，乃经府陈状云："经风涛损失。"辉更不会问，便判状令执照。后事败于严州，尚执此状以自明。鞫之，前后此舟凡杀二十余家矣。其在临安，凡两经遗火，焚一城几尽。人谓府中有"送火军"，故致回禄。盖取其姓名，移析为此语，竟以言者论其谬政而罢。不数

月，即除沿海制置使。终以扶侍之劳，简在上心也。言者
弗置，命乃不行。

译述

宋辉，字元实，是北宋春明坊宣献公宋绶族人之子，身
躯雄壮而色黑，没什么才能。他曾在扬州扶高宗登船渡江，故
被记住，历官登运使，以殿撰兼任临安府知府。临安的士子和
民众都很憎恶他，称他为"油浇石佛"，更呼为"乌贼鱼"，
以此形容他色之黑、政之残、性之愚；又作赋称他"身衣紫
袍，则容服之相称；坐乘乌马，因人畜以无殊"；还用谜语骂
他为活畜生。曾有船家杀死士人一家的案件，船家自称是"经
风涛而死"，宋辉也不审问，就判令船家继续执业。后来那船
家在严州（今浙江西部富春江流域）犯案，还拿着宋辉的判词
证明自己无罪。经过讯问，这船家前后共杀死二十多家人。宋
辉任临安知府，城中两次火灾，整个城市几乎烧光，人们都说
府里有"送火军"，所以才有火灾，因"辉"字就是"火"加
"军"。此人后来受到言官弹劾而罢官，但没几个月就被任命
为沿海制置使，这还是因为当年的扶持之力，皇上记住了他。
但谏官没放过他，最终任命未下达。

评点

官场上，能否升官、能否保住官位，下面的人说什么不
重要，重要的是上面的人怎么说，所以就得让上位之人记住自
己。当官的，首先要被上司、当然最好是被最高领导记住。比
如宋辉，老百姓怎么骂都没用，扶皇上登船的人，无论如何都
要升他的官！当然如宋辉这样扶高宗上船的机会不可能每个人
都能碰上，那就要别取他途，比如靠"政绩"说话。

卢多逊得罪赵普

原文

【南宋】　叶梦得《石林燕语·卷七》

卢相多逊，素与赵韩王不协。韩王为枢密使，卢为翰林学士。一日，偶同奏事，上初改元乾德，因言此号从古未有，韩王从旁称赞。卢曰："此伪蜀时号也。"帝大惊，遂令检史，视之果然。遂怒，以笔抹韩王面，言曰："汝争得如他多识！"韩王经宿不敢洗面。翌日奏对，帝方命洗去。自是隙益深。以及于祸，多逊《朱崖谢表》，末云："班超生入玉门，非敢望也；子牟心存魏阙，何日忘之？"天下闻而哀焉。

译述

宋太宗时，宰相卢多逊（934—985）与赵普（922—992，封韩王）不和。当初，赵普任枢密使，卢为翰林学士。一天，二人偶然共同在太祖面前奏事，太祖刚刚改年号为乾德，因而说起此年号前所未有，赵普在旁边称赞不已，卢多逊却说："这是伪蜀的年号。"太祖大惊，急忙命人去查史书，一查果然！太祖大怒，用毛笔涂抹赵普的脸，还说："你怎样才能像他那样有见识！"赵普回府，一夜都不敢洗脸，第二天上朝，太祖才让他洗掉。从此赵普与卢多逊的嫌隙越来越深。后来卢多逊因事得罪，被免职流放海南，上表说"班超生入玉门，非敢望也；子牟心存魏阙，何日忘之"，天下人都为他哀伤。

评点

皇帝改元，肯定是有重臣参与。这次改元，却用了前蜀的年号，卢多逊当面指出，不仅打了赵普的脸，也让赵匡胤下不来台，后来卢的得罪，此时已伏下危机。流放之后，他表示对皇上的忠心，希望能活着回朝，已是晚了。卢多逊在海南上表，用了两个典故，班超活着从西域回京大家应该熟悉，"子牟魏阙"乃出自《吕氏春秋·审为》："中山公子牟谓詹子曰：'身在江海之上，心居乎魏阙之下，奈何？'"后以"身在江湖，心存魏阙"指虽不居官，仍关怀朝政。卢以此表明自己忠心于皇上，然而他终是得罪了大人物，最终在五十二岁时死于海南。

丁度报复杜衍

原文

【南宋】　叶梦得《石林燕语·卷七》

丁文简公度为学士累年，以元昊叛，仁宗因问："用人守资格与擢材能孰先？"丁言："承平无事则守资格，缓急有大事大疑，则先材能。"盖自视久次，且时方用兵，故不以为嫌。孙甫知谏院，遽论以为自媒。杜祁公时为相，孙其客也。丁意杜公为辩直而不甚力。及杜公罢，丁时当制，辞云"颇彰朋比之风"，有为而言之也。丁自是亦相继擢枢密副使。

译述

丁度（990—1053，谥文简）担任翰林学士一职已有数年，因为西夏李元昊叛乱，仁宗问他："任用官员，资格和才能应以何为先？"丁度回答："天下太平则重资格，当前有大事发生或有大疑难问题则重才能。"丁度此言，是觉得自己久居官次，且当时正是用兵之时，故没有避嫌，有自荐之意。此时孙甫任谏官，立刻弹劾丁度趁奏对时为自己求官。杜衍（978—1057，封祁国公）此时担任宰相之职，孙甫曾是杜衍的门客。丁度认为杜衍虽然为自己作了辩白，但并没有尽力，因此对杜衍怀恨在心。等到杜衍被罢职时，中书省是丁度值班，他所草拟的诏书中有"颇彰朋比之风"的用词，指责杜衍结纳朋党，这是有所指的。丁度此后升官，担任枢密副使。

评点

丁度明明有自荐之意，被言官弹劾是正常的，宰相杜衍已经为他做了辩白，他却认为人家没尽力，所以他找到机会，就攻击杜衍结党。北宋时，朋比结党是大罪名，杜衍被罢官，丁度就上位了。官迷之人，心里便邪了。笔记中皇帝问丁度，任用官员，资历和才能哪个优先，其实今天也有同样的问题。我们今天提拔选用官员，讲明是以德为先。宋代皇帝没提这个，是因为皇帝认为朝中官员品德没有问题？话说回来，尽管把德放在首位，然而层出不穷的贪官，不正说明他们的品德出了大问题吗？

梅圣俞狭隘

原文

【南宋】　叶梦得《石林燕语·卷九》

范文正公始以献百官图讥切吕申公，坐贬饶州。梅圣俞时官旁郡，作《灵乌赋》以寄，所谓"事将兆而献忠，人返谓尔多凶"，盖为范公设也。故公亦作赋报之，有言"知我者谓吉之先，不知我者谓凶之类"。及公秉政，圣俞久困，意公必援己，而漠然无意，所荐乃孙明复、李泰伯。圣俞有违言，遂作《灵乌后赋》以责之。略云：我昔闵汝之忠，作赋吊汝；今主人误丰尔食、安尔巢，而尔不复啄叛臣之目，伺赃垒之去，反憎鸿鹄之不亲，爱燕雀之来附。意以其西帅无成功。世颇以圣俞为隘。

译述

当初，范仲淹以《百官图》讥讽吕夷简（封申国公），因此被贬饶州。梅圣俞（1002—1060）在别的郡为官，作《灵乌赋》寄给范，赋中的"事将兆而献忠，人返谓尔多凶"（看到事情的先兆而进献忠言，却被人说成是报凶信），说的就是范被贬之事，因此范仲淹也以赋相答，内有"知我者谓吉之先，不知我者谓凶之类"（了解我的人说看到我会带来好运，不了解我的说看到我会带来厄运）的话。后来范仲淹为相，梅圣俞因久未升官，以为范必会提拔他，但范仲淹对他未加注意，推荐的人是孙复（字明复）、李泰伯。梅圣俞心中有怨，作《灵乌后赋》谴责范仲淹，赋中提到"我昔闵汝之忠，作赋吊汝；今主人误丰尔食、安尔巢，而尔不复啄叛臣之目，伺贼垒之去，反憎鸿鹄之不亲，爱燕雀之来附"，讽刺范仲淹对西夏战事未能成功。世人都觉得梅圣俞狭隘。

评点

谁看了这段笔记，都会觉得梅圣俞确实心胸狭隘。别人有不幸，他声援了一下，反过来就觉得别人要以提拔自己来报答，还把自己比为鸿鹄、把别人比为燕雀，这不是狭隘又是什么？人，都不能无私，然而在要求他人方面当有节制。"滴水之恩涌泉相报"对报恩者而言固然可嘉，但施恩者如以此要求对方就属于投机伪诈了。我们也常见这样的人，他们也曾帮助过别人，而当别人没达到他的要求，便满口啧言、怨气冲天，这样的人不是厚道人。

宋徽宗禁诗

原文

【南宋】 叶梦得《石林燕语·卷九》

政和末，李彦章为御史，言士大夫多作诗，有害经术，自陶渊明至李杜，皆遭诋斥，诏送勅局立法。何丞相执中为提举官，遂定命官传习诗赋，杖一百。是岁，莫俦榜，上不赐诗，而赐箴。未几，知枢密院吴居厚喜雪，御筵进诗，称"口号"。自是上圣作屡出，士大夫亦不复守

禁。或问何立法之意，何无以对，乃曰："非为今诗，乃
旧科场诗耳。"

译述

宋徽宗政和（1111—1118）末年，李彦章担任御史，上疏
说很多士大夫喜欢作诗，有碍经术的传授，从陶渊明到李白、
杜甫的前代诗人，都被他毁骂贬斥。徽宗下诏，命敕局（宋时
内廷承旨撰制法律条例的机构）立法禁止官员作诗。当时何执中
（1044—1117）任敕局提举（负责人），就规定凡朝廷命官
教授诗赋的杖一百。这一年科举，莫俦中状元，徽宗不赐诗，
而赐了几句箴言。没过多久，知枢密院事吴居厚以降雪大喜，
在御筵上进献诗作给徽宗，自称"口号"。从此以后徽宗诗作
日多，士大夫也不再遵守禁令。有人问何执中，其立法是要做
什么。何无言以对，只好说："立法不是要禁现在的诗，而是
要禁旧科场诗。"

评点

何执中唯上命是从，徽宗把御史的皮球踢给他，他不由分
说，就起草诏书，要把写诗的官员杖一百。当然，这种禁令还
得上面破除才行，徽宗自己忍不住，下面的官员自可以不遵禁
令，最后吃瘪的，还是何执中。规矩都是顶层的人立的。立的
时候偏一点，到末端，其变形的程度将难以估计。所以对一件
事情如何定调，上层的人士一定要十分慎重才好。另外，最高
层定下的事，除非他们自己出面化解，希望执行者"枪口抬高
一寸"是相当难的。

宋守约折腾人

原文

【南宋】 叶梦得《石林燕语·卷十》

宋守约为殿帅，自入夏日，轮军校十数辈捕蝉，不使得闻声。有鸣于前者，皆重笞之，人颇不堪，故言守约恶闻蝉声。神宗一日以问守约，曰："然。"上以为过。守约曰："臣岂不知此非理，但军中以号令为先，臣承平总兵殿陛，无所信其号令，故寓以捕蝉耳。蝉鸣固难禁，而臣能使必去，若陛下误令守一障，臣庶几或可使人。"上以为然。

译述

宋守约担任禁军统帅。到了夏天，他就派十几个士兵轮流去捕蝉，不能让他听到蝉叫声。如果让他听到蝉鸣，就重重地鞭打那些士兵，一些人难以忍受，都说守约是讨厌听蝉的叫声。神宗皇帝有一天问守约这件事，他说："是有这事。"神宗认为他做得过分。守约说："我怎么会不知道这做法不合道理？但军队中号令是最重要的。我有幸担任禁军统帅，保护陛下，不知道士兵能不能做到有令必行，所以就以捕蝉来检验下罢了。蝉的鸣叫声很难禁绝，而我能把它去掉，如果陛下哪一次让我去守一个小城，我或许可以让士兵听从命令。"神宗认为他做得对。

评点

这宋守约不仅能管人，也会辩说。训练士兵服从命令，办法多的是，何必非要捕蝉？而且其他季节无蝉可驱又当如何？他的做法就是折腾当兵的，以显个人威权罢了！大到改朝换代、换汤不换药，中到帝王改制、变法守成，小到官吏整人、为所欲为，这宋守约在其中只是小角色而已。折腾之举，代代不绝，甚或愈演愈烈，说明制度建设阙如，人治便会花样繁多，能不谨慎哉？

南唐后主死因

原文

【南宋】　王铚《默记·卷上》

徐铉归朝，为左散骑常侍，迁给事中。太宗一日问："曾见李煜否？"铉对以："臣安敢私见之！"上曰："卿第往，但言朕令卿往相见可矣。"铉遂径往其居，望门下马，但一老卒守门。徐言："愿见太尉。"卒言："有旨不得与人接，岂可见也！"铉云："我乃奉旨来见。"老卒往报，徐入立庭下久之。老卒遂入取旧椅子相对。铉遥望见，谓卒曰："但正衙一椅足矣。"顷间，李主纱帽道服而出。铉方拜，而李主遽下阶引其手以上。铉告辞宾主之礼，主曰："今日岂有此礼？"徐引椅少偏乃敢坐。后主相持大哭，及坐默不言。忽长吁叹曰："当时悔杀了潘佑、李平！"铉既去，乃有旨再对，询后主何言。铉不敢隐，遂有秦王赐牵机药之事。

译述

南唐大臣徐铉（916—991）归顺宋朝，任左散骑常侍，又升官为给事中。一天，宋太宗问他："见过李煜没有？"徐铉回答："我哪里敢私下见他？"太宗说："你可放心前去，就说是我令你去同他相见。"徐铉于是直接去到李煜的住所。看到大门时徐铉便下了马，只见有一个老兵在守门，徐铉对他说："我要拜见太尉。"老兵说："有旨意称不得与他人接触，哪里可以见人？"徐铉说："我是奉皇上旨意来见的。"老兵进去通报，徐铉就站立在庭院前，等了很久。老兵又进屋取出旧椅子，与主位相对，徐铉远远看见，对老兵说："只要正面一把椅子就可以了。"不一会儿，李后主穿着道服、戴着纱帽出来，徐铉倒身下拜，后主急忙下台阶，拉着徐铉的手走上堂前。徐铉不肯行宾主之礼，而打算行君臣之礼，后主说："如今哪里可能有这个礼节？"徐铉拉开椅子，斜对着后主才敢入座。后主拉着徐铉大哭，等坐下后又沉默不言，忽然又长叹着说："真后悔当时杀了潘佑、李平！"徐铉离开后，太宗又把徐铉召去，问后主说了什么。徐铉不敢隐瞒，于是有了秦王赐李后主牵机药的事。

评点

著名文学家徐铉本仕南唐，官吏部尚书，南唐亡后入宋，历官至散骑常侍。他奉宋太宗之命去看望南唐后主李煜，还试图以君臣之礼参见，但后主自己明白，那已是过去。此后李煜当着他的面大哭，显然是因为失去皇位而伤悲，又说"悔杀了潘佑、李平"。这潘佑、李平皆是李煜南唐时的臣子，潘佑见南唐衰弱，想挽救南唐危难的时局，进行变法，但受到诋毁攻击，被李煜所杀。此时李煜提起他们，表明他对于亡国内心不服，心有不甘。所以徐铉汇报给宋太宗之后，引起太宗的杀机。牵机药，就是中药马钱子，其主要成分是番木鳖碱和马钱子碱。吃下去后，人的头部会开始抽搐，最后与足部佝偻相接而死，状似牵机，所以起名叫"牵机药"。其实，李煜一个书生，做皇帝时都一事无成，被囚于开封，他再后悔，又能有何作为？宋太宗要杀他，这只是借口而已。

范纯仁被诬

原文

【南宋】　王铚《默记·卷上》

王介甫初罢相，镇金陵，吕吉父参知政事，独当国。会李逢与宗室世居狱作，本以害王文恪陶、滕章敏元发、范忠宣尧夫三人也。王、滕皆李逢亲妹夫，而忠宣李氏之甥，逢之表兄弟。狱事之作，范公知庆州，忽台狱问："皇祐年，范公与逢相见，语言不顺。"范公仓卒无以为计。忽老吏言："是年，文正方守庆州。"检架阁库，有文正差兵士送范公赴举，公案尚在。据其年月，则范公方在庆州侍下。其月日不同，安得语言与逢相见也？遂据公案录白申台中乃止。向非公案，则无以解纷矣。

译述

王安石（字介甫）首次被罢去宰相之职，任江宁知府，吕惠卿（1032—1111，字吉甫）任参知政事（副宰相），独掌国柄。当时正好发生了李逢与赵宋宗室赵世居谋反的案件，吕惠卿本打算以此加害于王陶（谥文恪）、滕元发（谥章敏）、范纯仁（字尧夫、谥忠宣）三人，王和滕都是李逢的亲妹夫，而范纯仁（1027—1101）是李家的外甥、李逢的表兄弟。大狱兴起时，范纯仁正任庆州知府，忽然御史台监狱来问："皇祐年间，范公曾与李逢相见，言谈叛逆。"仓促之间，范纯仁无法回答，这时有一位年老的官吏说："那一年文正公（范仲淹）正把守庆州。"搜检储藏文牍案卷的库房，发现范仲淹差遣士兵护送范纯仁参加科举考试的公文还在。按公文上的年月，当时范纯仁正在庆州侍奉父亲。日期对不上，怎么能说范纯仁同李逢见面呢？于是根据公文抄录给御史台，这个事情才没有继续追究。如果没有当时的公文，范纯仁就无法为自己辩白了。

评点

范纯仁是范仲淹的儿子。李逢谋反案发生在宋神宗熙宁八年（1075），当时沂州百姓朱唐告发前浙江余姚县主簿李逢谋反。李逢在受审时，供出与之有联系的皇族赵世居，以及医官刘育、河中府观察推官徐革等人，神宗皇帝令将众人逮捕后送御史台狱，狱案审结，赵世居被赐死，李逢、刘育及徐革被凌迟处死，将作监主簿张靖、武进士郝士宣皆腰斩。此案件被吕惠卿利用来打击政敌，范纯仁就差一点被牵连进去。皇帝最关心的就是有人谋反，李逢此案有人举报，锻炼成狱，可不是轻易就能脱身的，幸亏那老年官吏提醒，范纯仁找到当年的公文，不然，命运如何还真难说呢！

僧人欺罔

原文

【南宋】　王栐《燕翼诒谋录·卷二》

僧徒奸狡，虽人主之前，敢为欺罔。江东有僧诣阙，乞修天台国清寺，且言："如寺成，愿焚身以报。"太宗从之，命中使卫绍钦督役，戒之曰："了事了来。"绍钦即与俱往，不日告成。绍钦积薪如山，驱使入火，僧哀鸣，乞回阙下面谢皇帝而后自焚。绍钦怒，以叉叉入烈焰，僧宛转悲号而绝。归奏太宗曰："臣了事。"太宗颔之。苟非就焚，太宗必以欺罔戮之于市矣。

译述

僧人之辈奸猾狡诈，在皇帝面前都敢进行欺诈。有一个江南的僧人到京城，祈求重修天台国清寺，并且说："如修成佛寺，我愿自焚以作为回报。"太宗答应了他，命令宫中宦官卫绍钦监督工程，并告诫他说："事情做完才能回来。"卫绍钦立即同僧人一同出发往天台。一段时间后，佛寺修成，卫绍钦堆积起小山一样的柴火，令僧人进入火堆。僧人痛哭哀求，希望到京城，当面感谢皇帝之后再自焚。绍钦大怒，用叉子将僧人叉入烈火，僧人在大火里挣扎嚎叫而被烧死。卫绍钦回京报告太宗说："我把事情做完了。"太宗点头赞许。如果不是当场烧死，太宗必定会以欺君罔上之罪将其在闹市上杀死。

评点

宋太宗赵光义够狠！那个僧人说佛寺修成他将自焚以报，赵光义看出其言有虚，就告诫宦官一定要"了事"，即烧死他再回报。这个僧人也是自找。所谓"出家人不打诳语"，他胡乱许诺，已经是犯了佛家的戒律。何况他打算欺骗的是皇帝，中国历来有皇帝说话"金口玉言"的说法，就是皇帝说的话一定要照做，不然就是欺君。所以这个僧人也不值得可怜。我们从中可以吸取的教训，是为人处世，一定要诚实，不要希图用欺骗的言行来达到目的。骗子可能得逞于一时，最后终将被戳破。

讥不孝子

原文

【南宋】　周密《齐东野语·卷十三》

有士赴考，其父充役，为贴书勉其子，登第则可免。子方浪游都城，窘无资用，即答曰："大人欲某勉力就试，则宜多给其费，否则至场中定藏行也。"奕者以不露机为藏行云。又有士，父使从学，月与油烛一千，其子请益，不可，子以书白云："所谓焚膏继晷者，非为身计，正为门户计。且异日恩封，庶几及父母耳。有如吝小费，则大人承事，娘子孺人，辽乎邈哉！"闻者绝倒。

译述

有一个读书人进京赴考，其父去做劳役，为他筹钱，写信给他说：儿子啊，你能考中，为父我才可从劳役中解脱。其子其实是在都城浪游，苦于囊中羞涩，给父亲写信说："父亲大人，您想要我努力读书，那一定要多多给我钱，否则，即便到了考场，我也会不露手段。"意思是你不给我钱，我就不给您考好！又有一读书人，父亲为了让他安心读书，给他每月千文钱生活费。他要求增加，父亲不准。他就写了一封信给父亲，说："我没日没夜地读书，不是为了自己，而是为整个家族。将来我考上了，父母才可以得到荣华富贵。您如果现在舍不得那点小钱，将来父亲受封、母亲成为命妇，就是太遥远的事了。"听到这个事的人都笑得直不起腰。

评点

这两个不孝子，一个说父亲不给钱就不给你好好考，一个说读书是为家族而读，不给钱父母就别想将来富贵。后来的伸手要钱者就更加五花八门，比如说，不给钱我死给你看！今天的啃老族其实源远流长啊！看这记载中的二人，堪称啃老的古代典型了。

方珠

原文

【南宋】 周密《癸辛杂识·后集》

横塘人褚生以右科官与贾巨川涉有旧，初为扬州一令，有妻，又赘于一宗姓之家。既而挟其资以逃，因遭褫剥，夤缘复官，既得廉州，蓄徒二百，专事采珠。有舶商得方珠，褚知之，因矫朝命，籍而取之。经司风闻，复遭废停，已过满半年，后至者挤之，遂饮鸩而殂。方珠者竟莫知所在。且珠者，贵圆、贵色、贵大，如珠不圆，更无色，何足贵？

译述

横塘（今属苏州）有一个姓褚的人以武举进入官场，与贾似道之父贾涉（字巨川）有交情，初为扬州的一个县令，本有妻子，却入赘于一赵姓之家，没多久便卷其家产跑路，因此被夺官。后来走门路复官，当廉州知州时，养了二百人专门采珍珠。有海商获得一枚方形的珠子，姓褚的知道了，就假托皇帝的名义据为己有。事情败露，又遭罢官，半年后被继任者追夺，他只好饮药自杀，那方珠也不知下落。

评点

这则笔记记录了一个贪得无厌的家伙的一生。他不学无术，只好经武举之途入仕。自己有妻，却又再入赘人家，且卷其家产跑路。丢了官，找门路再做官，又为一个方形的珠子而先丢官后送命。贪婪真的是害死人！周密都搞不懂，说珍珠这东西，圆、大、颜色正者为佳，这方珠不圆，色又不佳，贵重在哪儿呢？是啊，贪心之人的贪念一起，是看好什么便要据为己有，这个是病！比如笔记中记述的这位，贪得无厌，没什么价值的珠子，只因为是方形的、少见，他就假借皇命，据为己有。这样的人，如果没死，监牢是最终的去处吧？

张元吴昊

原文

【南宋】　岳珂《桯史·卷一》

景祐末，有二狂生曰张曰吴，皆华州人。薄游塞上，觇览山川风俗，慨然有志于经略。耻于自售，放意诗酒，语皆绝豪嶮惊人，而边帅豢安，皆莫之知。怅无所适，闻夏酋有意窥中国，遂叛而往。二人自念不力出奇，无以动其听。乃自更其名，即其都门之酒家，剧饮终日，引笔书壁曰："张元、吴昊，来饮此楼。"逻者见之，知非其国人也，迹其所憩，执之。夏酋诘以入国问讳之义。二人大言曰："姓尚不理会，乃理会名耶！"时曩霄未更名，且用中国赐姓也。于是竦然异之，日尊宠用事。宝元西事，盖始此。

译述

仁宋景祐（1034—1038）末年，华州有张、吴二书生到塞上游玩，了解了当地的山川风俗，大为感慨，立志为国经略边疆。他们不愿意自荐，于是寄意于诗词，用语雄奇惊人，然而边地将帅贪图安宁，根本不加理会。二人无处可投，心中惆怅，听说西夏君主有意攻打大宋，于是投往西夏。二人琢磨着不出奇招人家不重视，于是改了名字，在西夏都城的酒家狂饮终日，之后在墙壁上写"张元吴昊来饮此楼"，巡城之人知他们不是西夏人，在其住地抓住他们。西夏君主质问他们："到了我大夏，难道不了解当地的忌讳吗？"二人狂言道："姓什么都不理会，还理会叫什么吗？"当时李元昊还没有改名，用的是中国所赐之姓。此时听了二人的话，李元昊竦然而惊，二人于是日益尊宠，宝元（1038—1040）年之后的西夏之扰，就开始于此。

评点

挑起纷争，就得往对方的心头上捅刀子。张、吴二人在这方面算是登堂入室了！李元昊接受的是唐朝赐姓，他们便说"姓什么都不管，来问我什么名"。史实如何不说，这笔记指出了一个事实。岳珂是岳飞之孙，《桯史》一书有很高史料价值。这则笔记中讲宋西夏纷争的开端，给人以启发：对大言炎炎的人要注意！要么他真有才，要么其真有异志，应早做防范。

孝宗召周必大

原文

【南宋】 叶绍翁《四朝闻见录·乙集》

孝宗圣性简俭，虽古帝王未有也。周必大时直宿禁林，夜召周以入，谓必大曰："多时不与卿说话。"赐必大坐。上耳语黄门，黄门出，则奉金缶贮酒，泻入金屈卮，玉小楪贮枣，用金绿青窑器承以玳瑁托子，中浸羊弦线，清可鉴。酒仅一再行。上曰："未及款曲。"必大归语其家，叹上之简俭。翌日遂拜政地云。

译述

宋孝宗生性简朴，超过了古贤帝王。周必大（1126—1204）在禁中值班，孝宗晚上召其入宫，对他说："多时没和你聊天了。"赐周必大入座后，孝宗悄声吩咐宦官。宦官走出去，捧了一个装酒的金罐进来，把酒倒入金杯，以小玉碟装枣，玳瑁托子上承金绿青瓷器，内中浸泡着羊弦线，清澈可见。酒只饮了两杯，孝宗不好意思地说："不能和你深谈。"周必大回家说起此事，很为孝宗的节俭而叹息。第二天周必大就被任命为宰相。

评点

孝宗请未来的宰相喝酒聊天，却只喝两小杯酒，佐酒之物只有枣，以及羊弦线，后者且清汤寡水，孝宗之俭确是可以！不过究竟是帝王之家，那酒器可是蛮贵重的。宋孝宗赵脊本应有所作为，但他在位二十七年，二十五年受太上皇，也就是宋高宗的压制，每当孝宗提出光复北土，太上皇便加以阻挠。宋代讲究以孝治天下，孝宗便是孝的榜样。然而天下已丧其半，僻处临安的孝宗，光是节俭又有什么用呢？

孝宗恢复

原文

【南宋】　叶绍翁《四朝闻见录·乙集》

上每侍光尧，必力陈恢复大计以取旨。光尧至曰："大哥，俟老者百岁后，尔却议之。"上自此不复敢言。光尧每以张浚误大计为辞，谓上："毋信其虚名。浚专把国家名器钱物做人情。浚有一册子，才遇士大夫来见，必问其爵里书之，若心许其他日荐用者。又熔金碗饮兵将官，即以予之。不知官职是谁底，金碗是谁底？"或者谓必有近习谮浚于太上云。

译述

宋高宗退位为太上皇（孝宗上其尊号为光尧圣寿太上皇帝，简称光尧），宋孝宗每次晋见，总提出北伐中原、恢复故土的事情，高宗很不爱听，有一次甚至对孝宗说："等我将来死了，你再讨论北伐的事情吧。"从此宋孝宗不再提起这件事情。高宗总以张浚误国为自己不能恢复故土打掩护，经常对孝宗说："你不要被张浚的虚名蒙蔽了。张浚总是拿国家的官职和财物做人情。据说张浚有一个小册子，每当有士大夫来拜访他，就记下这人的官爵和乡里，好像很看重对方，将来想着推荐给朝廷。张浚还用黄金制作酒碗、请统兵的将军喝酒，喝完酒就把金碗送给对方。他难道不清楚这些官职和金碗是谁的吗？"有人认为，肯定有高宗宠信的人在高宗面前说张浚的坏话，否则他不会了解得这么清楚。

评点

宋高宗自己不思恢复故土，退位之后，还经常干预朝政，阻拦孝宗北伐，以致南宋偏安一隅的形势固定下来。宋孝宗处理了秦桧为岳飞平反，然而在太上皇宋高宗的压制下，没有在收复北部国土方面有所作为，可叹！中国历史上，太上皇干政遗害太多，然而人们却往往不能吸取教训。

世事翻覆

原文

【南宋】　罗大经《鹤林玉露·甲编·卷二》

卫青少服役平阳公主家，后为大将军，贵显震天下。公主仳离择配，左右以为无如大将军。公主曰："此我家马前奴也，不可。"已而遍择群臣，贵显无逾大将军者，迄归大将军。丁晋公起甲第，巨丽无比。军卒杨杲宗躬负土之役，劳苦万状。后昊宗以外戚起家，晋公得罪贬海上，朝廷以其第赐昊宗，居之三十年。世事翻覆，何所不有！杨诚斋诗云："君不见河阳花，今如泥土昔如霞。又不见武昌柳，春作金丝秋作帛。人生马耳射东风，柳色桃花却长久。秦时东陵千户侯，华虫被体腰苍璆。汉初沛邑刀笔吏，折腰如磬头抢地。萧相厥初谒邵平，中庭百拜百不应。邵平后来谒萧相，故侯一拜一惆怅。万事反覆何所无，二子岂是大丈夫！穷通流坎皆偶尔，挟扶未必贤抢榆。华胥别是一天地，醉乡何尝有生死，侬欲与君归去来，千愁万恨付一杯。"

译述

卫青本来是平阳公主的家奴，但后来贵为大将军，遍天下最为尊贵。后来，平阳公主离婚要再嫁，左右之人都认为她应嫁给卫青。公主说："此人是我家的奴仆，不可。"但最后扒拉遍满朝文武，还是卫青最贵显，只好嫁给了他。丁谓（封晋国公）为自己盖房子，华丽无比，军卒杨昊宗就是当时参与土石劳役之人中的一个，劳苦万状。后来这杨昊宗的女儿成了皇妃，他便发达起来，而丁谓则获罪被贬海上，朝廷把他的宅第赐给杨昊宗，杨在此住了三十年。所以说世事翻覆，无奇不有。杨万里（号诚斋）作有长诗，感叹世事的反复无常。

评点

罗大经这里讲了卫青与丁谓二人的事情，引用杨万里的一首诗，说明世事的反复无常。也是啊！看我们身边，有多少今朝衣金腰紫、显贵骄人的，转眼间已成阶下之囚。人之为人，可不慎乎？！世事翻覆也分两种，一种是全局性的，比如明清易代、民国覆清；一种是局部的，甚至是个人的，比树倒猢狲散，比如保护伞被查，比如某人乍富乍跌。前者是泥沙俱下，小人物遭殃，后者是拔出一个连带一堆。我们希望不要有前者，至于后者，似可让暴风雨来得更猛烈些。

王定国赵德麟

原文

【南宋】　罗大经《鹤林玉露·乙编·卷一》

东坡于世家中得王定国，于宗室中得赵德麟，奖许不容口。定国坐坡累，谪宾州。瘴烟窟里五年，面如红玉，尤为坡所敬服。然其后乃阶梁师成以进，而德麟亦谄事谭稹。绍兴初，德麟主管大宗正司，有旨令易环卫官，宰相吕颐浩奏曰："令畤读书能文，苏轼尝荐之，似不须易。"高宗曰："令畤昔事谭稹，为清议所薄。"竟易之。士大夫晚节持身之难如此。……朱文公释之曰："世乱俗薄，士无常守，乃小人害之。而以为莫如好修之害者，何哉？盖由君子好修，而小人嫉之，使不容于当世，故中材以下，莫不变化而从俗，则是其所以致此者，反无有如好修之为害也。"呜呼！其崇、观、政、宣之时乎，宜二子之改节易行也。

译述

苏东坡在世家大族里发现了王定国，在宗室里发现了赵令畤（初字景贶，苏东坡为之改字德麟）的才德，对他们赞不绝口。王定国受苏东坡牵连，被贬到宾州（今广西宾阳），在瘴烟弥漫的地方待了五年，脸像红玉一样，尤其被东坡叹服。可是后来他却通过巴结梁师成而升官，赵令畤也谄媚事奉谭稹（北宋末年宦官）。绍兴初年，赵令畤主管大宗正司，高宗下旨要换掉他。宰相吕颐浩上奏说："赵令畤有学问，诗文好，苏轼曾推荐，似不必更换。"高宗说："他曾谄事谭稹，被士大夫所看不起。"最后还是换了。士大夫晚节立身如此之难！对这个现象，朱熹解释是因为有小人妨害。罗大经也认为，由于上面二人处于宋徽宗后期，世道混乱，二人守不住晚节也可以理解。

评点

这则笔记讲人的晚节。王定国和赵德麟早年被苏东坡赏识，已经是高官，都守不住晚节。现时之人，守不住晚节的也比比皆是啊！这些人在退休前会想，既然一生是不能重复的，能享受时就享受，能发威时就发威，管他后人怎么说，我且好好地利用一下这最后的时光，所以名节相对就是次要的了。这样的心态，再加上外部寻租者围猎，想不变坏，难啊！人，保持晚节很关键！保持晚节，一方面是不要想退休前捞一笔；另一方面是老年时、退休后能保持纯真之心，像一个真正的人那样活着。不用顾忌升职加薪，没有了关系牵绊，堂堂正正地活着吧！

韩璜查贪腐

原文

【南宋】　罗大经《鹤林玉露·乙编·卷六》

绍兴中，王鈇帅番禺，有狼藉声。朝廷除司谏韩璜为广东提刑，令往廉按。宪治在韶阳，韩才建台，即行部诣番禺。王忧甚，寝食几废。有妾故钱塘娼也，问主公何忧，王告之故。妾曰："不足忧也，璜即韩九，字叔夏，旧游妾家，最好欢。须其来，强邀之饮，妾当有以败其守。"已而韩至，王郊迎，不见，入城乃见，岸然不交一谈。次日报谒，王宿治具于别馆，茶罢，邀游郡圃，不许，固请，乃可。至别馆，水陆毕陈，伎乐大作，韩足叔足昔不安。王麾去伎乐，阴命诸娼淡妆，诈作姬侍，迎入后堂剧饮。酒半，妾于帘内歌韩昔日所赠之词，韩闻之心动，狂不自制，曰："汝乃在此耶！"即欲见之，妾隔帘故邀其满引，至再至三，终不肯出，韩心益急。妾曰："司谏曩在妾家，最善舞，今日能为妾舞一曲，即当出也。"韩醉甚，不知所以，即索舞衫，涂抹粉墨，踉跄而起。忽跌于地，王亟命索轿，诸娼扶掖而登，归船昏然酣寝。五更酒醒，觉衣衫拘绊，索烛览镜，羞愧无以自容。即解舟还台，不敢复有所问。此声流播，旋遭弹劾，王迄善罢。夫子曰："枨也欲，焉得刚？"韩璜之谓矣。

译述

绍兴年间，王鈇在番禺为官，声名狼藉，朝廷派司谏官韩璜任广东提刑，去查办此人。提刑衙门在韶阳，韩璜刚到，便动身去番禺查案。王鈇十分担忧，几乎寝食俱废。他有个小妾，本是杭州的妓女，见他这样，便告诉他，这韩璜以前最好玩乐，等他到来，你想办法让他多喝酒，我有办法坏了他的操守。韩璜到来，开始还道貌岸然，王鈇到城外迎接，他避不见面，入城见了面，也不同王鈇交谈。第二天正式谒见，王鈇在别墅安排好了，请他到郡城园圃游玩，他开始拒绝，一再请求才同意。王鈇请他到了别墅，山珍海味，乐声大作，韩坐立不安，王撤去伎乐，让妓女们淡装而入，假称是自己的侍女，把韩璜请到后堂，大喝起来。酒至半酣，王鈇的小妾在帘内唱起韩璜以前赠送她的词，韩听见后，心动不能自制，说："你在这里吗？"就要见面。王妾隔帘请他干杯，再三不肯出，韩越发着急。王妾说："司谏以前在我家跳舞最好，今天你能为我舞一曲，我就出来见你。"韩璜已经很醉，不知此处何地，便要来跳舞的衣服，粉墨登场，跌跌撞撞地跳了起来。跳着跳着，摔了一跤，妓女们把他搀扶起来，王鈇急忙让人用轿送他回船，昏然而睡。韩酒醒之后，点起灯烛，拿来镜子，发现自己的丑态，羞愧无地，急忙开船返回韶阳，再不敢查问王鈇的贪腐之事。后来这事传播出去，他遭到弹劾，王鈇则平安做官。孔子说："申枨欲望多，怎么可能刚强？"说的就是韩璜啊！

评点

中国有老话说，打铁先要本身硬。像韩璜这样的，本身就是个爱玩乐的，又有知根底的人在，所以几杯酒下去，便原形毕露了，原来的威风一毫不存，出乖露丑，只好灰溜溜地打道回府，什么案也不查了。这个案例对今人警醒尤大。孔子的话出自《论语·公冶长篇第五》，孔子说，我没有见过刚强不屈的人，有人认为申枨就刚强，孔子因此有"枨之欲，焉得刚"的回答。申枨是孔子的学生，七十二贤之一。

毛文忌言秦桧

原文

【南宋】　陆游《老学庵笔记·卷一》

毛德昭名文，江山人。苦学，至忘寝食，经史多成诵。喜大骂剧谈，绍兴初，招徕，直谏无所忌讳。德昭对客议时事，率不逊语，人莫敢与酬对，而德昭愈自若。晚来临安赴省试，时秦会之当国，数以言罪人，势焰可畏。有唐锡永夫者，遇德昭于朝天门茶肆中，素恶其狂，乃与坐，附耳语曰："君素号敢言，不知秦太师如何？"德昭大骇，亟起掩耳，曰："放气！放气！"遂疾走而去，追而不及。

译述

江山（今属浙江）人毛文（字德昭）读书勤苦，以至废寝忘食，经史之书多倒背如流。他善于言谈，观点激烈，抨击无忌，对客人议论时事，净是不恭敬的话，别人都不敢同他交谈，他自己却越发神态自若。后来到临安（即杭州）参加科考，正赶上秦桧专权。当时秦桧经常以言罪人，权焰已很可怕。有个叫唐锡（字永夫）的人平常就讨厌毛文的狂性，他在朝天门茶店中碰到毛文，邀他入座，附着他的耳朵对他说："你平时号称敢言，不知秦太师如何？"毛文非常害怕，起身捂着耳朵说："放屁！放屁！"急忙跑走，追都追不上。

评点

笔记中提到秦桧"以言罪人，势焰可畏"。毛文本是陆游幼年的老师，这样一个谁都不怕的人，听到秦桧之名，都是掩耳落荒而逃，秦桧之威可见一斑！常见有这样的人，同侪之间，言语无忌，批评指摘，冲口而出；遇到大一点的官，便嗫嗫嚅嚅，有如三岁童子。这样的人，就是典型的权力的奴才。比如毛文，秦桧那时尚未成气候，他已是闻风而遁了。真正的勇者，是面对炙人的权焰，也能坚持自己的信念；最不济的，也可以展眉以对，自若相处。

《字说》为显学

原文

【南宋】　陆游《老学庵笔记·卷二》

《字说》盛行时，有唐博士耜、韩博士兼，皆作《字说解》数十卷，太学诸生作《字说音训》十卷，又有刘全美者，作《字说偏旁音释》一卷，《字说备检》一卷，又以类相从为《字会》二十卷。故相吴元中试辟雍程文，尽用《字说》，特免省。门下侍郎薛肇明作诗奏御，亦用《字说》中语。予少时见族伯父彦远《和霄字韵诗》云："虽贫未肯气如霄。"人莫能晓。或叩之，答曰："此出《字说》霄字，云：凡气升此而消焉。"其奥如此。

译述

《字说》盛行的时候，博士唐耜和韩兼都有达几十卷的《字说解》，太学的一些学生作十卷《字说音训》，又有个叫刘全美的人作《字说偏旁音释》和《字说备检》各一卷，又根据类别的归属作二十卷《字会》。前宰相吴敏（字元中）考太学生程文，阐发《字说》的都免省试。门下侍郎薛肇明作诗上奏皇上，也用《字说》中的话。我小时候，族中伯父陆彦远《和霄字韵诗》中有"虽贫未肯气如霄"句，人们都不知道什么意思。有人问他，他回答道："这出自《字说》霄字，书里说：气升到这里就消散了。"《字说》就深奥成这样。

评点

王安石贵为宰相，《字说》是他写的一部解说汉字造字原理的书，其中颇多穿凿，但有很多人吹捧、研究这部书。历史其实古今一体。学问因人而显，古今一理。当某项研究成为热门的时候，那理论背后，一定是有不得了的大人物在主持、在提倡。

东坡悔赏可遵诗

原文

【南宋】 陆游《老学庵笔记·卷四》

僧可遵者,诗本凡恶,偶以"直待众生总无垢"之句为东坡所赏,书一绝于壁间。继之山中道俗随东坡者甚众,即日传至圆通,遵适在焉,大自矜诩,追东坡至前途。而途中又传东坡《三峡桥》诗,遵即对东坡自言:"有一绝,却欲题《三峡》之后,旅次不及书。"遂朗吟曰:"君能识我汤泉句,我却爱君三峡诗。道得可咽不可漱,几多诗将竖降旗。"东坡既悔赏拔之误,且恶其无礼,因促驾去。观者称快。遵方大言曰:"子瞻护短,见我诗好甚,故妒而去。"径至栖贤,欲题所举绝句。寺僧方砻石刻东坡诗,大诟而逐之。山中传以为笑。

译述

僧人可遵诗作平庸拙劣,偶然有一句"直待众生总无垢"的诗句被苏东坡所赏识,为此写了一首绝句,题于壁上。当时在庐山中跟随苏东坡的僧俗之人很多,此事当天就传至圆通寺,恰好可遵在寺中,知道后非常骄傲,急忙赶路去追苏东坡。途中又传来苏东坡新作的《三峡桥》诗,可遵见到苏东坡,立刻说道:"我有一绝,想题在您的'三峡'之后,旅途上来不及写出来。"接着便高吟其诗。苏东坡很是懊悔当初赏识他,更讨厌他的无礼,急忙离开了。旁观者拍手称快,可遵却吹嘘说:"苏子瞻护短,见我诗作美妙,因此妒忌而走。"

他直接去到栖贤寺，打算把自己刚才的诗句题于寺壁。当时寺僧正准备石材，要刻苏东坡的诗，将可遵羞辱了一番赶走了。此事作为笑料传遍了庐山。

评点

有句成语叫"不识抬举"，僧可遵就是这种人。他没有一点自知之明，苏东坡赏识他一句诗，他就打蛇随棍上，要把自己的歪诗刻在苏诗之后，宜乎被群嘲也！人，面对高官名流，自己要矜持一点。可遵自己诗作水平太差，却非要刻在苏诗之后，被人拒绝，马上就说人家嫉妒他。觉得附于名人之后，自己也会暴得大名，这样的人今天也很多啊！鲁迅就曾讽刺过那些动不动就把"我的朋友胡适之"挂在嘴上的人。

依例放火三日

原文

【南宋】 陆游《老学庵笔记·卷五》

田登作郡，自讳其名，触者必怒，吏卒多被榜笞。于是举州皆谓灯为火。上元放灯，许人入州治游观。吏人遂书榜揭于市曰："本州依例放火三日。"

译述

田登任郡守，忌讳别人提及"登"字，如果有人触犯了这一条，他就会很生气，很多手下的官吏因犯忌被鞭笞拷打，故此整个州里的人都把灯称作火。上元节是灯节，按例应允许治下居民到州城中去游玩观灯。州里的书吏于是写了个告示，贴在市街上，上写："本州依例放火三日。"

评点

这则笔记便是"只许州官放火，不许百姓点灯"一语的由来。州官田登以自己的名字为忌讳，不许别人触犯，与"登"同音的也不行，所以百姓点灯不能叫点灯，而只能叫点火，上元节放灯也只能叫放火。这句话的本意是形容统治者可以为所欲为，而人民的正当言行却受到种种限制，但后代引申，又泛指自己任意而为，反而严格要求别人或不许他人有正当的权利，意思已经有所变化。说到忌讳，上古只忌讳大人物的本名，到宋代就扩展到不能提对方上溯三代的名字了。避忌越往后越宽泛，到清代，皇家的几世祖都要避讳，雍正时连"维止"（被解释为没有头的雍正）都犯忌，乾隆时说"乾龙"要被杀头。比较起来，田登的忌讳真是小儿科了，起码他还许可百姓点灯观灯。

七夫人

原文

【南宋】　周辉《清波杂志·卷三》

蔡卞之妻王夫人，是荆公女，颇知书，能诗词。蔡有国事，先谋之于私第，然后宣之于庙堂。时执政相语曰："吾辈每日奉行者，皆其咳唾之余也。"蔡拜右相，家宴张乐，伶人扬言曰："右丞今日大拜，都是夫人裙带！"讥其官职自妻而致，中外传以为笑。

译述

北宋宰相蔡卞（1048—1117）之妻是王安石的女儿。她读过不少书，能写诗作词。蔡卞遇到国家大事，都是先在家里商量好了，再到朝堂上宣布。当时的大臣们都说："我们每天所执行的，都是王夫人的意思。"蔡卞当上右相，家中宴饮庆贺，伶人扬言："右丞今日大拜，都是夫人裙带！"讽刺他的官职是靠夫人得来，京内外传为笑谈。

评点

蔡卞是蔡京的弟弟，但其政见与其兄不同。王安石极欣赏他，曾说："元度（蔡卞）为千载人物，极有宰相的气度，不是因为我的女儿嫁给了他才如此。"但后来蔡卞只知报答丈人和夫人的赏识，而不知弥补他们的过失，所以令天下人耻笑。蔡卞算是有才气、有作为了，但最后仍不免于被纠弹贬官，其遭遇应令后代走裙带关系上位的人警醒：你固然要知提拔者之恩，但更要克己为政，以国家和公众利益为上，庶几可免于树倒猢狲散的结局。有话说："吾爱吾师，吾更爱真理。"其实，山头也好，师生也好，翁婿也好，对赏识提拔自己的人的感激，应体现在匡正其不足上，而不应一味迁就，大唱赞歌。

御炉炭

原文

【南宋】 周辉《清波杂志·卷六》

南渡后，有司降样下外郡，置御炉炭，胡桃纹、鹁鸪色者若干斤。知婺州王居正论奏。高宗曰："朕平居，衣服饮食且不择美恶。隆冬附火，止取温暖，岂问炭之纹色也。"诏罢之。宣和间，宗室围炉次索炭，既至，诃斥左右云："炭色红，今黑，非是！"盖常供熟火也。以此类推之，岂识世事艰难。

译述

宋室南渡后，朝廷要求各州郡上供御炉用炭，要求胡桃纹、鹁鸪色各若干斤。婺州知州王居正上奏，认为这个要求过分。高宗说："我平时衣服饮食都不挑拣好坏。隆冬烤火，只求温暖，哪管炭的花纹颜色？"下旨罢除。宋徽宗宣和年间，有皇族之人围着火炉，催着上炭，炭拿来了，他却呵斥下人说："炭的颜色是红的，你拿上的是黑色的，是假的！"这是由于他以前享受的都是已燃着的炭。以此类推，这些人哪里知道世事的艰难！

评点

皇家和官府的人，作威作福惯了，哪知民众的艰难！那位皇族由于惯于享受已笼好的炭火，竟然不知炭是黑色的，和那位问饥民何不食肉糜的糊涂皇帝有得一比。享惯了福的人固然不了解下层人民受的苦，而多少官员却只知眼睛往上看，满足

上位者的喜好。就说供炭吧，负责内廷的官员还非要胡桃纹、
鹁鸽色的，幸亏宋高宗还算清醒，把此举叫停了。

宣和骑射

原文

【南宋】　周辉《清波杂志·卷八》

政和五年四月，燕辅臣于宣和殿。先御崇政殿，阅子
弟五百余人驰射，挽强精锐。毕事赐坐，出宫人列于殿
下，鸣鼓击柝、跃马飞射、剪柳枝、射绣球、击丸，据
鞍开神臂弓，妙绝无伦。卫士皆有愧色。上曰："虽非妇
事，然女子能之，则天下岂无可教。"臣京等进曰："士
能挽强，女能骑射。安不忘危，天下幸甚。"

译述

政和五年（1115）四月，宋徽宗在宣和殿宴请各位大
臣。众人先登崇政殿，看五百余御林军骑射表演。军士拉开强
弓，精练勇锐。表演完毕，徽宗赐坐，又令宫女列于崇政殿
下，擂鼓击柝、骑马射箭、斩柳枝、射绣球、击丸，靠着马鞍
拉神臂弓，精彩无比，卫士们都自愧不如。徽宗说："这些都
不是女人应做的事，但女人能做，天下之人哪有教不好的？"
蔡京等人说："战士能拉开强弓，女子能骑马射箭。安宁之时
不忘危难，这是天下人极大的幸运啊！"

评点

这场表演的十年后，就是靖康耻之年了，那时候，这些精锐在哪里呢？可见全是操场上给皇上观赏的面子货而已。真正的精兵强将、厉害武器，是在战场上打出来的，是铁与血焠炼成的，操场上的花拳绣腿，上了战场什么用也不顶！

鄙 恶

鄙恶者

集合群丑

认识

暗黑历史也

隋炀帝嫉妒

原文

【唐】 刘餗《隋唐嘉话·卷上》

炀帝善属文，而不欲人出其右。司隶薛道衡由是得罪，后因事诛之，曰："更能作'空梁落燕泥'否？"炀帝为《燕歌行》，文士皆和，著作郎王胄独不下帝，帝每衔之。胄竟坐此见害，而诵其警句曰："'庭草无人随意绿'，复能作此语耶？"

译述

隋炀帝善于写文章，不愿意有人文笔比他更好。司隶校尉薛道衡就因此而获罪，后来隋炀帝找了个理由杀了他。之后隋炀帝说："看你还能做'空梁落燕泥'这样的诗句吗？"隋炀帝做了一首《燕歌行》的诗，朝中文士都有唱和之作，著作郎王胄（558—613）的作品不比隋炀帝的差，隋炀帝就此怀恨在心。王胄最后竟因此而被害。隋炀帝还念叨着王胄的警句"庭草无人随意绿"，说："看你还能再写出这样的句子吗？"

评点

作诗比皇帝好就可能没命，这样的事大概只出现于中国古代的皇权时代。隋炀帝已经是天下至尊，但他不满意，还要做文坛霸主。文采达不到咋办？杀掉比他高明的就是！薛道衡为文大赞隋文帝，却得罪了隋炀帝，先是降了薛的官，后来又以薛表扬了被隋炀帝所杀的高颎为由，将薛道衡"赐死"。王胄被杀的原因是他参加了杨玄感的叛乱，但隋炀帝因为其文采高于自己而怀恨是一定的，这一点从他说的话就看得很清楚。司马迁评价商纣王有句："知足以拒谏，言足以饰非；矜人臣以能，高天下以声，以为皆出己之下。"这样的帝王是太危险了！

贪官鄙像

原文

【唐】　张鷟《朝野佥载·卷三》

益州新昌县令夏侯彪之初下车，问里正曰："鸡卵一钱几颗？"曰："三颗。"彪之乃遣取十千钱，令买三万颗，谓里正曰："未须要，且寄母鸡抱之，遂成三万头鸡。经数月长成，令县吏与我卖，一鸡三十钱，半年之间成三十万。"又问："竹笋一钱几茎？"曰："五茎。"又取十千钱付之，买得五万茎，谓里正曰："吾未须要笋，且向林中养之。至秋竹成，一茎十钱，成五十万。"其贪鄙不道皆类此。

汴州刺史王志愔饮食精细，对宾下脱粟饭。商客有一驴，日行三百里，曾三十年不卖。市人报价云："十四千。"愔曰："四千金少，更增一千。"又令买单丝罗，匹至三千。愔问："用几两丝？"对曰："五两。"愔令竖子取五两丝来，每两别与十钱手功之直。

译述

益州新昌（今属四川）县令夏侯彪之初到任，问里正曰："鸡蛋一文钱几颗？"答曰："三颗。"彪之于是令人取来一万文钱，令买三万颗，对里正说："我现在不要，先让母鸡孵出小鸡，将有三万只鸡。经过数月，长成之后，令县吏帮我卖掉，一只鸡三十钱，半年之间可得九十万。"又问里正："竹笋一文钱几根？"答曰："五根。"彪之又取万钱交给里正，要他买五万根，告诉里正说："我眼下不要笋，且放竹林中养着。到秋天竹子长成，一根十钱，可得五十万。"

汴州（今河南开封）刺史王志愔饮食精细，有客人来即吃脱粟饭（只去掉谷壳的糙米饭）。商客有一驴，日行三百里，三十年不卖。后打算卖掉，报价云："十四千。"王志愔说："四千金少，我多付一千。"他又令人买单丝罗，这种罗市场价每匹三千文钱。王志愔问："此罗用几两丝？"卖者回答："五两。"王志愔便令人取五两丝来，让人为他织罗，每两另付给人家十文钱手工费。

评点

这两个会刮地皮的贪官，一个县令，一个州刺史，面目多么可憎！前者坐地生利，以两万钱搏利一百四十万；后者以超低价强买，一万四千文钱的驴，他只出五千；三千文钱的罗，他只付五十文。不过比起后代的贪官动辄收钱千万，甚或贪渎上亿、几十亿，他们真算是小巫见大巫了。这两个贪官虽鄙，还是小打小闹，把物换钱，更甚者是直接要钱受贿，再甚者是卖官收钱。而公然掠人入狱，要人破家救人，那就是强盗一样了。

媚上

原文

【唐】 张鷟《朝野佥载·卷五》

天后时，张岌谄事薛师，掌擎黄幰，随薛师后。于马傍伏地，承薛师马镫。侍御史郭霸尝来俊臣粪秽，宋之问捧张易之溺器，并偷媚取容，实名教之大弊也。

天后内史宗楚客性谄佞。时薛师有嫪毐之宠，遂为作《传》二卷，论薛师之圣从天而降，不知何代人也。释迦重出，观音再生。期年之间，位至内史。

天后梁王武三思为张易之作《传》，云是王子晋后身。于缑氏山立庙，词人才子佞者为诗以咏之，舍人崔融为最。周年，易之族，佞者并流于岭南。

崔湜谄事张易之与韦庶人。及韦氏诛，附太平，有冯子都、董偃之宠。妻美，与二女并进储闱，为中书侍郎、平章事。或有人榜之曰："托庸才于主第，进艳妇于春宫。"

燕国公张说，幸佞人也。前为并州刺史，谄事特进王毛仲，饷致金宝不可胜数。后毛仲巡边，会说于天雄军，大设酒酣，恩敕忽降，授兵部尚书、同中书门下三品。说谢讫，便把毛仲手起舞，嗅其靴鼻。

译述

武后时，张岌谄事薛怀义。出行时，他手中擎着黄幰，紧随薛怀义之后，在马旁伏地，以便薛怀义从马镫上下马。谄媚无行之人，还有侍御史郭霸尝来俊臣的粪便，宋之问捧张易之的尿盆，都是巧點献媚，以获得宠爱。

内史宗楚客性谄佞。当初薛怀义像嫪毐一样得宠，宗楚客就为他作传，且有二卷，其中说薛怀义之神圣是从天而降，不知是何朝何代人，简直是释迦重出，观音再生。以此之故，他在一年之间，就官至内史。

武后时，梁王武三思为张易之作传，说张易之是仙人王子晋的后身。他还在缑氏山为张易之立庙，召集词人才子佞者作诗，歌咏此事，其中以舍人崔融谄谀最甚。一年后，张易之被灭族，那些阿谀者都被流放到岭南。

崔湜以谄谀事奉张易之与韦后。韦氏被诛灭，他又阿附太平公主，像冯子都、董偃一样得宠。崔湜的妻子很美，崔把她与两个女儿一起献于后宫，因此官至中书侍郎、平章事。有人批评他是"托庸才于主第，进艳妇于春宫"。

燕国公张说是佞幸之人。早前他当并州刺史，谄事特进王毛仲，送给王毛仲的财宝不可胜数。后来王毛仲巡边，与张说在天雄军相见，张说大设酒宴招待。酒酣之时，授张说为兵部尚书、同中书门下三品的圣旨来到。张说谢恩之后，拉着王毛仲的手跳起舞来，还去闻王的靴子。

评点

武后专权时，朝中的很多人不仅大肆献媚于她，还及于她宠爱的薛怀义、张易之等人。有的端屎接尿，有的树碑立传，送钱献宝更是不在话下。以上数则献媚上位者的官员的丑态，令人阅后为之恶心。说起来，捧臭脚这个词大概就是那时出现的吧？皇权时代，帝王—幸臣权臣—普通臣子—一般官吏，这个区别就是一条食物链，想要在官场上往上走，就要谄附上位者。有例外，但很少。

宋之愻为虎作伥

原文

【唐】　张鹭《朝野佥载·补遗》

唐洛阳丞宋之愻，太常主簿之问弟，罗织杀驸马王同皎。初，之愻谄附张易之兄弟，出为兖州司仓，遂亡而归，王同皎匿之于小房。同皎，慷慨之士也，忿逆韦与武三思乱国，与一二所亲论之，每至切齿。之愻于帘下窃听之，遣侄昙上书告之，以希韦之旨。武三思等果大怒，奏诛同皎之党。兄弟并授五品官，之愻为光禄丞，之问为鸿胪丞，昙为尚衣奉御。天下怨之，皆相谓曰："之问等绯衫，王同皎血染也。"诛逆韦之后，之愻等长流岭南。客谓浮休子曰："来俊臣之徒如何？"对曰："昔有师子王，于深山获一豺，将食之，豺曰：'请为王送二鹿以自赎。'师子王喜。周年之后，无可送，王曰：'汝杀众生亦已多，今次到汝，汝其图之。'豺默然无应，遂齚杀之。俊臣之辈，何异豺也！"

译述

洛阳丞宋之愻是太常主簿宋之问的弟弟，是他罗织罪名，杀害了驸马王同皎。起初，宋之逊因谄媚阿附张易之兄弟，被贬任为兖州司仓，后来逃亡回京，王同皎将他藏在小屋子里。王同皎是一位慷慨之士，他憎恨韦后与武三思乱国，同少数亲近之人说起来，每至切齿痛恨。之逊在帘后偷听到了，立刻让其侄宋昙上书告发，以求得韦后的恩宠。武三思等得知，果然大怒，王同皎与亲友均被诛杀。宋之问兄弟并授五品官，宋之逊为光禄丞，宋之问为鸿胪丞，宋昙为尚衣奉御。天下人都痛恨宋氏兄弟，相见时都说："宋之问等的绯衫（五品官服），是王同皎的血染成的。"韦后之党被诛灭后，宋之逊等被永生流放岭南。有人问我："来俊臣之徒是什么样人？"我回答说："从前有个狮子王，在深山抓到一只豺，将要吃掉它，豺说：'我为大王送二鹿来赎出自己。'狮子王高兴地放了豺。一年之后，豺再无可送，狮子王说：'你杀众生也很多了，今天轮到你，你自己考虑吧。'豺默然无语，狮子于是吃掉了豺。来俊臣之辈，与那豺有什么不同呢！"

评点

宋之问也算是唐朝重要诗人，武则天大权在握，宋之问以歌功颂德诗得以任用。武则天的男宠张易之、张昌宗兄弟倚仗女皇的宠爱，飞扬跋扈、权倾一时，宋之问不甘落后，放下文人的自尊，竭力巴结张氏兄弟，极尽谄媚之能事，还替张氏兄弟提过尿壶。据说宋之问还曾写艳诗献给女皇。武则天读后赞不绝口，待宋之问离开后，却对身边人说："这个宋之问，的确是难遇之才，只是他口臭熏人，让朕无法忍受。"宋之问堪称无行文人的代表，今观其弟弟宋之逊的丑行，其一家可算奸佞满门了。

杨国忠霸道

原文

【唐】 郑处诲《明皇杂录·卷上》

杨国忠之子暄，举明经。礼部侍郎达奚珣考之，不及格，将黜落，惧国忠而未敢定。时驾在华清宫，珣子抚为会昌尉，珣遽召使，以书报抚，令候国忠，具言其状。抚既至国忠私第，五鼓初起，列火满门，将欲趋朝，轩盖如市。国忠方乘马，抚因趋入，谒于烛下。国忠谓其子必在选中，抚盖微笑，意色甚欢。抚乃白曰："奉大人命，相君之子试不中，然不敢黜退。"国忠却立，大呼曰："我儿何虑不富贵，岂藉一名，为鼠辈所卖耶？"不顾，乘马而去。抚惶骇，遽奔告于珣曰："国忠恃势倨贵，使人之惨舒，出于咄嗟，奈何与校其曲直！"因致暄于上第。既而为户部侍郎，珣才自礼部侍郎转吏部侍郎，与同列。暄话于所亲，尚叹己之淹徊，而谓珣迁改疾速。

译述

杨国忠（？—756）之子杨暄参加明经考试，礼部侍郎达奚珣（690—757）批阅考卷，认为他不及格，想取消他的资格，但因为惧怕杨国忠，未敢立刻决定。当时玄宗住在华清宫，达奚珣的儿子达奚抚任职会昌尉，达奚珣急忙派人，带书信给达奚抚，令他去见杨国忠，说明情况。达奚抚赶到杨国忠府第，正是五更初头时分，杨府灯火通明，杨正要上朝，门前车盖如市。杨国忠正要上马，达奚抚急忙赶上前，在烛下拜见。杨国忠以为其子必在选中，手抚车盖微笑，面色甚为高兴。达奚抚告诉他说："奉父亲之命特来告知，丞相大人之子考试不中，然不敢黜退。"杨国忠站在那里大声说道："我的儿子还担心不富贵吗？哪里用得着去求那个名，为鼠辈所卖！"说完，不再理会达奚抚，乘马而去。达奚抚惶骇无计，急忙跑去见父亲，说道："杨国忠恃权仗势，倨傲无比，片刻之间就可令人舒畅或难受，跟他能讲个什么道理呢？！"达奚珣只好将杨暄的考试成绩列为上等。不久之后杨暄就升官为户部侍郎，此时达奚珣刚刚从礼部侍郎转任吏部侍郎，与杨暄官秩相同。杨暄还不满意，与亲友讲起来，感叹自己升官太慢，说达奚珣升职疾速。

评点

杨国忠是杨贵妃的族兄，年轻时放荡无行，嗜酒好赌，受到亲族的鄙视，三十岁时前往西川从军，后来攀上杨贵妃，受到唐玄宗的宠信，官至宰相。他蛮横跋扈、专权误国，上面这个关于他儿子的事，就可见一斑。杨国忠以杨贵妃为靠山，固然霸道无行，但更令人感慨的是达氏父子。父亲主持考试，没有上达皇帝，便将结果向杨国忠通风报信，儿子见杨对其不屑一顾，便惶恐无地，真是奴才相十足！高官霸道，不就是这样的奴才跪出来的吗？达氏父子畏惧权臣、玩权邀宠，宜乎与杨暄同列也！

斗鸡者的豪横

原文

【唐】 郑处诲《明皇杂录·卷上》

　　王鉄之子准为卫尉少卿，出入宫中，以斗鸡侍帝左右。时李林甫方持权恃势，林甫子岫为将作监，亦入侍帷幄。岫常为准所侮，而不敢发一言。一旦，准尽率其徒过驸马王瑶私第，瑶望尘趋拜，准挟弹，命中于瑶巾冠之上，因折其玉簪，以为取笑乐。遂致酒张乐，永穆公主亲御匕。公主即帝之长女也，仁孝端淑，颇推于戚里，帝特所钟爱。准既去，或有谓瑶曰："鼠辈虽恃其父势，然长公主帝爱女，君待之或阙，帝岂不介意耶？"瑶曰："天子怒无所畏，但性命系七郎，安敢不尔！"时人多呼准为七郎，其盛势横暴，人之所畏也如是。

译述

　　王鉄（？—752）之子王准任职卫尉少卿，出入宫中，以斗鸡为事，侍奉玄宗左右。当时李林甫（约679—753）正掌握大权，靠他的权势，其子李岫任职将作监，亦经常入宫，侍奉玄宗。李岫常被王准欺侮，却不敢发一言。一天，王准率领其徒众来到驸马王瑶的府第，王瑶远远地就迎接出来，趋前下拜。王准手持弹弓，发出弹丸，命中王瑶的巾冠，把头上的玉簪都打折了，以此作为笑乐。王瑶置办酒席，铺张乐舞，永穆公主亲自为王准切肉布菜。永穆公主是玄宗的长女，仁孝端淑，宫内宫外很受推重，是玄宗皇帝特钟爱之人。王准离开后，有人对王瑶说："这鼠辈恃仗其父的权势，如此无礼！长公主是皇上爱女，驸马如此待她，皇上会不高兴吧？"王瑶说："天子生气没有什么好怕的。我等性命系于七郎，哪里敢不这样做！"当时之人多称呼王准为七郎，其仗势横行，人们害怕他到了如此地步！

评点

王鉷是玄宗朝的理财能手，精于搜刮，每年搜刮大量财物入内库，供唐玄宗挥霍，非常受信任，他一人兼领二十余职，任京兆尹、御史大夫，加知总监、栽接使等。他的儿子王准以斗鸡得宠于玄宗之前，强横到甚至公主驸马都不得不低声下气地服侍他。玄宗后期，玩乐误国，小人横行，由此可知。王鉷也是玄宗的宠臣，然而其风头却被他那玩斗鸡的儿子盖过，可见，投皇上所好、急皇上所急，是多么的关键！

李林甫阴狠

原文

【唐】　郑处诲《明皇杂录·卷下》

张九龄在相位，有謇谔匪躬之诚。玄宗既在位年深，稍息庶政，每见帝，无不极言得失。李林甫时方同列，闻帝意，阴欲中之。时欲加朔方节度使牛仙客实封，九龄因称其不可，甚不叶帝旨。他日，林甫请见，屡陈九龄颇怀诽谤。于时方秋，帝命高力士持白羽扇以赐，将寄意焉。
九龄惶恐，因作赋以献，又为《归燕诗》以贻林甫。其诗
曰："海燕何微眇，乘春亦暂来。岂知泥滓贱，只见玉堂
开。绣户时双入，华轩日几回。无心与物竞，鹰隼莫相
猜。"林甫览之，知其必退，恚怒稍解。九龄洎裴耀卿罢
免之日，自中书至月华门，将就班列，二人鞠躬卑逊，林
甫处其中，抑扬自得，观者窃谓"一雕挟两兔"。俄而诏
张、裴为左右仆射，罢知政事。林甫视其诏，大怒曰：
"犹为左右丞相邪？"二人趋就本班，林甫目送之。公卿
以下视之，不觉股栗。

译述

张九龄（678—740）任宰相，不能言善辩，却是认真负责。
玄宗在位年头多了，在处理政事上不再勤勉，因此张九龄每次
朝见玄宗，都说了许多政事方面的得失。李林甫当时亦为朝
中大臣，了解玄宗的心意，就打算中伤张九龄。后来玄宗准
备实封牛仙客为朔方节度使，张九龄认为不合适，很违背玄
宗心思。他日，林甫进见玄宗，反复说张九龄对玄宗不满，怀
有诽谤之心。当时正值秋天，玄宗命高力士持白羽扇，赐予张
九龄，里面有些寓意。张九龄心中惶恐，作赋献给玄宗，又
写《归燕诗》赠给李林甫。其诗曰："海燕何微眇，乘春亦暂
来。岂知泥滓贱，只见玉堂开。绣户时双入，华轩日几回。
无心与物竞，鹰隼莫相猜。"李林甫看了诗，知张九龄必然
退职，心中的愤怒稍有缓解。后来张九龄与裴耀卿（681—
743）被罢相。罢免之日，自中书省至月华门，将要进入朝臣
班列时，二人鞠躬卑逊，李林甫处在其中，却是洋洋自得，旁

观的人将之形容为"一雕挟两兔"。不久后玄宗下诏，命张、裴为尚书省左右仆射，罢知政事。林甫看到诏书，大怒曰："还是左右丞相吗？"张、裴二人谢恩，回到自己的位置，李林甫还目送着他们，公卿以下的大臣看了，不觉大腿都打哆嗦。

评点

李林甫口蜜腹剑，是出了名的阴坏之人。看他在玄宗面前中伤张九龄，真令人心悸。玄宗听信李林甫的中伤，在秋天赐白羽扇给张九龄，意思是让他更凉快，显然是打算不用他。张九龄对此当然心知肚明，所以专门写诗给李林甫，表明谦退之意。即使如此，张九龄罢相，只担任尚书仆射，李林甫心中仍有不甘，其面色狠厉竟令大臣们双腿发抖。与这样的人同朝为官，该是多大的不幸！生活和工作当中，碰到这样的人最可怕了！他时刻在研究你的言行，得到机会便阴你一下。你被阴了，小则心中不痛快，大则受批评受处分。人生在世，有一个阳光的环境，太重要了！

舞马的遭遇

原文

【唐】　张鷟《明皇杂录·补遗》

玄宗尝命教舞马四百蹄，各为左右，分为部目，为某

家宠、某家骄。时塞外亦有善马来贡者，上俾之教习，无
不曲尽其妙。因命衣以文绣，络以金银，饰其鬃鬣，间杂
珠玉。其曲谓之《倾杯乐》者，数十回奋首鼓尾，纵横应
节。又施三层板床，乘马而上，旋转如飞。或命壮士举一
榻，马舞于榻上，乐工数人立左右前后，皆衣淡黄衫，文
玉带，必求少年而姿貌美秀者。每千秋节，命舞于勤政楼
下。其后上既幸蜀，舞马亦散在人间。禄山常观其舞而心
爱之，自是因以数匹置于范阳。其后转为田承嗣所得，不
之知也，杂之战马，置之外栈。忽一日，军中享士，乐
作，马舞不能已。厮养皆谓其为妖，拥篲以击之。马谓其
舞不中节，抑扬顿挫，犹存故态。厩吏遽以马怪白承嗣，
命筆之甚酷。马舞甚整，而鞭挞愈加，竟毙于枥下。时人
亦有知其舞马者，惧暴而终不敢言。

译述

唐玄宗曾命令训练四百匹舞马，分为左右两队，分别命名
为某家宠、某家娇。当时塞外进贡好马，玄宗派人教习，舞马
表演的技巧都很高明。玄宗下令给这些马披上锦绣衣，配上金
银笼头，马鬃都加以修饰，其间装饰珍珠玉器。马舞所配的曲
子名《倾杯乐》，马匹随舞曲几十次昂首摆尾，进退都符合节
奏。又设置三层高的板床，马在上面旋转如飞。又命壮士举起
一个床榻，马在榻上舞蹈，数名年少而貌美的乐工立在舞马的
前后左右，都穿着淡黄色衣衫，系着玉带。每到千秋节（玄宗
诞辰）时，都下令在勤政楼下表演舞马。其后玄宗逃奔西蜀，
舞马也都流散在民间。安禄山经常观看舞马，心中很是喜欢，
收集了数匹，放在范阳，后来被田承嗣（705—779）所得。田

不知道舞马的用途，就和战马放在一起，拴在马房。有一天，军中士人饮宴，响起音乐，马就跟着起舞。养马的觉得这些马作妖，拿着扫帚打它。马以为自己是舞蹈不合节奏而挨打，更加努力，就像当初表演一样。管马房的军吏急忙把马的奇怪举动报告田承嗣，田下令用鞭子狠打。马舞蹈得越发齐整，但它们所受的鞭打更重，最后竟被打死在马房。当时也有人知道这是舞马，但因为害怕田承嗣的残暴而不敢说话。

评点

这些马的遭遇多么悲惨！它们本是来自草原的骏马，结果被训练在床榻上跳舞，满足玄宗自己的享乐。安史之乱起，它们被抛弃，同战马养在一起，但习惯成自然，听到音乐就随着起舞，边地的士兵都是粗人，哪懂得这么高妙的享受，认为这些马是在作妖，加以鞭打，马却以为是自己舞的不够好，因而更加卖力，最后竟被打死。人类作恶，祸及畜类，此之谓也。舞马的记载出自这里，后世之人以为是编故事，二十世纪七十年代，陕西西安何家村发现金银器窖藏，内中有一件舞马衔杯纹银壶，上面装饰的就是一匹口中叼着酒杯的舞马，人们才知道，这是真实的历史。

杨再思粪土不如

原文

【唐】 刘肃《大唐新语·卷九》

张易之兄同休，尝请公卿宴于司礼寺，因请御史大夫杨再思曰："公面似高丽，请作高丽舞。"再思欣然，帖纸旗巾子，反披紫袍，作高丽舞，略无惭色。再思又见易之弟昌宗以貌美被宠，因诔之曰："人言六郎似莲花，再思以为不然，只是莲花似六郎耳。"有识咸笑之。后昌宗兄弟犯赃，则天命桓彦范、李承嘉勘当以取实。经数日，彦范等奏："昌宗兄弟共有赃四千余贯，法当解职。"昌宗奏："臣有功于国家，所犯不至解免。"则天问诸宰臣曰："昌宗于国有功否？"再思时为内史，奏曰："昌宗合炼神丹，圣躬服之有效，此实莫大之功。"乃赦之。天下名士，视再思如粪土也。

译述

张易之的哥哥张同休曾在司礼寺宴请各位公卿，对御史大夫杨再思（860—954）说："你的面相很像高丽人，请你跳个高丽舞。"杨再思高兴地贴上纸旗头巾，反披紫袍，跳起高丽舞，一点也不惭愧。杨再思见张易之的弟弟张昌宗因貌美而受武则天宠爱，就阿谀他说："人们都说六郎似莲花，我却以为不然，应该是莲花似六郎。"有识者都耻笑他。后昌宗兄弟犯赃，武则天令桓彦范、李承嘉审问。经过数日，桓彦范等上奏："昌宗兄弟共贪赃四千余贯，依法当解职。"张昌宗上奏说："我有功于国家，所犯之罪不至于被解职。"武则天问各位宰相大臣："张昌宗于国有功吗？"杨再思当时任内史，上奏日："张昌宗合炼神丹，陛下服之有效，这实为莫大之功。"武则天于是赦免了张昌宗。天下名士都把杨再思看作粪土。

评点

这杨再思身为御史大夫，却阿谀张昌宗兄弟，以至于宴前跳高丽舞，称莲花似张昌宗，又称他们有功于国家。因为他惯于阿谀奉承、讨好张氏兄弟，又迎合皇帝，所以竟然在武则天和唐中宗时，两度担任宰相，虽是官位亨通，却没有什么作为。惯会如此作态的谀佞之人历来不少见，但像杨再思这样的真不多见。唐人视杨再思如粪土，我视之，粪土不如也！

王庆之以佞死

原文

【唐】 刘肃《大唐新语·卷二十一谀佞》

则天称尊号，以睿宗为皇嗣，居东宫。洛阳人王庆之希旨，率浮伪千余人诣阙，请废皇嗣而立武承嗣为太子。召见，两泪交下。则天曰："皇嗣我子，奈何废之？"庆之曰："神不享非类。今日谁国，而李氏为嗣也？"则天固谕之令去，庆之终不去，面覆地，以死请。则天务遣之，乃以内印印纸，谓之曰："持去矣。须见我，以示门者，当闻也。"庆之持纸，去来自若。此后屡见，则天亦烦而怒之，命李昭德赐杖。昭德命左右引出光政门外，昌言曰："此贼欲废皇嗣而立武承嗣！"命扑之，眼耳皆血出，乃榜杀之。

译述

武则天自立为帝，以李旦为皇太子，居于东宫。洛阳人王庆之揣测武则天的意旨，率领一千多个浮浪奸伪之人到皇宫前，请求废李旦、立武承嗣为皇太子。武则天召见了他，王庆之涕泪横流。武则天说："皇太子是我的儿子，为何要废掉他？"王庆之说："供奉神灵，不供非我族类的神。当今之时是谁的国家，怎么能以李氏为后嗣呢？"武则天让他离开，王庆之坚持不走，以面叩地，冒死请求。武则天一定要赶他走，拿出内宫的印纸，对他说："你拿着这个走吧！想要见我，把这张纸给守门的人看，他们就会通报。"王庆之拿着这纸，入宫来去自如。此后屡次觐见，武则天也因为很烦他而发怒，命令李昭德打他一顿。李昭德令部下把王庆之带到光政门外，公开说："这个贼人想要废掉皇太子，立武承嗣为太子！"命令左右打他，打到眼睛耳朵都出血，最后将他打死了。

评点

这个王庆之，纯粹就是自己找死啊！他见武则天自己做了皇帝，以为武则天要建立武家的王朝，因而死命地要求武则天废掉自己的儿子，而立其娘家侄子武承嗣为皇太子。岂不知武则天就是要过一下当女皇的瘾，最终还是要把天下给自己的儿子留着。王庆之这种以自己的小心眼度量天下大事的人，根本是只知谀佞、不知进退，最后冒犯上位之人，当然是死得快了！须知当时的朝野之人还是忠于李家的，他们不敢对武则天说什么，此时碰到一个连武则天都烦的捧武家臭脚的人，不打死他出口恶气还能干什么？

狂人李义府

原文

【唐】 刘肃《大唐新语·卷十一》

李义府定策立则天，自中书舍人拜相，与许敬宗居中用事，连起大狱，诛锄将相，道路以目骇。入则谄谀，出则奸宄，卖官鬻狱，海内嚣然。百寮畏惮，如畏天后。高宗知其罪状，谓之曰："卿儿子女婿，皆不谨慎，多作罪过。今且为卿掩覆，勿复如此！"义府凭恃则天，不虞高宗加怒，勃然变色，腮颈俱起，徐对曰："谁向陛下道此？"高宗曰："但知我言，何须问我所从得耶！"义府佛然，竟不引过，缓步而出。会右金吾仓曹杨仁颖奏其赃污，诏刘祥道并三司鞫之。狱成，长流巂州，朝野莫不称庆。或作"河间道元帅刘祥道破铜山贼李义府"露布，榜之通衢。义府先取人奴婢，及败，一夕奔散，各归其家。露布云："混奴婢而乱放，各识家而竞入。"乾封初，大赦，唯长流人不许还。义府愤恚而死，海内快之。

译述

李义府（614—666）拥立武则天，由中书舍人升为宰相。他同许敬宗勾结，制造冤狱，诛杀将相，世人都很恐惧。他在皇上面前阿谀，在朝中则行奸宄之事，卖官枉法，朝野之人议论纷纷。百官怕他，就像怕武则天一样。唐高宗知道他的罪状，对他说："你的儿子女婿都不谨慎，犯了许多罪，而今我为你掩盖，以后不要如此。"李义府仗着有武则天撑腰，不怕高宗发怒，听后勃然变色，脖子和脸腮都鼓胀起来，慢慢地对高宗说："是谁跟陛下说的？"高宗说："你只要知道我说的话，何必问是谁跟我说的！"李义府很生气，也不认错，缓步出了皇宫。后右金吾仓曹杨仁颖上奏，指责李义府赃恶之事，皇帝下令让刘祥道及三法司审问，定了他的罪，将他流放到巂州（今四川西昌），朝野称快。有人在大街上贴出"河间道元帅刘祥道破铜山贼李义府"的布告。李义府早先抢夺了许多别人家的奴婢，到他出事，这些人一个晚上就都跑回本家去了，故此布告中说："混奴婢而乱放，各识家而竞入。"乾封（666—668）初年大赦，但长期流放的人不在内，李义府因气愤而死，全国人都拍手称快。

评点

李义府可谓狂矣！他依附武则天，连高宗皇帝都不放在眼里。高宗让他管管自己的儿子女婿，他竟然"勃然变色，颈腮俱起"，开口质问是谁告诉高宗的。然而走狗毕竟是走狗，他失势时，抢入府中的奴婢一夕而散，各奔其家；并且大赦天下，也不赦他，他只好气死了。这人，可为天下走狗者鉴！中国人历来讲，善恶到头终有报，只争来早与来迟。武则天一代，作恶的人，有些报得很快，比如周兴和来俊臣；有些则很迟，直至武则天交权之后。中国历史上，还有恶人至死也没报的，这个大概是赚了，但世世代代的人都会记得他的恶名。

生求墓志死愿托生

原文

【北宋】 司马光《涑水记闻·卷十六》

谏议大夫程师孟尝请于介甫曰："公文章命世，师孟多幸，生于公同时，愿得公为墓志，庶传不朽，惟公矜许。"介甫问："先正何官？"师孟曰："非也。师孟恐不得常侍左右，自欲豫求墓志，俟死而刻之耳。"介甫虽笑不许，而心怜之。及王雾死，有习学检正张安国者，被发藉草，哭于柩前，曰："公不幸，未有子，今郡君妊娠，安国愿死，托生为公嗣。"京师为之语曰："程师孟生求速死，张安国死愿托生。"

译述

谏议大夫程师孟（1015—1092）曾经对王安石（字介甫）说："您的才华盖世，我有幸和您生在同一个年代，麻烦您写一篇墓志铭，得以流传后世。"王安石以为他要给先人写墓志铭，就问："你父亲是什么官职？"程师孟说："不是给我父亲写。我是因为不能经常服侍在您左右，预先来求您，等我死了再刻上去。"王安石只是笑，没有答应，心中却挺同情他。王安石的儿子王雱去世，一个叫张安国的官员，披散着头发，坐在草席上，在灵前哭着说："您不幸，没有儿子，而今您的夫人有孕，我愿意死去，托生为您的儿子。"京城的人因此有语："程师孟生求速死，张安国死愿托生。"

评点

这段笔记记录了两个谄媚之人的丑态。王安石为相，他们一个自己还活着就请王安石为他写墓志，另一个则要托生为王安石的孙子。以此观之，今人的投靠、认干爹，也不是多么出奇了。阿谀、谄媚、攀附是官场常态，古今皆然。自己还活着就请王安石为他写墓志，发愿死后托生为王雱的儿子，目的都是想要与宰相王安石拉上关系。这种攀附，到明代就发展为给活人建生祠了，比如魏忠贤人还好好的，各地为他建的生祠已经是"几遍天下"了。

童贯王黼形貌

原文

【南宋】 蔡绦《铁围山丛谈·卷三》

童贯彪形燕颔，亦略有髭，瞻视炯炯，不类宦人，项下一片皮，骨如铁。王黼美风姿，极便辟，面如傅粉，然须发与目中精色尽金黄，张口能自纳其拳。大抵皆人妖也。吾识黼於未得志时，鲁公独忽之，後常有愧色于吾。黼始因何丞相执中进，後改事郑丞相居中，然黼首恃奥援，父事宦者梁师成，盖已不能遏也。

译述

童贯相貌威武，略有胡须，看东西两眼炯炯有光，皮骨坚硬如铁，不像其他宦官。王黼极有风度，善于逢迎，脸极白，如同擦了粉，头发胡须与眼珠全是金黄色，张大了口，可以放进自己的拳头。这二人都可称人中之妖。王黼未发达时我已了解他，我父亲（蔡京）却忽视了他，因而后来常觉有愧于我。王黼先是投靠丞相何执中得以升官，后又改投丞相郑居中，但王黼首先还是依仗内廷的支持，他父事宦官梁师成，其他人已经无法遏制了。

评点

看过《水浒》的人对童贯和王黼一定印象深刻。童贯是宦官，与蔡京勾结，时人称蔡京为"公相"，称他为"媪相"。宋钦宗即位后，他被处死。王黼靠吹捧蔡京上位，蔡京再次任宰相后，感激王黼，任命他为左谏议大夫、给事中、御史中丞。宣和元年（1119），升任特进、少宰（右宰相）。他任宰相后，推翻蔡京施政，大肆贪污。金人南下，他被钦宗免职，后被杀。蔡绦在此的记录也是在自我吹嘘，称自己早就看清王黼的面目，当不得真。值得一提的是，童贯是宦官，却有武将的外貌；王黼为文臣，却是一个八面玲珑的小白脸。蔡绦称二人皆人妖之相，固然有事后落井下石，为自己开脱之嫌，但我们日常识人，遇到形貌特异的人，还是应该慎重交友。

王黼诬余深

原文

【南宋】 庄绰《鸡肋编·卷下》

宣和中，余深为太宰，王黼为少宰。是时上皇多微行，而司谏曹辅言之。一日上皇独留黼，问辅何自而知。对曰："辅南剑人，而余深门客乃辅兄弟，恐深与客言而达于辅也。"上皇然之。即下开封府捕深客，锢身押归本贯。内外惊骇，莫知其由。而深患失，何敢与客语？又曹只同姓同郡，实非亲也。未几，王独赐玉带，余遂求罢，即得请。黼遽攘其位焉。

译述

宣和年间（1119—1125），余深（约1050—1130）任太宰，王黼任少宰。当时宋徽宗经常微服出宫，司谏曹辅进言规劝。一天，徽宗单独留下王黼，问他曹辅如何得知自己外出。王黼回答说："曹辅是南剑（今福建南平）人，余深有一门客，是曹辅的兄弟，恐怕是余深对门客说了，传到曹辅那里。"徽宗相信了，立刻令开封府逮捕余深的门客，以囚车押回本籍。朝廷内外因此都又惊又怕，不知什么原因。其实余深害怕得罪，哪里敢对门客讲这个？门客与曹辅只是同姓同郡，根本没有亲戚关系。不久之后，只有王黼获徽宗赏赐金带。余深于是提出辞职，徽宗准其辞官，王黼很快夺占了余深的官职。

评点

小人要往上爬，一个惯用的手法是拱掉那个优秀的，然后自己想办法顶上去，像王黼诬陷余深那样。王黼是深谙官场权术的小人，他要拱掉自己的上司，只有借助皇上的力量。所以一旦得到机会，便诬陷是余深泄露了皇上的秘密，这直接引发徽宗对余深的嫌弃，他的官位也就保不住了。金带不赐太宰而独给予少宰，就是明显的信号。我们实际生活中，往往会发现，一个很有才干且正直无私的管理者或官员，要么被闲置了，要么被转岗了，细究背后的原因，可能就是被某人在上位者那儿说了些什么。

多藏之戒

原文

【南宋】 周密《齐东野语·卷十六》

王黼盛时，库中黄雀自地积至栋，凡满二楹。蔡京对客，令点检蜂儿见在数目，得三十七秤。童贯既败，籍其家，得剂成理中丸几千斤，传纪载之，以为谈柄。近者，官籍贾似道第果子库，糖霜凡数百瓮，官吏以为不可久留，难载帐目，遂辇弃湖中，军卒辈或乘时窃出，则他物称是可想矣。"胡椒八百斛，领军鞋一屋"，不足多也。

译述

王黼掌握大权时，喜欢吃一种黄雀鲊（腌制食品），家里贮藏的黄雀鲊装满了两间屋子。蔡京招待客人时，命人检点家中的蚕蛹还有多少，回报说有三十七秤。童贯被罢官，抄家抄出几千斤理中丸成药。近时朝廷抄了贾似道的家，其果子库中有糖霜几百瓮，官吏认为不可久存，又难以上账，就装车扔到湖水里，军卒们经常去偷捞出来，如此则其他物品有多少，就可想而知了。"胡椒八百斛，领军鞋一屋"，算不上多啊！

评点

王黼、童贯、蔡京都是北宋末年的大贪官，贾似道则是南宋末年的权相。他们的财产，不仅有金银、珠宝、字画，更有各种珍贵食材与药材，比如这里提到的黄雀鲊、蚕蛹、理中丸，以至糖霜。古代的高官多为家大业大，所以要多备珍物，以便日常享受。这方面，今天又有不同。今人多小家庭，所以贪腐者只要钱和奢侈品，当然还有文物、玉器、股票、房子，因有钱万物可备也。以此之故，至有以钱铺床、抄家数钱坏了多部点钞机者。钱也好、物也好，自己挣来的，大可放心收藏，贪来的就要小心了。"眼见他起高楼，眼见他楼塌了"，其实拉清单之日很快的。

蹇材望

原文

【南宋】　周密《癸辛杂识·续集上》

蹇材望，蜀人，为湖州倅。北兵之将至也，蹇毅然自誓必死，乃作大锡牌，镌其上曰："大宋忠臣蹇材望。"且以银二笏凿窍，并书其上曰："有人获吾尸者，望为埋葬，仍见祀，题云：'大宋忠臣蹇材望。'此银所以为埋瘗之费也。"日系牌与银于腰间，只伺北军临城，则自投水中，且遍祝乡人及常所往来者。人皆怜之。丙子正月旦日，北军入城，蹇已莫知所之，人皆谓之溺死。既而北装乘骑而归，则知先一日出城迎拜矣，遂得本州同知。乡曲人皆能言之。

译述

蜀人蹇材望是湖州知州的幕僚，元兵南下，他发誓以死报国，做了个大锡牌，上写"大宋忠臣蹇材望"。又把两锭银子凿出孔洞，其上写："有人获我尸体，望埋葬，如祭祀，要题写'大宋忠臣蹇材望'，这银子就是埋葬我的费用。"他每天把锡牌和银子捆在腰间，只等元军兵临城下，就投水而死，又通知所有乡人及经常来往者。人们都很同情他。到了丙子年的正月初一，元军入城，蹇材望就不见了，人们都以为他投水而死，不久他却穿着元人的服装骑马回来了，原来他已在前一天出城迎接元军去了，因此当上了湖州的同知。此事所有当地人都知道。

评点

这段笔记记录了一个表面上视死如归、实际上投敌叛国的汉奸形象。这个蹇材望，危险未到时，他的调子比谁都高，一天到晚要以死报效大宋；元兵来到城下，他第一个出城投降，为敌前驱。所以，对惯唱高调的人，要防备他随时出现相反的一面。在今天，我们看一个人是否爱国家民族，决不能看他如何说，而要看他如何做。

机心不自觉

原文

【南宋】　岳珂《桯史·卷三》

秦桧在相位，颐指所欲为，上下奔走，无敢议者。曹泳尹天府，民间以乏见镪告，货壅莫售，日嚣而争，因白之桧。桧笑曰："易耳！"即席命召文思院官，未至，趣者络绎，奔而来，亟谕之曰："适得旨，欲变钱法，烦公依旧夹锡样铸一缗，将以进入，尽废见镪不用。"约以翌午毕事。院官不敢违，唯而退，夜呼工韛液，将以及期。富家闻之大窘，尽摹宿藏，争取金粟，物贾大昂，泉溢于市。既而样上省，寂无所闻矣。都堂左揆阁前有榴，每著实，桧嘿数焉。忽亡其二，不之问。一日，将排马，忽顾谓左右取斧伐树。有亲吏在旁，仓卒对曰："实甚佳，去之可惜。"桧反顾曰："汝盗吾榴。"吏叩头服。盖其机阱根于心，虽嵬琐弗自觉，此所谓莫见乎隐者，亦可叹也！

译述

秦桧担任宰相，颐指气使，为所欲为，上上下下的人没有敢持异议的。临安府尹曹泳向秦桧诉说市场缺钱，货物卖不出去。秦桧称此事好解决。他立召管铸钱的官员，称皇上有命，要铸新钱，旧钱作废，告诉这官员要在第二天中午设计出钱样。商家富户听说这个消息，立刻把家里的钱拿出来买粮食货物，使物价大涨，市面钱币充盈。第二天，官员把钱样交来，却再无消了。相府中长着一棵石榴树，每到结果时，秦桧都暗中数清数量有多少。一天忽然发现丢了两个，他也没声张。过了几天，将出行时，他忽然让下人取斧子砍了这树。他的一个亲卒在旁边，急忙说："这石榴很好吃，砍了可惜！"秦桧回头看着他说："是你偷了我的石榴！"那人磕头认罪。秦桧此人，坑害人的圈套是深藏在心里的，即使是很琐碎的小事，也不自觉地表现出来，这就是所谓的"莫见乎隐"，真是可一叹！

评点

这则笔记讲了两个秦桧算计他人的故事。什么是机心，就是时刻在算计别人的心。人可以有爱心、关心，不可有机心。时刻不离机心的人，自己累，旁边的人也累。旁人累是要防着你。岳珂的爷爷岳飞死于秦桧之手。岳珂的这个记载说明了秦桧机心深藏。读此文，与这样的人打交道要时刻注意。

秦桧死报

原文

【南宋】　岳珂《桯史·卷十二》

秦桧擅权久，大诛杀以胁善类。末年，因赵忠简之子以起狱，谋尽覆张忠献、胡文定诸族，棘寺奏牍上矣。桧时已病，坐格天阁下，吏以牍进，欲落笔，手颤而污，亟命易之，至再，竟不能字。其妻王在屏后摇手曰："勿劳太师。"桧犹自力，竟仆于几，遂伏枕数日而卒。狱事大解，诸公仅得全。初，汾就逮，自分必死，然竟不知加以何罪，嘱其家曰："此行无全理。脱幸有恩言，当于馈食中置肉笑靥一，以为信，毋忘！"既入狱，月馀无所问，亶日施惨酷，求死不可得。一日正昼，置之暗屋，仰枅之，使视桷榱，偶见屋上一穸如钱，微有日影，须臾稍转射壁上，有一反字。汾解意，亟承异谋，遂得小梃，惟数晷以待尽。忽外致食于橐，满其中皆笑靥，汾泣曰："吾约以一，而今乃多如是，殆绐我。"既而狱吏皆来贺，即日脱械出，则桧声钟给赙矣。

译述

秦桧专权日久，大肆诛杀以威胁善良之辈。在他执政末年，将赵鼎（1085—1147，谥忠简）的儿子赵汾抓捕入狱，打算灭了张浚（谥忠献）、胡安国（1074—1138，谥文定）二族。大理寺的奏章交上来，秦桧已病危，坐在格天阁下打算批准，却因手抖而污了公文，急忙令换文书，却已无法写字了。其妻王氏在屏风后面摇手，让人不要让太师苦劳，秦桧却还在努力，以至扑倒于几上，卧床几天后就死去了。冤狱只好停止，张浚等人才得保全。起初赵汾被捕入狱，却不知自己是什么罪名，告诉家里人："我此去必死。如果有什么好消息，可在送给我的饭里放一个做成酒窝样的肉，以为报信，千万别忘了！"他在狱中，一个多月也无人审问，只每天用刑，求死不可得。一天中午把他放在空屋里，让他仰躺着看屋顶，他发现屋顶有铜钱大的孔，透进日影，过了会儿转射到墙壁上，有一个"反"字，他就明白了，立刻招认谋反，才得以不再受刑，只是数着日子等死。忽然外面送来食物，里面装满了做成酒窝的肉。赵汾哭着说："我约定的是一个笑容，如今有这么多，一定是在骗我！"没过一会儿，狱吏也来道喜，当天就出了狱，而秦桧家中已在办丧事了。

评点

赵汾无辜被抓入狱，一个多月不提堂，只是用刑，诱使犯人承认谋反之罪才不再上刑。这位还是赵家人，又是南宋开国贤相赵鼎之子，都能如此，如果是普通官员，会是如何？刑讯逼供，其来也远矣！秦桧不死，天理何在？

秦桧记恨普安

原文

【南宋】 叶绍翁《四朝闻见录·乙集》

上有所闻于张说，以质于秦桧。桧至，固要上以所言之人。上仓卒不敢以说语桧，度其无如普安郡王何，漫以语桧。桧衔之，未有间，会普安丁本生戚，遂嗾言者，请上令普安解官持服。

译述

枢密副使张说曾经向宋高宗说起一件事情，高宗随即找秦桧问清楚。秦桧到了之后，要求高宗皇帝说出是谁向他说起的这件事，高宗仓促之间竟然不敢回答是张说说的，怕秦桧报复张说。后来想想满朝大臣只有普安郡王（即后来的宋孝宗赵眘）能与秦桧抗衡，就骗秦桧说是普安郡王说的。秦桧当时虽然没有办法，但对赵眘怀恨在心。没过多久，普安郡王的亲生父亲去世了，要按礼守孝。秦桧就指使言官上书，请高宗下令，要求普安郡王守孝期间卸下一切官职。

评点

什么叫权臣？权臣就是皇帝之下一概横压；即使是皇帝，也看心情，心情不好就不伺候，甚至换个皇帝。秦桧，权臣也！这里的普安，其实就是太子，因为秦桧恨他，他的职务就没了。从这件事上可以看出秦桧的权势有多大！高宗皇帝都怕他，还要编谎话对付他。而他嫉恨郡王，就可以给皇帝施加影响，令赵眘守孝期间免去所有职务。这样的人怎么可能不招人恨？！皇权时代，有着权臣产生的土壤，所以中国历史上有不少大大小小的权臣。在一个健康的社会，权力应该受到制衡，横压一切的权力必定产生极大的腐败和祸患。

秦小相黄葛衫

原文

【南宋】　叶绍翁《四朝闻见录·乙集》

秦桧权倾天下，然颇谨小嫌，故思陵眷之，虽桧死，犹不释。小相熺尝衣黄葛衫侍桧侧，桧目之曰："换了来。"熺未谕，复易黄葛。桧瞪目视之曰："可换白葛。"熺因请以为"葛黄乃贵贱所通用"。桧曰："我与尔却不可用。"盖以色之逼上。

译述

秦桧权倾天下，但对一些细小的嫌疑却很在意，因此宋高宗（高宗陵寝为永思陵）很喜欢他，秦桧死后仍是如此。秦桧的儿子秦熺曾穿一黄色的葛衫陪伴在秦桧身边，秦桧看着他说："换一件去。"秦熺没明白，又换了一件黄色的葛衫。秦桧瞪大眼睛对他说："换一件白色的。"秦熺不服气，认为黄葛是贵贱之人都可穿用的，秦桧却说："我与你却不可用。"秦桧此举，是不想在服色上与皇上靠近。

评点

古时候，黄色是皇家的专用之色。南宋初，尽管普通百姓也可穿黄色衣物，但秦桧却严令儿子不得衣之，担心引起皇上猜忌。古今权臣，抓权、抓利，爱听媚语、喜人投靠，但他们在至高的皇帝面前，总是一副谨小慎微的表现，总会说皇上圣明，决不会给皇上留下"他要取我而代之"的印象。你看秦桧，表现得多么得体！秦桧虽然是奸臣无疑，但不得不说，在处理人情世故上，他绝对是大师级的人物。

进青鱼

原文

【南宋】 罗大经《鹤林玉露·甲编·卷二》

宋文帝时，司徒义康颛总朝权，四方馈遗，皆以上品荐义康，而以次品供御。上尝冬月啖柑，叹其形味并劣，义康曰："今年柑殊有佳者。"遣人还东府取柑，大供御者三寸。上寝不能平，义康旋以罪废。唐代宗谓李泌曰："路嗣恭献琉璃盘九寸，乃以径尺者遗元载，须其至议之。"赖泌一言，嗣恭免罪，而元载竟诛。吕许公不肯多进淮白鱼，盖惩此也。秦桧之夫人，常入禁中。显仁太后言近日子鱼大者绝少。夫人对曰："妾家有之，当以百尾进。"归告桧，桧咎其失言，与其馆客谋，进青鱼百尾。

显仁拊掌笑曰："我道这婆子村，果然！"盖青鱼似子鱼而非，特差大耳。观此，贼桧之奸可见。

译述

南朝宋文帝时，司徒义康专权，内外官员送礼，都把最好的送给义康，而把次品送皇帝。文帝在冬天吃柑橘，感叹形状味道都差，义康说："今年的柑橘有好的。"派人回府取来的柑橘，比皇上的大三寸。文帝心中发怒，不久就给义康安了个罪名，免了他的职。唐代宗曾对李泌说："路嗣恭献给我的琉璃盘直径九寸，却把直径一尺的送给元载，等他来朝中要问他的罪。"路嗣恭时任岭南节度使，元载则是当时权臣。当时幸亏李泌讲情，路嗣恭没有获罪，但元载被杀。宋仁宗时，吕夷简不肯向宫中多送家乡特产白鱼，也是由于这个缘故。高宗时，秦桧夫人常入内官，高宗之母显仁太后跟她闲聊，说最近子鱼（即鲻鱼，南方一种味道鲜美的鱼）大的很少，吃得不过瘾。秦夫人一听，马上说："我家有呀，给您送上一百条来。"回去后告诉秦桧。秦桧责备其失言，同门下的谋士们商量后，送进宫青鱼一百条。显仁太后见了，拍掌大笑说："我说这婆娘是乡巴佬，果然如此！"青鱼和子鱼相似，只不过个头大，却不好吃。从此可看出秦桧之奸猾。

评点

权臣就是这样，其弄权也狂，其败亡也速，关键看那皇帝的好恶。秦桧是真奸！所以生前没有引起高宗厌恶。人，无论到何时，知道自己的身份，知道自己能要什么，不能要什么，很关键！皇帝手下的权臣，以至当今领导身边的红人，既得宠，便易膨胀，有时便忘了自己的角色，以为自己就是领导了，这样他离失宠、倒台也就不远了。

格天阁

原文

【南宋】 罗大经《鹤林玉露·甲编·卷五》

兀术用事……知南军日强，惧不能当，乃阴与桧约，纵之南归，使主和议。桧至行都，绐言杀虏之监己者，奔舟得脱。见高宗，首进"南自南，北自北"之说，时上颇厌兵，入其言。会诸将稍恣肆，各以其姓为军号，曰"张家军"、"韩家军"。桧乘间密奏，以为诸军但知有将军，不知有天子，跋扈有萌，不可不虑。上为之动，遂决意和戎，而桧专执国命矣。方虏之以七事邀我也，有毋易首相之说，正为桧设……方其在相位也，建一德格天之阁，有朝士贺以启云："我闻在昔，惟伊尹格于皇天；民到于今，微管仲吾其左衽。"桧大喜，超擢之。又有选人投诗云："多少儒生新及第，高烧银烛照娥眉。格天阁上三更雨，犹诵《车攻》复古诗。"桧益喜，即与改秩。盖其胸中有慊，故特喜此谀语，以为掩覆之计，真猾夏之贼也。

译述

兀术掌握金国大权……知道南宋兵力日强，怕不能抵挡，于是暗中与秦桧商量好，放他回南方，让他主持和议。秦桧到了行都，谎称杀死金国监视自己的人，上船逃走。见到宋高宗，他首倡南北分治之说，当时高宗很不愿意打仗，采纳了他的话。正赶上诸将有些跋扈，各自以自己的姓为军号，称"张家军""韩家军"，秦桧乘机密奏，称各方军队只知有将军，不知有天子，跋扈难制，不可不防。高宗更加动心，决意对金议和，秦桧因而大权独专。当时金人提出七项议和条件，有"不改换宰相"一条，正是为秦桧而设……秦桧在相位时，曾建一高阁，名"一德格天"，有朝臣作对联为贺："我闻在昔，惟伊尹格于皇天；民到于今，微管仲吾其左衽。"秦桧大喜，越级升了他的官。又有候补官员写诗："多少儒生新及第，高烧银烛照娥眉。格天阁上三更雨，犹诵《车攻》复古诗。"秦桧更高兴，立刻补了他的官。因为秦桧心中有忌恨，所以特别喜欢这些谄媚之语，以作为遮盖，真是贻害华夏的贼人啊！

评点

这则笔记讲秦桧回到南宋的始末及受高宗重用的原因。关于秦桧从金国逃回的情况，关于秦桧是不是金国的间谍，史家有不同说法，这里是罗大经个人的看法，可为一说吧。伊尹和管仲是历史上的名相，秦桧得势后，这些拍马屁的人把秦桧比作伊尹和管仲，称颂他是保卫宋廷的功臣，真是一点脸都不要了。笔者读史的时候，对那大奸大恶之人自不必说，却对那趋炎附势之辈特别厌恶。看到这些人为了升官，而对当权者那种谄媚吹捧的丑态，真恨不得起其于地下，痛笞三百鞭！然而，滔滔者天下皆是，你又能如何？

秦桧问宋朴

原文

【南宋】 陆游《老学庵笔记·卷二》

秦会之问宋朴参政曰:"某可比古何人?"朴遽对曰:"太师过郭子仪,不及张子房。"秦颇骇,曰:"何故?"对曰:"郭子仪为宦者发其先墓,无如之何,今太师能使此辈屏息畏惮,过之远矣。然终不及子房者,子房是去得底勋业,太师是去不得底勋业。"秦拊髀太息曰:"好!"遂骤荐用至执政。秦之叵测如此。

译述

秦桧(字会之)问副宰相宋朴:"我可以与哪个古人相比?"宋朴立即回答:"太师超过唐代的郭子仪,赶不上汉代的张良。"秦桧吓了一跳,问:"为何这么说?"宋朴回答:"郭子仪的祖坟被太监给挖了,他拿这些人没办法;太师您能让宦官噤若寒蝉,老老实实,比郭子仪就高明多啦!但是始终不如张良的,是张良能抛开勋业,太师则是抛不开勋业。"秦桧听了,拍着大腿叹息,说:"你说得好!"于是立刻推荐宋朴升官至执政(宰相)。秦桧行事令人无法推测,大抵如此。

评点

宋朴的马屁拍得很高明。他举出与秦桧相比的,是汉、唐两位大功臣,这就把秦桧置于一个高高的神坛之上,至于其中的"去得去不得"，往好里理解，是朝廷上下离不开，因此恭维秦桧是国之栋梁；往另一层理解呢？是秦桧贪恋权位，决不肯居于人下或致仕回家。世间事往往如此，自己去不得，偏要让别人喊出"去不得"！说起来，宋朴这人追随秦桧升官，政事方面其实没什么建树，后来还受到谏官的弹劾。

秦桧孙女亡猫

原文

【南宋】 陆游《老学庵笔记·卷三》

秦会之初赐居第时，两浙转运司置一局曰箔场，官吏甚众，专应副赐第事。自是讫其死，十九年不罢，所费不可胜计。其孙女封崇国夫人者，谓之童夫人，盖小名也。爱一狮猫，忽亡之，立限令临安府访求。及期，猫不获，府为捕系邻居民家，且欲劾兵官。兵官惶恐，步行求猫。凡狮猫悉捕致，而皆非也。乃赂入宅老卒，询其状，图百本，于茶肆张之。府尹因嬖人祈退乃已。

译述

秦桧初次任宰相时，两浙转运司就专门设了一个名为箔场局的机构，专门负责相府事务，官吏众多，直到秦桧死时才撤销，存了十九年，花费无法计算。秦桧的孙女受封崇国夫人，家里都叫她童夫人，大概是小名。一天，她所喜爱的波斯猫忽然跑丢了，立即限期令临安府寻找。到了期限没有找到，府尹便将相府的左右邻居都抓了起来，还要弹劾统兵官。统兵官害怕，自己步行去找猫，凡是波斯猫都抓来了，却都不是。又贿赂进过相府的老兵，询问猫的面貌，画了一百张图，贴在各个茶坊。后来是府尹通过与丞相关系好的人求情，此事才罢了。

评点

秦桧做丞相，那声威已不仅是一人之下、万人之上，通过两浙转运司专设一个为他服务的局便可见一斑。他孙女丢了一只猫，就把临安府折腾成这样，人出了事，就更不得了了！陆游笔记多次提到秦桧的豪横跋扈，这个最直接。

王子溶狐假虎威

原文

【南宋】　陆游《老学庵笔记·卷五》

秦太师娶王禹玉孙女，故诸王皆用事。有王子溶者，为浙东仓司官属，郡宴必与提举者同席，陵忽玩戏无不至。提举者事之反若官属。已而又知吴县，尤放肆。郡守宴客，初就席，子溶遣县吏呼伎乐伶人，即皆驰往，无敢留者。上元吴县放灯，召太守为客，郡治乃寂无一人。又尝夜半遣厅吏叩府门，言知县传语，必面见。守醉中狼狈，揽衣秉烛出问之。乃曰："知县酒渴，闻有咸齑，欲觅一瓯。"其陵侮如此。守亟取，遣人遗之，不敢较也。

译述

秦桧娶妻王氏，乃北宋宰相王珪（1019—1085，字禹玉）的孙女，所以王家人都掌大权。有一个叫王子溶的，是浙东仓司手下的官，郡里办宴会，他一定要和仓司提举同坐首席，对提举官戏弄欺凌，无所不至，提举官侍奉他，有如下属。后来他当吴县知县，就更放肆了。郡守请客，大家刚坐下，王子溶就派县吏去叫为郡守表演的伎乐伶人，这些乐人就立刻赶去吴县，没人敢留下。上元节吴县放灯，王子溶叫太守过去做客，郡治里便没有一个人了。他曾经大半夜派小吏去敲太守的门，说知县传话，一定要面见太守。太守喝醉了，狼狈地披了衣服、拿着蜡烛出来问什么事情，小吏说："知县酒后口渴，听说您这儿有咸菜，想要一罐子。"太守听了，立刻找来咸菜，派人送了过去，不敢跟他计较。此人轻慢侮辱上官到此地步！

评点

王珪在北宋哲宗时官至宰相。王珪为相，少有建白，被时人称为"三旨相公"：上殿进呈时，称为"取圣旨"；皇帝决定后，称为"领圣旨"；退朝后告诉禀事的人，称为"已得圣旨"。他的孙女嫁给秦桧，成了宰相、太师秦桧的夫人，王家人就都有了威风。什么叫"一人得道，鸡犬升天"？看看王子溶就知道了。这个王子溶就是典型的小人得志、狐假虎威。这样的人，靠山一旦倒了，肯定会立刻被清算。所以，人得志时不可骄狂，须防背后有人为你拉清单。

秦桧忮刻

原文

【南宋】 陆游《老学庵笔记·卷八》

秦丞相晚岁权尤重。常有数卒，皂衣持梃立府门外，行路过者稍顾謦咳，皆呵止之。尝病告一二日，执政独对，既不敢它语，惟盛推秦公勋业而已。明日入堂，忽问曰："闻昨日奏事甚久？"执政惶恐曰："某惟诵太师先生勋德，旷世所无，语终即退，实无他言。"秦公嘻笑曰："甚荷！"盖已嗾言事官上章，执政甫归，阁子弹章副本已至矣。其忮刻如此。

译述

秦桧晚年权势更重。平时都有几个士卒，穿着黑衣、手持棍棒，站在秦府门口，在此路过的人朝门里看一眼、咳嗽几声，就会受到训斥驱赶。秦桧曾经生病，告假一两天不上朝，宰相在朝堂上独自面对皇上，不敢说什么其他的，只是极力赞颂秦桧的功业。第二天秦桧上朝，突然问宰相："听说你昨天在皇上面前聊了很久？"宰相害怕地说："我只是赞颂您的功德举世无双，讲完就退下来了，实在没讲别的。"秦桧嬉笑着说："太感谢了！"其实秦桧已经唆使言官上奏，这位宰相刚回到内阁，弹劾他的副本已经送到他手中了。秦桧的褊狭刻毒就是这样。

评点

权力，是自己掌握，还是通过他人掌控，其实差别不大。在君权确立的时代，通过皇帝来专权其实更安全，不会给人以专权谋逆的口实。像秦桧这样，把宋高宗举在头上，自己以各种手法打击政敌，玩权弄法，实现了此生善终，皇帝还离不开他，确实是高手！人啊，就是这样！权越重，越爱权，生怕别人妨害他的权力。你看秦桧，他当了太师，生病请假，时任宰相单独与皇帝多待一会，他就坐立不安了。权力害人啊！

呼子为公

原文

【南宋】　周辉《清波杂志·卷二》

京怀奸固位，屡被逐而不去，王黼切忌之，百方欲其去。乃取旨，遣童贯偕其子攸往取表，京以攸被诏同至，乃置酒留贯，攸亦预焉。京以事出不意，一时失措，酒行，自陈曰："京衰老宜去，而不忍遽乞身者，以上恩未报，此二公所知也。"时左右闻京并呼其子为"公"，莫不窃笑。

译述

蔡京（1047—1126）怀有奸心，只求保住自己的地位，屡次被罢官都不离开京城。王黼心中十分忌恨，千方百计要把他赶走。最后取得皇上旨意，派童贯带着蔡京的儿子蔡攸去蔡京家取谢表，以逼其速行。蔡京安排酒席款待童贯，因蔡攸是奉诏同至，也在席上。因为事情来得仓促，蔡京一时惊慌失措，敬酒时自己申辩说："我年老了，固然应该离开，之所以流连在京，是由于皇恩未报，这是二公知道的。"当时，左右的人听蔡京称其儿子为"公"，都偷着乐。

评点

崇拜权力者便是如此！比他官大的就是爷，他下野了，对还在台上的，他也会认爷。蔡京称儿子为"公"便是此类。王黼要急着把蔡京赶走，是怕他留在京城，东山再起。这里可笑的是蔡京。他年逾七十，贵为太师，一旦丢了官，便惊慌失措，自己的儿子也用上"公"的尊称了。古今都有这样的人，他们贪恋官职地位，死抱着权力不放，官职被免了，却仍找出各种理由不肯离开，美其名曰"继续做贡献"，何苦来哉！

王黼身任伐燕

原文

【南宋】 周辉《清波杂志·卷二》

王黼一日在相国寺行香，见蔡京以太师、鲁国公揭榜，小立其下，深有羡慕之色。亲厚者乘间叩之，黼曰："无他，不谓元长有许大官职！"其人因言："太宰若能承当一大事，元长官职不难致。"黼识其意，乃身任伐燕之责，后亦致位太傅、楚国公。且许服紫花袍，增益骖导，并张青罗盖，涂金从物，略与亲王等，宠遇埒于京。

译述

王黼某天在相国寺上香，见蔡京（字元长）以太师、鲁国公的职衔居首，自己在其下，面露羡慕之色。关系好的人趁便问他何故，他说："没什么，只是没想到蔡京能做这么大的官！"那个人对他说："您如果能做一件大事，他的官职不难到手。"王黼明白那人的意思，就担当起伐辽之责，后来官至太傅、楚国公。徽宗且准许他穿紫花袍服、增加仪仗、张青罗伞盖，规格等同于亲王，受宠程度与蔡京相同。

评点

王黼为了争取早日与蔡京做同样的官位，促成北宋与金国结盟，自己统兵灭了辽国。然而金兵不满足于得到的利益，不久就挥兵南下，占领汴京，掳走徽、钦二宗。私欲误国，一至如此！后来王黼被罢官流放，走到雍丘辕固村，在道旁休息吃油饼时被杀，宜乎其恶行之报也！

东西园

原文

【南宋】　周辉《清波杂志·卷六》

蔡京罢政，赐邻地以为西园，毁民屋数百间。一日，京在园中，顾焦德曰："西园与东园景致如何？"德曰："太师公相，东园嘉木繁阴，望之如云；西园人民起离，泪下如雨。可谓'东园如云，西园如雨'也。"语闻，抵罪。或云，一伶人何敢面诋公相之非，特同辈以飞语嫁其祸云。

译述

蔡京被解除宰相之职，徽宗赐给他汴京阊阖门外的土地，他在此建西园，毁掉数百民居。一天，蔡京在西园中游玩，对跟随的伶人焦德说："西园与东园的景色怎么样？"焦德说："太师公相的东园树木茂盛，望去如云；西园的人民被驱赶走，泪下如雨。堪称东园如云、西园如雨！"后此话被徽宗得知，定了焦德的罪。也有人认为，焦德就是个唱戏的，怎么敢当面谈论太师宰相的错误？只是同代之人以流言嫁祸于他罢了。

评点

伶人，就是戏子。焦德是徽宗宫中钧天乐部的伶人，因喜谐谑而得徽宗宠爱，他恃皇帝之宠，调笑一下蔡京也是可能的。据说蔡京的东园周围数十里，这西门外的西园，光被

赶走的民户就数百家，面积也小不了，可知被称为徽宗时"六
贼之首"的蔡京有多么奢华豪横。焦德讽刺蔡京私家园林望之
如云，相对的是众多普通百姓的泪下如雨，同杜甫"朱门酒肉
臭，路有冻死骨"的景况何其相近！

唐宋笔记作者及内容简介

《隋唐嘉话》

唐代刘𫗧撰。刘𫗧，字鼎卿，徐州彭城（今江苏徐州）人。生卒年不详。刘知几次子。进士及第，历官河南功曹参军、集贤院学士，兼修国史，官终右补阙。刘𫗧著有史例三卷，传记三卷，乐府古题解一卷，并传于世。《隋唐嘉话》又名《国朝传记》《国史异纂》，凡三卷，主要记载南北朝至唐代开元年间史事，其中又以唐太宗和武后两朝居多。新、旧《唐书》和《资治通鉴》里的某些史实，即取材于此书。

《朝野佥载》

唐代张鷟撰。张鷟，字文成，生卒年不详，生活于武后到玄宗朝前期，以词章知名，今存著述除本书外，尚有《龙筋凤髓判》和《游仙窟》。《朝野佥载》为作者耳闻目睹的社会札记，记述唐代前期朝野遗事轶闻，尤以武后朝事迹为主。书中不仅记有人物事迹、典章制度、社会风尚、传闻逸事，对武后朝的政治黑暗、吏治腐败、酷吏横暴、民生疾苦也有所揭露。因属时人记时事，所载内容多为第一手资料，所以颇有参考价值，为《太平广记》《资治通鉴》及后世广为引用。不过作者纪事好追求谐噱，书中内容有的失之荒怪。

《明皇杂录》

唐代郑处诲编撰，共三卷。郑处诲，字延美，郑州荥阳（今河南荥阳）人。唐朝官员，宰相郑余庆之孙。大和八年（834）进士及第，起家校书郎，历官宣歙观察判官、右拾遗、翰林学士、屯田员外郎、工部侍郎、刑部侍郎、浙东观察使、浙西观察使、御史中丞、宣武节度使等。咸通八年（867）去世。《明皇杂录》二卷，成书于唐大中九年（855），记录唐玄宗时期朝野杂事，以及肃、代二朝史事，对唐玄宗早年的励精求治、思贤若渴，晚年的不理朝政、恣情声色，权臣的炙手可热、嫉贤妒能都有涉及，内容颇丰，文字生动，对研究开元、天宝年间历史颇有价值。

《东观奏记》

唐代裴庭裕撰。裴庭裕，唐末史学家，字膂余，闻喜（今属山西）人。文思敏捷，官至右补阙。曾奉诏编《宣宗实录》。《东观奏记》三卷，专记宣宗一朝政事，在唐朝杂史中最称翔实，其史料大多为后来的《通鉴》《新唐书》采用，对考察晚唐史，价值较高。司马光作《资治通鉴》，亦多所取材于本书。

《大唐新语》

唐代刘肃撰。刘肃，元和年间人，生卒年、籍贯、字号均不详。此书有元和丁亥（807）自序，署衔"登仕郎前守江州浔阳县主簿"。《新唐书·艺文志》说他是"元和中江都主簿"。此书又名《唐新语》《大唐世说新语》《唐世说新语》《世说》

《大唐新话》等，十三卷，体例仿《世说新语》，分匡赞、规谏、极谏、刚正、公直、清廉、持法、政能、忠烈、节义、孝行、友悌、举贤、识量、容恕、知微、谀佞、惩戒、劝励、酷忍、谐谑等门类。内容以记言为主，但皆因事而记，即言行兼载，可由此窥知唐代高祖至代宗朝政治事件和社会风尚，其中有些记载较两《唐书》为胜，还有一些地方可补两《唐书》的缺漏。

《唐语林》

北宋王谠撰。王谠，字正甫，宋徽宗崇宁、大观年间（1102—1110）人。北宋长安（今陕西西安）人，武宁军节度使王全斌的五代孙，武胜军节度观察留后王凯之孙，凤翔府都监王彭之子，宰相吕大防之婿。他曾入苏轼门下，元祐四年（1089）任国子监丞，官至少府监丞。《唐语林》八卷，仿《世说新语》体例，按内容分门系事，书中材料采录自唐人50家笔记小说，广泛记载唐代的政治史实、宫廷琐事、士大夫言行、文学家轶事、风俗民情、名物制度和典故考辨等，对研究唐代历史、政治和文学均有参考价值。

《东斋纪事》

北宋范镇撰。范镇（1007—1088），字景仁，成都华阳（今四川成都）人。《宋史》有传。北宋著名史学家、文学家、政治家。他于宋仁宗宝元元年（1038）举进士第一。仁宗时知谏院，以直言敢谏闻名。后为翰林学士，与欧阳修、宋祁共修《新唐书》。范镇支持司马光论新法，与王安石不和，以此致仕。宋哲宗即位，起为端明殿学士，固辞不拜。累封蜀郡公，卒谥忠文，赠右金紫光禄大夫。本书是范镇退休后著述的，时间大约在神宗元丰（1078—1085）年间，因写于所居之东斋，因以名书。他仿唐人著书以述当时之事、使后人有可考证，故追忆馆阁中及在侍从时交游语言、里俗传说而撰，内容多及北宋故事、典章制度、士人逸事，于蜀地风土人情尤详。

《渑水燕谈录》

北宋王辟之撰。王辟之（1031—？），字圣涂，齐州临淄（今山东淄博）人。宋英宗治平四年（1067）进士。哲宗元祐年间（1086—1094）任河东（今山西永济）知县，后迁忠州刺史。绍圣四年（1097）致仕，还乡著书立说，卒于家。回到家乡临淄后，他在渑水河畔经常和朋友们欢宴，畅谈风土人情和官场趣闻。后来他把这些听来的故事，整理成《渑水燕谈录》十卷。《渑水燕谈录》前半部分，如帝德、谠论、名臣、知人、奇节、忠孝、才识等篇记录了大量明君、贤臣的历史事迹，很有史料价值。其语言简洁、叙事洗练、格调高雅、幽默诙谐，可读性很强。

《归田录》

北宋欧阳修撰。欧阳修（1007—1072），字永叔，号醉翁，晚号六一居士，祖籍庐陵（今属江西），少孤，贫而好学。天圣八年（1030）进士，先后担任过知制诰、翰林学士、枢密副使等职。他是范仲淹"庆历新政"的拥护者，并和尹洙、梅尧臣等人倡导诗文革新运动。欧阳修重视提携后进，曾巩、王安石、苏舜钦、苏轼父子等都出于他的门下。著述甚多，其中《归田录》二卷，系欧阳修晚年辞官闲居颍州时作，故书名归田。内容多记朝廷旧事、职官制度和士大夫轶闻。所记大多系亲身经历或见闻，史料翔实可靠。

《东坡志林》

北宋苏轼撰。苏轼（1037—1101），字子瞻，又字和仲，号铁冠道人、东坡居士，世称苏东坡、苏仙、坡仙。四川眉山人。嘉祐二年（1057）赐进士及第。嘉祐六年授大理评事、金书凤翔府判官。神宗时曾在杭州、密州、徐州、湖州等地任职。元丰三年（1080）因"乌台诗案"，被贬为黄州团练副使。哲宗即位后出任翰林学士、侍读学士、礼部尚书等职，外放治理杭州、颍州、扬州、定州等地。随着新党执政，又被贬惠州、儋州。宋徽宗时，获赦北还，病逝于常州。南宋时追赠太师，谥"文忠"。苏轼是北宋中期文坛领袖，在诗、词、文、书、画等方面取得很高成就。《东坡志林》五卷，主要记元丰至元符二十年间事，内容广涉北宋政治文教、医药卫生、科学技术、神仙幽怪，以及生活琐事、人物交往等。多为亲见亲闻、随手笔记而成，名曰《手泽》。后人进行整理付梓时，因作者生前欲作《志林》未成，故改题《志林》。

《龙川略志》《龙川别志》

北宋苏辙撰。苏辙（1039—1112），字子由，一字同叔，号东轩长老，晚号颍滨遗老。眉州眉山（今属四川省）人。苏洵之子，苏轼之弟。嘉祐二年（1057）进士，初授试秘书省校书郎、商州军事推官。神宗时因反对王安石变法，出为河南留守推官。哲宗即位后入朝，历官右司谏、御史中丞、尚书右丞、门下侍郎等职，位列宰执，后被贬出京。蔡京掌权后再降朝请大夫，以太中大夫致仕，于颍昌杜门谢客十余载，致力于整理旧著、教育子弟。政和二年（1112年）去世。苏辙生平学问深受其父兄影响，以散文著称，擅长政论和史论。《龙川略志》十卷和《龙川别志》四卷是苏辙晚年隐居循州龙川时所写，成书于元符二年（1099）。《略志》主要追忆平生经历，尤其是所参与的各项政治活动，大致依时间先后编排。苏辙口述，其子苏远记录，凡40事。《别志》主要记录所闻前贤及时贤的轶事，凡47条。两书对研究宋代历史有一定的参考价值。

《涑水纪闻》

北宋司马光撰。司马光（1019—1086），字君实，号迂叟，陕州夏县涑水乡（今山西夏县）人，生于光州光山（今属河南），世称涑水先生。司马光是北宋时期政治家、史学家、文学家，宋仁宗宝元元年（1038）进士及第，累迁龙图阁直学士。宋神宗时反对王安石变法，离开朝廷十五年，主持编纂了编年体通史《资治通鉴》。曾历仕仁宗、英宗、神宗、哲宗四朝，官至尚书左仆射兼门下侍郎。元祐元年（1086）去世，追赠太师、温国公，谥文正。其生平著作甚多，《涑水记闻》一书共十六卷，比较详尽地记载了北宋六朝（960—1070）的国故时政、内忧外患，反映了许多社会问题，为后世留下极其珍贵的史料。据传本书为司马光编纂《资治通鉴后记》收集的材料，故其中多记朝廷军政大事，也涉及宋初宫廷秘闻，但间有琐事逸闻。

《东轩笔录》

北宋魏泰撰。魏泰，字道辅，晚号临汉隐居、汉上丈人。生卒年不详。生活于宋神宗、哲宗、徽宗时期。襄阳人。他博览群书，长于诗文，年轻时恃才豪放，因殴打主考官而未能考取进士，此后便隐居，与王安石、王安国、王雱、黄庭坚、黄大临、徐禧、章惇等人交往甚密，朝野见闻丰富，《东轩笔录》即是据其交往见闻而撰。是书共十五卷，成于元祐九年（1094），内容记宋太祖迄神宗六朝相关人物及宫廷杂事，文笔恣肆。由于魏泰多与上层人物交往，熟知内情，所记内容对了解当时历史尤其是王安石变法有重要参考价值。

《青箱杂记》

北宋吴处厚撰。吴处厚，字伯固，邵武（今属福建）人。仁宗皇祐五年（1053）进士，授汀州司理参军。神宗熙宁中为定武军管勾机宜文字。元丰四年（1081）为将作监丞，迁大理寺丞。出知通利军，改汉阳。哲宗元祐四年（1089）知卫州，未几卒。《青箱杂记》十卷，成书于元祐二年，记宋及五代朝野杂事、诗话及掌故，尤以诗词为详，其中蕴含丰富的词学、文学思想。吴处厚因曲解诗词以陷害同其关系不睦的宰相蔡确，为时人所不齿，但其喜好读书，能诗善赋，又长期处于政治和文化中心，可谓见多识广，因此本书有一定价值。

《春渚纪闻》

北宋何薳撰。何薳，字子远，一作子楚，浦城（今属福建）人。自号韩青老农，生卒年及经历不详。其父何去非曾以苏轼荐而得官。是书共十卷。前五卷题为《杂记》，记述仙道异事、民间奇闻，也偶有可资参考的史料。卷六《东坡事实》所引诗、文往往为苏轼诗文集中所无，多为辑佚者所取。卷七《诗词事略》或杂记唐人及本朝人诗词轶事，或订正前人诗句中错误。卷八、九为《杂书琴事》《记砚》，有不少有价值的资料。卷十为《记丹药》。

《湘山野录》

北宋僧人文莹撰。文莹，字如晦，一说字道温，钱塘人。大约生活在真宗至神宗时，生卒年月不详。《湘山野录》成于神宗熙宁年间（1068—1078），《四库全书总目》认为文莹在荆州之金銮寺隐居并著成此书。是书共三卷，主要记载自北宋开国至神宗时期的历史，内容涉及朝章国典、宫闱秘事、将相轶闻，下及风俗风情，涉及当时社会的政治、经济、文化和外交活动，对于当时朝廷的黑暗、官吏的残暴无知，都有所揭露。作者还记述了李煜、徐铉、石介、柳开、王禹偁、范仲淹、晏殊、欧阳修、苏舜钦等人的轶闻轶事，是文学史研究的重要资料。

《玉壶清话》

北宋僧人文莹撰。文莹简介见《湘山野录》。本书成书于元丰元年（1078），十卷，从宋初至熙宁间诸文集中辑史闻杂事而成，其中多记朝廷掌故、士大夫轶事，亦多诗话和佚文，为我们研究五代史和北宋史提供了珍贵资料。据自序，前 8 卷多为选录他人著述，卷9仅《李先主传》1篇，记南唐先主李昪事迹，为文莹所撰。卷10为"江南遗事"，记述南唐故事。

《铁围山丛谈》

南宋蔡绦撰。蔡绦（1096—1162），字约之，号百衲居士，别号无为子，仙游（今属福建莆田）人。蔡京第四子，蔡翛之弟。蔡京于徽宗朝几度执政，封鲁国公，蔡绦与叔父蔡卞，兄蔡攸、蔡儵、蔡翛等皆居显官。蔡京父子专权，政治腐败，导致北宋灭亡。宋钦宗放逐蔡京于岭南，蔡绦流邵州，徙白州。《铁围山丛谈》即是蔡绦流放白州时所作笔记。白州位于今广西玉林西，古称铁城，境内有山名铁围山，绦尝游息于此。是书共六卷，记载从宋太祖建隆年间至宋高宗绍兴年间约二百年的朝廷掌故、宫闱秘闻、历史事件、人物轶事、诗词典故、文字书画、金石碑刻等诸多内容，反映北宋时期中国社会各阶层生活状况较全面。在众多的宋代史料笔记中，《铁围山丛谈》颇受重视，多为后代学者所征引。

《邵氏闻见录》

南宋邵伯温撰。邵伯温（1056—1134），字子文，洛阳人。少时与司马光等交游，以学行著称。官至提点成都路刑狱、利州路转运副使。《邵氏闻见录》二十卷，记宋太祖以来的朝章制度及逸闻趣事，对王安石变法事所记颇多。作者早年逢王安石变法，中年经过元祐党争，晚年遭遇靖康之祸，故其见闻极为丰富。本书是一部研究北宋历史尤其是熙宁变法的十分有价值的史料笔记，对研究反对王安石变法一派人物同样具有重要的价值。

《邵氏闻见后录》

南宋邵博撰。邵博（？—1158），字公济。邵伯温之子。绍兴八年（1138）赐同进士出身，次年除秘书监校书郎，不久知果州。《邵氏闻见后录》三十卷，内容比《邵氏闻见录》琐杂，但关于诗文的评论比《邵氏闻见录》丰富，尤其是比较集中地记述宋代著名文人轶事，以苏轼为详，王禹偁、欧阳修、梅尧臣、苏洵、王安石、曾巩、苏辙等次之。书中保存了不少文学史资料，所记轶事往往得之亲闻，比较可靠。

《泊宅编》

南宋方勺撰。方勺（1066—1142后），字仁声，自号泊宅村翁，婺州（今浙江金华）人，一说严濑（今浙江桐庐）人。约哲宗元符末尚在世。元祐（1086—1094年）中，苏轼知杭州，省试时尝荐勺之才。方勺后湖州西溪湖泊宅村（张志和泊舟处），自号泊宅村翁，在此著《泊宅编》。作者曾从当时名士苏东坡、苏子容、叶梦得等人游，对世事、人物、轶事多所见闻。《泊宅编》十卷，载元祐至政和（1111—1118）间朝野旧事，凡文人佚事、地方民俗、朝廷财政、医药术数、怪异传闻、诗词创作无所不谈，是研究宋代历史的重要资料。

《鸡肋编》

南宋庄绰著。庄绰（约1079—？），字季裕，泉州惠安（今属福建）人。庄绰早年随父外迁，居颍川（今河南许昌），北宋末年，历官摄襄阳尉、原州通判等。宋室南渡后，历官建昌军通判、江西安抚制置使司参谋官，至朝奉大夫知鄂州、筠州。绰喜游历，博物洽闻，是考证学家、民俗学家、天文学家、医药学家，尤其对灸法有深入研究，著有医书多种。《鸡肋编》三卷，"鸡肋"乃取"食之无味，弃之可惜"之意。此书所记先世旧闻或当代史实，有的可补正史之不足；所记各地风俗节物，有资于民俗学研究。书中还有不少涉及农桑、医药的内容，体例与沈括《梦溪笔谈》颇近。《四库全书总目》称其可与周密《齐东野语》相埒。

《石林燕语》

南宋叶梦得撰。叶梦得（1077—1148），字少蕴，号石林居士，原籍吴县，徙居乌程。哲宗绍圣四年（1097）进士，徽宗大观初任起居郎、翰林学士，以龙图阁直学士知汝州，高宗初曾官户部尚书，迁尚书左丞；绍兴（1131—1162）时任江东安抚使，后以崇信军节度使致仕。叶梦得一生中屡经仕宦，精熟掌故，著述甚富。《石林燕语》十卷，记叙宋代典章制度、名人言行、宫殿建置，尤详于官制科目，旁及诗文、词章、奏议、考释、笔记等。所述朝野故事足以资考，补史之缺。

《默记》

南宋王铚撰。王铚，生卒年不详，字性之，自号汝阴老民，汝阴（今属河南）人。王铚是宋初著名学者王昭素的后裔，父亲王萃（字乐道）是欧阳修的学生，家中藏书甚富。绍兴初，官迪功郎，权枢密院编修官。因纂集祖宗兵制，受到高宗赵构的赏识，诏改京官，晚年受秦桧排斥，罢为右承事郎，主管台州崇道观。避地剡溪山中，日以觞咏自娱，人称雪溪先生。王铚从小博闻强记，对北宋一代历史有着很深的造诣，著述颇多。《默记》三卷，多记北宋遗闻轶事，可补正史之缺。其中记李煜因思念故国写《虞美人·春花秋月》而被害经过可补文学史之缺。

《燕翼诒谋录》

南宋王栐撰。王栐，字叔永。自署称晋阳人。寓居山阴，号求志老叟。南宋高宗绍兴年间知枢密院兼参知政事王蔺之侄，但其名氏不见他书。是书成书于南宋理宗宝庆三年（1227），五卷，记载北宋典章制度兴革得失，上起建隆，下迄嘉祐，凡一百六十二条，涉及职官、选举、食货、兵、刑、地理等多方面，悉以国史、实录、宝训、圣政等书为据，稗官小说悉弃不取。据作者自序，其编写宗旨是因为有感于南渡以后，典章放失，祖宗良法美政俱废格不行，故详叙制度的沿革变迁，议其得矢，给当政者提供借鉴，知其乃有为而作，不同于其他笔记。

《齐东野语》

南宋周密撰。周密（1232—1298），字公谨，号草窗，又号霄斋、蘋洲、萧斋，晚号弁阳老人、四水潜夫、华不注山人。南宋词人、文学家。祖籍山东济南，曾祖泌自济南迁居吴兴，其家世代为官，本人在宋宝祐年间任义乌令；入元不仕，寓杭州癸辛街，以南宋遗老自居，交游很广，见闻甚博。周密擅长诗词，与吴文英（号梦窗）齐名，时人称为"二窗"。其笔记体史学著作有《武林旧事》《齐东野语》《癸辛杂识》等。《齐东野语》表明作者不忘祖籍之意，二十卷，所记多为宋元之交的朝

廷大事，有不少是作者亲历的，也有部分是他从曾祖父和祖父
的旧闻中辑录的，较为可信。

《癸辛杂识》

南宋周密撰。周密简介见《齐东野语》。《癸辛杂识》六卷，
因作于杭州癸辛街，因以为名。是书以记载朝野遗事和社会风俗
为主，《四库全书总目提要》说该书内容大多记"琐事杂言"，其
中包括一些志怪类笔记小说，但也间有反映社会现实之作。

《桯史》

南宋岳珂撰。岳珂（1183—1243），字肃之，号倦翁，相州
汤阴（今河南汤阴）人，南宋文学家，岳飞之孙、岳霖之子。
开禧年间进士。宋宁宗时授奉议郎，负责嘉兴农事，历任司农
少卿、淮东总领兼制置使、户部侍郎、通城县男。嘉熙年间，
拜江州太平兴国宫、户部尚书，封邺侯，通议大夫。淳祐二年
（1242）去世，年六十。著有《金佗粹编》《桯史》《玉楮集》
等。《桯史》十五卷，分别记叙两宋人物、政事、旧闻等，其中
南宋部分，系作者亲身见闻，所述宋金和战、交涉诸事皆较正史
详备，所录诗文亦多足以旁资考证。是书史料价值较高，为历代
史家所重视，如清毕沅撰《续资治通鉴》，就多采是书资证。

《游宦纪闻》

南宋张世南撰。张世南字光叔，鄱阳（今属江西）人，南
宋宁宗（1195—1224）和理宗（1225—1264年）年间人，生卒
年不详。张世南为文献故家，曾随父官于蜀，自称"遍历四路
数十郡，周旋凡二十余年"，后又历游浙、闽等地，见闻广博。

《游宦纪闻》是他记述半生经历的随笔，共十卷，内容涉及当代掌故、逸闻轶事、风土人情、文物鉴赏，以及艺文、小学、考古、术数、医药、园艺等，颇有史料价值，《四库全书总目提要》称其为"宋末说部之佳本"。

《四朝闻见录》

南宋叶绍翁著。叶绍翁（约1194—？），本姓李，字嗣宗，号靖逸，祖籍建州浦城（今属福建），后嗣于龙泉（今属浙江）叶氏。曾师承叶适，又与真德秀善。《四朝闻见录》五卷，记叙南宋高宗、孝宗、光宗、宁宗四朝的朝章国政、名物制度以及时人轶事，对韩侂胄由得幸到被诛的缘由经过记述尤详。书中还记载了南宋著名文学家洪迈、陆游、杨万里、张孝祥、吕祖谦、辛弃疾、陈亮、叶适、刘克庄等人的一些事迹。所记多为作者亲历或耳闻，《四库全书总目》称其"非攀援门户者比"，"所论颇属持平"。

《鹤林玉露》

南宋罗大经撰。罗大经（1196—约1252），字景纶，号儒林，又号鹤林，吉州吉水（今江西吉水）人，南宋理学家、文学家。宝庆二年（1226）进士，历任容州司法参军、辰州判官、抚州军事推官等小官。因卷入朝廷纷争而遭弹劾罢官，后闭门读书，专事著作，终身未再出仕。《鹤林玉露》一书即为其退居林下所作，成书于淳祐八年（1248）。书名中，"鹤林"是他与门客清谈之所，"玉露"则出自杜甫"爽气金天豁，清谈玉露繁"之句。是书分三编，十八卷。书中不少记载或可与史乘互参，或可补阙订误，都具有重要的史料价值。评述前代及宋代诗文、记述宋代文人轶事也是本书特色，书中涉及文人交往、诗文本事及评述资料极多。

《老学庵笔记》

南宋陆游撰。陆游（1125—1210），字务观，号放翁，越州山阴（今浙江绍兴）人。南宋时期文学家、史学家、爱国诗人。尚书右丞陆佃之孙。南宋高宗时参加礼部试，受秦桧排斥，孝宗即位后赐进士出身，历任宁德县主簿、隆兴府通判等职，因坚持抗金而遭到主和派排斥。乾道七年（1171）任职于南郑幕府，次年奉诏入蜀。光宗继位后，升为礼部郎中兼实录院检讨官，不久被罢官家居。嘉泰二年（1202），宁宗诏陆游入京，主持编修国史，官至宝章阁待制。此后蛰居山阴，嘉定二年（1209）去世。《老学庵笔记》为陆游晚年退居山阴时所作，以其晚年书室老学庵命名。是书共十卷，内容广涉两宋历史、典章制度、民间风俗习惯等。书中对南宋帝王的奢侈、昏庸，权相秦桧势力之大，以及岳飞被杀害后临安人的反应等史实也有所反映。该书所记多是作者亲历或亲闻之事及读书考察的心得，内容真实丰富，笔调流畅，兴趣盎然，是宋人笔记中的上品。

《家世旧闻》

南宋陆游撰。陆游简介见《老学庵笔记》。《家世旧闻》一卷，成书时间约在淳熙三年至九年（1176—1182）间。笔记以"家世"为名，叙述陆游的高祖陆轸、曾祖陆珪，以及祖父陆佃、叔祖陆傅、父亲陆宰等诸多先辈的事迹，还包括一些涉及陆游的外家唐氏家族前辈的遗事轶闻。其内容包括社会政治、制度、道德、陆氏先人的交游以及官场掌故等，部分史料为此书仅见，对研究宋代制度及陆游的家世具有较高的文献价值。

《清波杂志》

南宋周煇撰。周煇（1126—1198），字昭礼，泰州人。南宋绍兴（1131—1163）年间曾应试博学鸿词科，后来曾到金国，晚年隐居钱塘（今杭州）。《清波杂志》十二卷，得名于作者当时寓居的杭州清波门。所记多为北宋末南宋初事，内容涉及朝廷典制、君臣言行、南宋初宋金之争、士大夫轶事、典籍校勘、山水名胜、地方习俗物产等，而有关文学者或录文人诗词并记其本事、或记文人事迹、或谈文章技巧，言之有物。书中所记苏轼材料既多、评价也高，对王安石则颇多微词。

后　记

　　写完《道咸宦海见闻录》最后一则笔记的最后一句话，就算结束了这总体上约 60 万字的"历代笔记中的微历史"的写作，至此，一种终于放下重担的感觉油然而生。三年来的阅读、拣选、核查、思考，终于画上句号，我的心情是复杂而感慨的。

　　我在这个系列的前言里说过，开始这项工作，是始于 2021 年疫情期间枯坐家中，读书思考之余也写一点什么。当时每天读一点唐宋笔记，之后在新浪微博上贴出一条相关微博，还蛮有意思的，但随着工作的深入，也感觉到沉重的压力。此刻盘点这几年的阅读与写作，发现为了完成这一系列的写作，我阅读的唐宋笔记有 40 种、元明笔记有 24 种、清代笔记有 41 种。有内容采摘入本系列的，唐宋笔记 34 种、元明笔记 23 种、清代笔记 30 种。清代笔记有十余种没有选入，除了有的内容过偏，如《海国四说》之外，主要是其内容已经进入 20 世纪，大多是太平天国以后、同治光绪时期的记述，而这段历史大家已经比较熟悉，限于本书的容量，就只好割爱了。即使如此，也不得不说，这工程还是不小的。

　　从事这个系列的写作，其难度还是挺大的。首先，如上所述，这么多的书，要大体浏览一过，同时摘录出本书需要的内容，又不能畸轻畸重，就很费脑筋。其次，要对所选的内容认真阅读理解，把握其历史背景和相关意义，也不容易。此时还要阅读大量的书籍，查阅海量的资料，才能使译述的文字在忠实原文的基础上，尽量做到正确、通顺、雅驯。此时的难点是大量的人名、职官，以及具有各时代特点的文言字句，过程中有时为了一个人物的别号，为了一个词语的准确含义，就要用掉半天工夫。第三是点评要做到准确、到位、各有特点也不容易。比如贪官现象各朝各代都有出现，如何在相同中发现其不同，找出时代赋予其人的特点，就需要认真思考一番。我也希望在点评中能尽量体现历史的发展与变化，给读者以思考和启发，而不是一味地痛骂和谴责，当然自感这方面还很不到位。最后一点是我的身体。在本书的写作中，我的听力出现了大问题，突发耳聋后，是持续的耳鸣、听力急剧下降。最厉害的耳鸣加上脑鸣，可以在头脑里呈现出三四种不同的频率和声音，晚上根本无法入眠，经过多方治疗，尽管有好转，现今仍是每天晚上耳鸣，早上六点多钟就在耳鸣中醒来，并且我的听力已经到了接近全聋的程度。在这样的只能自己体会的喧嚣中写一点东西，用一个京剧的说法，就是"苦啊——"。

无论如何，这几年的读书和写作给予我更多的还是喜悦和收获。说起收获，大体上有这几个方面。一是对唐宋以来的典章、职官的沿革和变化有了更多的了解，对于人物的本名、字号、谥号、地望的知识有了具体的充实。二是对于古代汉语的理解有了很大的进步。过去阅读古籍，满足于能够大体读懂、把握基本事实就可以了，而现在要翻译古人的语体笔记，就需要彻底弄懂每一个字词、每一句话，并准确地用现代汉语表达出来，所以碰到的每一个晦涩的词语，都给我提供了学习的机会。当然，最大的收获，还是对于唐宋以来的历史有了更为清晰的认识和把握。别的不说，就笔记的内容而言，也可看出由唐宋、而元明，到清代，皇权的威势是越来越大。唐宋的笔记还有指责君王的过失、大臣和皇帝激辩的内容，而到了清代，即使是那些很私人的笔记，也是满篇颂圣，哪怕是平庸无能的皇帝，在笔记中也是圣明无比。由此，我觉得过去传统意义上的"封建社会"确实不足以概括这一时期的历史本质，所以在本书中我都使用"皇权时代"这样的名称，来表示唐宋到清代的历史时代。

当然我是很具自知之明的。我知道，以我这样的历史学界的"槛外人"来叙述这样长时期的历史，哪怕是"微历史"，肯定是有如盲人摸象，不仅有可能失于片面，还可能因为对史料的把握、理解而出现偏差，更可能由于史识不足，难以给人提供足够的参考与鉴戒。不过我自感差可安慰的是，我是在古人笔记基础上所做的一点工作，没有反映宏观历史的野心，只求在古人笔记所提供的语境里，介绍一点各时代的相对完整的历史碎片而已。在书中肯定存在偏颇和失误，还要祈望各位专家和学者予以批评和包涵。

在本系列出齐之时，我要再一次感谢贵州人民出版社谢丹华总编辑。谢总屈尊担任本书的责任编辑，匡正了书中不少的欠准确之处，她同贵州人民社社科经济策划部的周湖越主任、王潇潇编辑等为本书的出版费心尽力，正是由于他们的工作，才使本书得以完美地呈现在读者面前。

最后，还要对令本书得以顺利完成的各方面人士表示感谢。首先要感谢"历代史料笔记丛刊"的出版者中华书局，这套近百种的丛书为我的写作提供了权威的版本；其次要感谢新浪微博的网友，是他们的支持，使我有了不断学习、写作的勇气，有不少网友对我当初的博文提出讨论和有所指正，当年每一条微博上万的阅读量，也坚定了我将事情做到底的决心；还要感谢中华书局副总编辑李占领先生，他为我找到了丛书中原缺的《道咸宦海见闻录》，从而补上了清代后期微历史的一个重要组成部分；最应当感谢的是我的妻子，在那些难以出门的日子里，她不仅包揽了全部的家务，还陪同我戴着口罩，频繁刷各种通行码，进出于北京的各家医院，诊治耳病，又煎药备茶、费心料理，使我可以专心于思考写作。此外，本书的写作中参考了众多的资料，无法一一列出，谨在此一并表示衷心的感谢！

瞿德芳

2024 年 5 月 8 日